MADHUMITA MURGIA

REFÉM DO ALGORITMO

A vida sob a sombra da Inteligência Artificial

Tradução de Livia de Almeida

Rocco

Título original
CODE DEPENDENT
Living in the Shadow of AI

EDITORA ROCCO LTDA.
Rua Evaristo da Veiga, 65 – 11º andar
Passeio Corporate – Torre 1
20031-040 – Rio de Janeiro – RJ
Tel.: (21) 3525-2000 – Fax: (21) 3525-2001
rocco@rocco.com.br
www.rocco.com.br

Printed in Brazil/Impresso no Brasil

Preparação de originais
VANESSA RAPOSO

CIP-BRASIL. CATALOGAÇÃO NA PUBLICAÇÃO
SINDICATO NACIONAL DOS EDITORES DE LIVROS, RJ

M951r

Murgia, Madhumita
Refém do algoritmo : a vida sob a sombra da inteligência artificial / Madhumita Murgia ; tradução Livia de Almeida. - 1. ed. - Rio de Janeiro : Rocco, 2025.

Tradução de: Code dependent: living in the shadow of ai
ISBN 978-65-5532-616-1
ISBN 978-65-5595-409-8 (recurso eletrônico)

1. Inteligência artificial - Aspectos sociais. 2. Inteligência artificial - Inovações tecnológicas - Aspectos sociais. 3. Interação humano-máquina. 4. Mudança social. I. Almeida, Livia de. II. Título.

CDD: 303.483
25-100182.0 CDU: 004.8:316.42

Carla Rosa Martins Gonçalves - Bibliotecária - CRB-7/4782

Para Maya & Meera

Sumário

Introdução

Há pouco mais de uma década, quando eu dava meus primeiros passos no jornalismo, tive curiosidade a respeito de um objeto digital chamado "cookie" [biscoito], um nome aparentemente inofensivo.

Eu achava que sabia o que era: um fragmento de código no meu dispositivo que funcionava como um mecanismo de rastreamento para que as empresas da internet me identificassem e aprendessem mais sobre meu comportamento on-line. Esses cookies apareciam sempre que eu acessava um site no celular ou no computador, pedindo minha permissão para começar uma trilha digital de migalhas. Então decidi descobrir para onde essa trilha levava.

Reportar essa história para a revista *Wired*[1] me levou por uma série vertiginosa de desvios da qual ainda não consegui emergir completamente. Revelou o mundo obscuro dos "corretores de dados": empresas obscuras que coletam dados sobre nossas vidas digitais e os transformam em perfis vendáveis de quem somos hoje e de quem um dia poderemos ser. E acabou me conduzindo direto ao cerne dos modelos de negócio das empresas mais valiosas do mundo — agrupadas de forma vaga sob o rótulo de Big Tech —, que ganham dinheiro exatamente do mesmo jeito: convertendo nossa vida em nuvens agitadas de dados à venda.

Mas, antes de seguir essa trilha, eu não tinha certeza se queria passar vários meses escrevendo sobre um monte de dados estatísticos. Precisava tornar a história tangível para mim. O que, afinal, todos esses dados realmente significavam? Por isso, fui atrás do perfil de alguém com quem tinha imensa intimidade. Eu mesma.

Para fazer isso, encontrei uma pequena startup de tecnologia de anúncios chamada Eyeota, que me guiou passo a passo sobre como extrair, diretamente do meu navegador, as informações que estavam sendo coletadas sobre mim e depois decodificou tudo.

Na tarde em que a Eyeota me enviou o relatório completo sobre uma versão "anônima" de mim mesma, eu estava em um trem rumo a Brighton. O pacote incluía um relatório de mais de uma dúzia de páginas compilado pela Experian, uma agência de análise de crédito que também atuava como corretora de dados.

A Experian me classificou como uma "Jovem Promissora", um dos 64 perfis disponíveis na época — uma categoria de jovens profissionais que viviam em apartamentos na cidade.

O perfil descrevia uma mulher britânica de origem asiática de 26 anos, que trabalhava na área de mídia e morava em um bairro do noroeste de Londres. Detalhava seus hábitos televisivos (sob demanda, não por assinatura), preferências alimentares (cozinhas tailandesa e mexicana), seus planos noturnos e para o fim de semana. Apresentava até um detalhamento de suas despesas — maiores com restaurantes e viagens do que com móveis ou carros.

Os dados enviados pela Eyeota listavam o número de folgas que essa mulher teria tirado no último ano e indicavam a iminência da compra de mais uma passagem aérea. Insinuavam que ela não tinha filhos nem hipoteca, que fazia compras no Sainsbury's apenas por ser o supermercado no caminho de casa. E previam que ela tinha uma faxineira que entrava no apartamento enquanto estava no trabalho.

Além das atividades do cotidiano, uma pequena seção ao final descrevia suas "opiniões liberais" — incluindo nível de ambição, inclinação política e traços de personalidade (otimista, ambiciosa, não se deixa influenciar com facilidade).

Lembro-me da sensação de choque e de ter passado uma hora refletindo sobre esse conjunto de características que chegavam bem perto de definir quem eu era. Claro, aquela nuvem de dados não representava a realidade com precisão — ela ignorava as nuances que me tornavam única —, mas, a partir de padrões extraídos dos meus dados on-line, os cookies criaram uma aproximação, uma sombra minha que, de algum modo, era reconhecível.

A reportagem, publicada na *Wired* em 2014, revelou uma indústria bilionária composta por empresas que coletam, embalam e vendem perfis detalhados como o que eu havia encontrado, com base em nossos comportamentos on-line e off-line. A descoberta me revelou um modelo de negócio lucrativo, sustentado por todos os nossos gestos digitais.

Passei a destrinchar a estrutura dessa florescente economia de dados. Cada vez que eu interagia com um produto on-line — como Google Maps, Uber, Instagram ou cartões de crédito por aproximação —, com um único clique, meu comportamento era registrado por esses pequenos cookies. Combinados a informações públicas, como imposto municipal ou registros de eleitor, junto a meus hábitos de compras on-line e localização em tempo real, esses conjuntos aparentemente inofensivos de dados podiam revelar muito sobre mim — desde meu gênero e idade até traços de personalidade e padrões de tomada de decisões futuras.

Minha vida — e a sua — está sendo convertida em um pacote de dados que depois é vendido. Em última análise, nós somos o produto.

Esse vislumbre, dez anos atrás, do mundo ainda embrionário da extração de dados plantou em mim uma semente de fascínio sobre a quantidade de informações que produzimos apenas por viver no mundo moderno — e o que está sendo feito com ela.

Desde então, passei minha carreira investigando os rumos — financeiros e não financeiros — das empresas erguidas sobre essas montanhas de dados: gigantes corporativos como Google, Meta e Amazon, que refinam continuamente os vastos fluxos de dados que suas plataformas recebem, gerados por bilhões de pessoas ao redor do mundo. Para ganhar dinheiro, essas empresas aprenderam a garimpar esses dados e a empregá-los para vender recomendações, conteúdos e produtos personalizados e direcionados.

A herdeira do império dos megadados é uma tecnologia que conheci em 2014: a inteligência artificial. O termo evoluiu e se transformou ao longo dos últimos anos, mas, essencialmente, a IA é um software estatístico sofisticado que busca padrões em grandes volumes de dados do mundo real.

O avanço acelerado da tecnologia nos últimos anos esteve condicionado a três fatores: a explosão de dados disponíveis sobre o comportamento e a criatividade humana; a capacidade de processamento cada vez maior dos chips; e a concentração de recursos nas mãos de algumas poucas grandes empresas de tecnologia com os recursos necessários para impulsionar esse desenvolvimento.

Gigantes como Google e Meta aplicaram o aprendizado de máquina para segmentar anúncios com máxima precisão e elevar seu valor de mercado a mais de um trilhão de dólares. Esse modelo de negócios lucrativo, que monetiza dados pessoais, é o que a psicóloga social e filósofa americana Shoshana Zuboff chamou de "capitalismo de vigilância".

Como escreveu o artista James Bridle num artigo no ano passado: "Essas empresas enriqueceram ao se infiltrar em todos os aspectos da vida cotidiana, inclusive nos domínios mais pessoais e criativos: nossas paixões secretas, nossas conversas privadas, nossas imagens e nossos sonhos."[2]

**

Hoje em dia, convivemos diariamente com sistemas automatizados baseados em dados, cujos funcionamentos internos influenciam nossos vínculos pessoais, as dinâmicas de poder no trabalho e o relacionamento com o Estado. Passamos a confiar na tecnologia algorítmica como antes confiávamos uns nos outros, e nosso modo de vida vem se adaptando a ela no mundo inteiro.

Ao abrir o Google Maps para planejar seu trajeto de férias, chamar a Alexa, pedir um Uber ou entrar em um carro autônomo Waymo, você está lidando com alguma forma de IA. O conteúdo do seu feed social e os anúncios que você recebe — seja para férias jogando golfe ou roupas infantis — são direcionados por meio de IA. Ao solicitar um empréstimo no banco, você é avaliado por IA. O preço de uma casa ou um seguro de carro é definido por IA. Em entrevistas de emprego, seu rosto e suas respostas podem ser analisados por IA. Talvez você até use IA para *redigir* sua carta de apresentação. E, se um dia acabar no sistema de justiça criminal, seu destino — liberdade ou prisão — pode ser decidido por IA.

Hoje, os sistemas de software de IA auxiliam especialistas humanos a tomar decisões cruciais em áreas como diagnósticos médicos, programas de assistência pública, concessão de empréstimos, processos de contratação e demissão, para citar algumas. Softwares de ponta também são usados por pesquisadores — químicos, biólogos, geneticistas — para acelerar descobertas científicas.[3]

No último ano, assistimos à ascensão de um novo subconjunto da tecnologia de IA: a inteligência artificial generativa. Ou melhor, um software capaz de criar textos, imagens, sons e vídeos de forma praticamente indistinguível da produção humana. A IA generativa é construída sobre o alicerce da criatividade humana, treinada com livros digitalizados, jornais, blogs, fotografias, obras de arte, músicas, vídeos do YouTube, postagens do Reddit, imagens do Flickr e toda a vastidão da internet anglófona. Ela assimila esse conhecimento e gera versões descaracterizadas de produtos criativos — encantando-nos com sua capacidade quase humana de remixar e regurgitar conteúdos.

Para muitos de nós, essa tecnologia se materializa no ChatGPT, um site que responde a perguntas com explicações detalhadas — nosso primeiro contato *direto* com um sistema de IA, que se tornou ainda mais mágico pelo fato de que ele "fala" conosco usando nosso próprio modo de comunicação: a linguagem escrita.

Isso marcou uma mudança profunda em nossa relação com as máquinas. A nova geração de IA, capaz de se expressar com palavras e imagens, treinada com nossas produções acadêmicas e criativas, tem agora o poder de influenciar nossos estados de espírito e emoções, e de moldar o que pensamos e como nos comportamos, de forma mais poderosa do que nunca.

Já vinha observando a introdução insidiosa da IA em nossas vidas na última década e, ao começar a escrever este livro, meu objetivo era encontrar casos reais de interação com IA que revelassem claramente as consequências da nossa dependência de sistemas automatizados. A ascensão das IA generativas, tornou essa necessidade evidente e urgente. No decorrer do último ano, já começamos a ver o impacto humano inicial de tecnologias como o ChatGPT: no trabalho, na educação infantil e na criatividade. Ao mesmo tempo, a IA afeta outras áreas cruciais da sociedade: saúde, policiamento, assistência pública, campanhas militares. Ela tem provocado efeitos em cadeia e transformações sociais duradouras. Está alterando a própria experiência de ser humano. É disso que trata este livro.

**

Meu trabalho na revista *Wired* contribuiu para me transformar em uma incurável tecno-otimista. Quando se escreve todo dia sobre edição de DNA, carros voadores, bases lunares impressas em 3D e interfaces cérebro-máquina, é *impossível* não se maravilhar com a engenhosidade humana e nossas criações de ponta. Fiquei igualmente fascinada pelos próprios inovadores: inventores excêntricos, empreendedores ousados e sonhadores irracionais.

Por isso, quando comecei a pesquisa para este livro, esperava descobrir histórias de como a inteligência artificial havia solucionado problemas complexos, enfrentado desafios aparentemente intransponíveis e melhorado de forma drástica a vida das pessoas. Essa era a promessa de *todas* as novas tecnologias: uma crença que carrego comigo há muitos anos.

Cada uma dessas histórias poderia ser a sua. Os sistemas de IA impactarão sua saúde, seu trabalho, suas finanças, seus filhos, seus pais, os serviços públicos de que você depende e seus direitos — se é que isso ainda não aconteceu.

Queria fazer perguntas pequenas, humanas. Como é "conversar" com um sistema caixa-preta? É possível escolher entre um ser humano e uma máquina? Como recorrer de uma decisão que muda a vida, tomada por um aplicativo? O que é necessário saber para confiar nele? E como saber quando *não* confiar?

Para encontrar respostas, embarquei numa jornada ao redor do mundo, observando como sistemas automatizados onipresentes estão moldando o modo de vida de diferentes comunidades. Cada uma das vidas que você encontrará aqui traça as consequências não intencionais da IA sobre o valor individual, as famílias, as comunidades e nossas culturas num nível mais amplo. Por intermédio dessas experiências, espero responder minha pergunta inicial: como a inteligência artificial está mudando o que significa ser humano?

**

Apesar do meu otimismo inato em relação às tecnologias, o mosaico de histórias que encontrei revelou uma narrativa diferente, mais sombria.

Fiz uma escolha deliberada ao focar em pessoas que vivem fora do Vale do Silício, longe do centro do poder tecnológico, mas que, mesmo assim, estão sujeitas às consequências desse novo conjunto de tecnologias. E, à medida que fui descobrindo essas histórias, uma a uma, tornou-se impossível ignorar o elefante na sala: o fato de que o poder está concentrado nas mãos de um punhado de empresas que detêm todas as cartas.[4]

Explorar esse desequilíbrio me levou aos sociólogos Nick Couldry e Ulises Mejias, por meio de seu livro *The Costs of Connection* [Os custos da conexão] e de sua grande "sacada": o colonialismo de dados. A corrida por terras a que se referem é a conversão das vidas humanas em fluxos contínuos de dados. E, por meio desse fluxo incessante, eles enxergam continuidades históricas com o colonialismo, em que as desigualdades do passado continuam a se expandir. Em última instância, a datificação da sociedade não passaria de uma nova forma de pilhagem e opressão.

Couldry menciona trabalhos por aplicativos — motoristas de Uber, entregadores do iFood ou do DoorDash —, nos quais vidas e meios de subsistência são regidos por algoritmos que determinam a distribuição de tarefas, as remunerações, as dispensas, entre outras coisas. "É tirania", afirma ele. "Há questões morais que dizem respeito aos limites que devemos estabelecer para tornar a vida minimamente suportável. É nesse ponto que a solidariedade entre pessoas ao redor do mundo se torna fundamental. Trabalhadores no Brasil, na Índia, na China, nos Estados Unidos enfrentam desafios similares — talvez, neste momento, isso ainda não pareça urgente em São Francisco, mas em breve será."

Esse enquadramento foi, para mim, uma revelação. Aos poucos, as conexões entre os indivíduos mencionados neste livro começaram a se cristalizar, como uma foto polaroide ganhando nitidez em meio a formas borradas. Percebi que a estrutura por trás dos encontros algorítmicos que eu havia reunido — abrangendo pessoas, tempos e lugares aparentemente desconectados — era, na verdade, previsível. E já vinha sendo teorizada por uma pequena, mas crescente, comunidade de acadêmicos ao redor do mundo. Alguns nomes que lançaram as bases dessas ideias me eram familiares — Timnit Gebru, Joy Buolamwini, Kate Crawford, Cathy O'Neil, Meredith Whittaker, Virginia Eubanks[5] e Safiya Umoja Noble.[6] Notei que todas eram mulheres, e que suas áreas de especialização envolviam o estudo dos danos desproporcionais causados pela IA a comunidades marginalizadas.

À medida que lia seus trabalhos e seguia a trilha dos artigos acadêmicos que citavam, descobri um universo mais amplo de autoras pouco conhecidas do grande público. Em sua maioria, eram mulheres não brancas de fora do Ocidente anglófono — como Paola Ricaurte,[7] do México; Abeba Birhane, da Etiópia; Urvashi Aneja, da Índia; e as latino-americanas Milagros Miceli e Paz Peña. Essas mulheres testemunhavam em primeira mão como a discriminação e a desigualdade social se manifestam em suas comunidades — e muitas viviam justamente nos locais destacados neste livro.

Repetidamente, seus trabalhos chegavam às mesmas conclusões propostas pela teoria do colonialismo de dados de Couldry e Mejias. Sistemas escaláveis como o aprendizado de máquina são projetados para beneficiar grandes grupos, mas em geral funcionam bem às custas de outros. E esses "outros" costumam ser indivíduos e comunidades já marginalizados, flutuando nas bordas difusas da sociedade, lutando para serem vistos e ouvidos. Nas vidas das pessoas retratadas neste livro, observei como os sistemas de IA causaram danos a mulheres, pessoas negras e pardas, migrantes e refugiados, minorias religiosas, indivíduos pobres e com deficiência, para citar apenas alguns.

Seres humanos e as infinitas linhas de código que regem nossa vida são codependentes. Nossa ignorância quanto ao funcionamento dos sistemas de IA nos impede de compreender plenamente quando eles falham ou causam danos, sobretudo às pessoas vulneráveis. E, em contrapartida, sem conhecimento sobre nossa natureza, preferências éticas, história e humanidade, os sistemas de IA não podem realmente nos beneficiar a todos.

**

O poder dos modelos de aprendizado de máquina reside na capacidade de estabelecer conexões estatísticas muitas vezes invisíveis para os seres humanos. Suas decisões e métodos não são definidos pelas pessoas que os constroem e é por isso que são descritos como "caixas-pretas". Isso os torna, em tese, muito mais objetivos que os humanos. Mas seu raciocínio pode ser opaco e não intuitivo — até mesmo para os próprios criadores.

Por exemplo, pesquisadores que desenvolviam algoritmos para diagnóstico da covid-19 utilizaram um banco de radiografias de tórax de pacientes com pneumonia como grupo de controle, composto por acaso por crianças de 1 a 5 anos. O resultado foi que os modelos aprenderam, erroneamente, a distinguir entre crianças e adultos, em vez de diferenciar pacientes com covid daqueles com pneumonia.[8] Esses sistemas operam como entidades misteriosas, com padrões cognitivos indecifráveis.

Além de tecnicamente opacos, os sistemas automatizados impactam vidas humanas que, com frequência, não estão conscientes de sua presença. A maneira como os algoritmos foram introduzidos tem provocado a erosão da nossa sensação individual de autonomia e também o enfraquecimento da autoridade e da capacidade de ação daqueles em quem confiamos como especialistas, o que transfigura nossa sociedade.

Em geral, os indivíduos se dão conta da presença de um algoritmo quando já foram afetados por suas decisões — e, nesse momento, costumam estar excluídos do funcionamento do sistema, barrados por instituições e empresas. Todos nós estamos presos em um ciclo interminável de "o computador disse não".

Perder a sensação de autonomia e controle torna mais difícil assumir responsabilidade por nossas próprias ações. Também dificulta, do ponto de vista legal, atribuir culpa ou julgamento jurídico a indivíduos ou corporações que podem transferir a responsabilidade para o software de IA. Afinal, ainda não se pode levar uma máquina à justiça.

Na década de 1980, Albert Bandura, psicólogo de Stanford, descreveu o conceito de *agência* — sensação de controle sobre nossas ações e seus desdobramentos — como algo intrínseco à natureza humana e, em última instância, à nossa evolução como espécie. Os seres humanos, segundo ele, são *colaboradores* em suas circunstâncias de vida e na sociedade, não apenas produtos delas.[9]

Bandura delineou formas distintas pelas quais se exerce influência: como indivíduos, por meio de representantes (*proxies*) e de forma coletiva. Os representantes costumam ser pessoas com expertise ou recursos — como médicos, policiais ou indivíduos eleitos — que escolhemos para falar em nosso nome. Já os coletivos reúnem seu conhecimento e poder para moldar um futuro melhor para todos.

Filósofos argumentam que, em última instância, a liberdade de uma pessoa é inseparável da qualidade de sua agência — da capacidade de perceber seus próprios desejos e ações, e de se sentir capaz de promover mudanças. Em pequenas e grandes escalas, os sistemas de IA vêm interferindo nisso, criando uma sensação de impotência individual, até mesmo de perda do livre-arbítrio.

Esse é o dilema que enfrentamos como sociedade: as maneiras como a IA e outros algoritmos estatísticos serão regulados nos próximos anos terão impacto profundo sobre todos nós. No entanto, nos faltam ferramentas para questionar essa mudança. Não compreendemos plenamente seus efeitos. Não conseguimos decidir que valores morais queremos codificar nesses sistemas. E não há consenso sobre os controles que gostaríamos de impor aos softwares de IA. Estamos, coletivamente, entregando nossa autoridade moral a máquinas.

Entretanto, ao mesmo tempo que as pessoas sentem estar perdendo a capacidade individual de direcionar suas ações e atenção, os sistemas de IA têm levado, de forma inesperada, a um fortalecimento da *agência coletiva*. Ironia das ironias: as características intrínsecas dos sistemas automatizados — sua opacidade, inflexibilidade, constante mutação e falta de regulação — estão incentivando as pessoas a se unirem e reagirem, em defesa de sua humanidade.

Ao refletirmos sobre o avanço da IA, podemos começar a enfrentar os desequilíbrios do poder e caminhar em direção à reparação. Minha esperança é que as experiências das pessoas retratadas neste livro nos liberem da paralisia do medo para que possamos reconquistar nossa agência e nosso respeito próprio. Os personagens retratados aqui, à primeira vista, nada pareciam ter em comum: uma médica numa zona rural da Índia, um entregador de comida em Pittsburgh, um engenheiro afro-americano, um refugiado iraquiano em Sófia, uma poeta britânica, uma funcionária pública argentina, uma mãe solo em Amsterdã, uma ativista chinesa no exílio e um padre em Roma. À medida que fui puxando esses fios individuais, contudo, eles revelaram um padrão coerente. E você está no centro dele.

CAPÍTULO 1
Seu ganha-pão

Ir longe

Numa manhã de setembro, daquelas típicas do verão equatorial em que o ar já carrega a ameaça de chuva e a roupa gruda no corpo antes das nove da manhã, Ian Koli me espera do lado de fora do Connie's Coffee Corner, uma cafeteria movimentada no bairro de Kibera, em Nairóbi, no Quênia. Assim que me apresento, chega também Benjamin Ngito, amigo e ex-colega de trabalho de Ian, que se aproxima com o braço estendido para cumprimentar.

Ian e Benja se conheceram quando trabalhavam juntos na Sama, uma organização sem fins lucrativos dos Estados Unidos que terceiriza trabalho digital para a África Oriental. Benja, com a barba de dois dias por fazer e uma camiseta desbotada da Superdry, me conta que sua trajetória com a Sama começou bem ali perto, ao lado do Connie's, onde nos encontramos. Em 2008, a equipe de recrutamento local da Sama prometeu pagar-lhe uma remuneração se ele conseguisse reunir vinte jovens da comunidade para um curso de informática num cibercafé vizinho. Conseguiu apenas 19 voluntários. "Então me inscrevi. Não tive escolha", conta. "Precisava da grana." Ele trabalhou na empresa por cinco anos.

Dez anos depois, quando Ian soube de uma possível vaga, pensou que se tratava de algum serviço administrativo ou de limpeza e ficou surpreso ao ouvir do amigo que era algo ligado à inteligência artificial. "Eu nem sabia o que era IA", diz. Nunca tinha tido um emprego de escritório, muito menos na área de tecnologia. Na adolescência, fazia bicos como faxineiro, ajudante de obra, cabo eleitoral. Quando não havia trabalho, aceitava uns trocados de políticos locais para provocar "o caos" no bairro em época de eleição: bloquear ruas, queimar pneus, atirar pedras na polícia. "Aqui no gueto, é um dia de cada vez. Você recebe dinheiro e gasta na hora com comida", resume.

Ian sabia, pelas conversas com Benja e outros amigos, que trabalhar na Sama havia mudado a vida deles. Pensou que talvez pudesse mudar a sua também. Quem sabe sair da quitinete que dividia com mais seis rapazes e até guardar algum dinheiro para o futuro. Candidatou-se e está lá até hoje.

Na primeira vez que conversamos em ambiente virtual, durante o isolamento da pandemia, dois anos atrás, Ian era um garoto magro, de sorriso tímido e bigode ralo. Hoje, ele nos conduz até a casa nova, onde vive com a esposa e o filho de quatro meses, no coração de Kibera. "As coisas mudaram", diz.

O bairro de Kibera, no centro de Nairóbi, é um assentamento informal ou favela, um dos maiores da África, e abriga algumas das famílias mais pobres do país. Esse ajuntamento de um milhão de habitantes está em constante movimento: um fluxo contínuo de solidariedade, negociação e humanidade. Chacoalhamos como barquinhos de papel ao nos deslocar por suas vias. Buracos e valas são os caminhos a serem trilhados, não evitados. Nesses becos estreitos, os pedestres cedem passagem às *boda-bodas* (mototáxis), vans barulhentas e crianças jogando bola. Açougues e barbearias disputam espaço com salões de beleza e casas de frango frito. Todas exibem letreiros anunciando os serviços M-PESA, a carteira digital africana que é onipresente por aqui. O ar parado carrega um cheiro denso de lixo, calor e gente.

Kibera é um organismo complexo, amorfo, com seus próprios aldeamentos, tribos e classes sociais. Há uma hierarquia tácita. Mais acima, em Laini Saba, o crime corre solto e as cabanas são feitas de barro ou lona, compartilhadas por seis ou sete pessoas. Já em Gatwikira, onde estamos, é possível ter seu próprio barraco, dividido talvez com um ou dois colegas, feito de chapas metálicas ou mesmo de alvenaria, e andar pelas ruas à luz do dia sem medo.

Segundo Ian, os moradores de Kibera lutam para sobreviver, enfrentando a escassez de água, energia elétrica e empregos. O que os une é uma lealdade feroz a seus vizinhos e uma desconfiança coletiva em relação ao Estado. Conflitos são resolvidos por líderes locais, os chamados anciãos. O político que comanda a área há vinte anos é conhecido como "Baba", o Pai.

Eu nunca havia visitado Nairobi, mas cresci em Mumbai. E, de algum modo, esse lugar — com seu espírito empreendedor, suas dores cotidianas e alegrias generosas — me lembra do lar que deixei.

Ao chegarmos à casa de Ian, ele aponta com o polegar para uma escada de madeira. "Primeiro andar", diz sorridente. A elevação, raridade por ali, é um motivo de orgulho. Subimos e nos esgueiramos por um corredor improvisado entre barracos, uma espécie de bulevar de telhados quebrados. Cheira a sabão recém-usado. As moradoras estão concentradas em estender pilhas de roupas lavadas, gotejantes. Algumas têm bebês amarrados às costas. Elas acenam, nos saudando.

Ian nos conduz até o último lar à esquerda. Uma lâmpada nua ilumina o espaço arrumado. O som de hip-hop que ecoa por Kibera chega abafado, distante. Um ventilador de mesa ruge naquela súbita tranquilidade.

"Minha casa", diz Ian. "Karibu sana." *Seja muito bem-vinda.*

Cada centímetro do espaço é aproveitado com eficiência. No cômodo, cabem com conforto um sofá, duas cadeiras, um caixote de madeira usado como mesa e uma cama grande no canto, protegida por um cortinado estampado que garante a privacidade. Ao longo de uma das paredes, uma dúzia de pares de tênis de Ian está organizada em nichos, com bonés de beisebol pendurados logo abaixo. Aos pés da cama, fora do alcance da vista, fica o fogareiro onde a família cozinha.

O laptop está sobre uma prateleira elevada ao lado da TV, numa espécie de altar doméstico. A Netflix está aberta, exibindo em silêncio trailers de filmes e séries de Hollywood e Bollywood. No fim de 2020, a Sama fez parceria com provedores de internet locais para instalar banda larga de fibra em amplas áreas de Kibera e outras partes da cidade, permitindo que seus agentes trabalhassem de casa durante a pandemia. Ian foi um dos beneficiados e assim, de repente, ele passou a ser muito popular entre os vizinhos.

"Este é meu escritório remoto", diz ele. "Acordo aqui, trabalho o dia todo, depois estudo. Quero aprender programação." No ano passado, Ian ganhou uma bolsa da Sama para fazer faculdade. Atualmente, cursa bacharelado em TI.

O trabalho de Ian na Sama é de anotação de dados: ele ajuda a treinar softwares de inteligência artificial criados por empresas globais, criando rótulos detalhados para os conjuntos de dados que os alimentam.

Ele atua principalmente na marcação de imagens para carros autônomos. Os computadores desses veículos, desenvolvidos por empresas como Volkswagen, BMW, Tesla, Google, Uber e outras, precisam saber "ler" as ruas — placas de trânsito, pedestres, árvores, faixas e semáforos — para ter controle das funções de direção do veículo. Em geral, Ian recebe vídeos do ponto de vista do motorista, em vias anônimas, um tanto similares aos testes de percepção de risco para quem está aprendendo a dirigir. As instruções pedem que ele indique todos os objetos visíveis. Veículos, pessoas, animais, árvores, lixeiras, casas, até o céu e as nuvens são marcados com pequenos retângulos.

As tarefas me lembram das intermináveis rodadas de "Adivinha o que estou vendo" de que brinco com meus filhos pequenos quando andamos de carro: vozinhas animadas exclamando "mureta", "portão", "cachorro", "menina", "caminhão". Uma hora de vídeo pode levar até oito horas de trabalho contínuo para ser devidamente anotada.

Apesar de repetitivo, quase automático, o trabalho não incomoda Ian. "Acho interessante porque aprendi muito sobre regras e sinais de trânsito", conta, conhecimento que guarda para o dia em que aprender a conduzir um veículo. Já etiquetou também imagens do interior de casas e diversas articulações do esqueleto humano. Segundo ele, não é preciso saber os nomes das partes. Basta fazer as marcações sobre uma imagem.

Desde criança, Ian gostava de brincar com fios e eletrônicos e sonhava em ser engenheiro elétrico. Ao sair do ensino médio, teve que sustentar a mãe e as irmãs e não tinha dinheiro para pagar a faculdade. "Agora quero ser desenvolvedor. Quando entrei na Sama, imaginava que tudo isso que fazemos aqui fosse um trampolim para a Tesla, fosse para a empresa ou para a própria tecnologia da Tesla."

A menção à Tesla faz Benja rir. "Vi aquele cara, o Elon Musk, na TV. Pensei: ei, saca só... eu tô construindo o carro dele!"

Ian quer, no futuro, abrir o próprio negócio, um sonho comum entre muitos moradores de Nairóbi, dentro e fora de Kibera. "Sabe como é, arranjar confusão nas ruas era o normal", diz. "Você aprende com seus irmãos e irmãs. Mas, depois que você encontra algo que te ocupa, sua cabeça muda. Você para de pensar como um garoto comum do gueto, como um kiberano qualquer, e começa a pensar fora da caixa."

Benja também já foi um agitador de aluguel, pago por políticos locais para atirar pedras na polícia. Hoje, ele acaba de fundar sua própria empresa de passeios a pé. Mas também toca uma casa de frango assado, lidera uma organização juvenil de ativismo político e está abrindo um bar. Já se aventurou no comércio de água e de eletricidade, negócios lucrativos, controlados por cartéis poderosos em Kibera. Nas horas vagas, atua como líder juvenil em Lindi, um dos aldeamentos de Kibera, onde ajuda a preparar jovens para empregos formais em escritórios. "Consegui transmitir o espírito e a cultura da Sama para as pessoas que encontro na minha área. E isso vai se espalhando."

Ian conta que também já ajudou amigos a entrarem no mercado de trabalho formal. "Um cara, meu colega da escola, era batedor de carteira, todo santo dia envolvido com esses crimes", diz. "Quando ele conseguiu o link comigo, entrou na Sama, mudou radicalmente. Se eu te mostrar quem é, você nem acredita, vai achar que estou mentindo."

A menção ao crime faz Benja baixar o tom. Ele olha para Ian. "Quero sair de Kibera no ano que vem. E quero que você saia também."

"Está nos meus planos. Em três anos, quero estar fora de Kibera", responde Ian.

"Mas você tem que se apressar", Benja o alerta. "Você tem a responsabilidade de sair. Sempre te disse: cara, você nem precisa ser líder de equipe na Sama. Você pode ser o que quiser neste mundo. Eu *sei* que você vai longe."

**

Ao descer pela Mombasa Road, contornam-se as curvas do Parque Nacional de Nairóbi — um oásis selvagem que faz de Nairóbi um dos poucos centros urbanos onde se pode ver girafas ao lado de prédios altos enquanto se pisa no acelerador. A sede da Sama fica nessa via expressa: quatro andares de um prédio num grande parque empresarial, que abriga mais de 2.800 pessoas. Do lado de fora, uma placa imponente anuncia a Sama, com o slogan: "A Alma da IA."

O prédio combina pisos e paredes de concreto polido com detalhes de ferro corrugado. A mobília é feita de madeira reaproveitada e folhas de flandres, e o lugar é decorado com obras coloridas de arte local e vasos de plantas. Segundo me dizem, o espaço foi pensado para lembrar as casas dos assentamentos informais, de onde vem boa parte da mão de obra. A designer, que trocou ideias com os primeiros funcionários, queria usar materiais familiares para que os trabalhadores enxergassem o lugar como algo bonito e que também pertencesse a eles.

O prédio da Sama é lindo, mas, no fim das contas, é um escritório. Fileiras de agentes — é assim que a empresa chama seus funcionários — ficam diante de computadores, clicando e traçando formas sobre imagens de todo tipo. Salas e mais salas estão cheias de jovens na casa dos vinte, mulheres e homens, clicando, desenhando, digitando. O trabalho exige precisão e foco, mas é repetitivo, um jogo de identificar formas, rotular palavras e apertar botões. Para seres humanos, as tarefas são simples, até óbvias; para os sistemas de IA, são novas e complexas. Os agentes às vezes trocam ideias entre si, mas em geral se concentram em suas telas, alguns segundos por imagem — e, em seguida, a próxima. O hip-hop toca num canto da sala. Os cliques dos mouses acompanham o ritmo. Uma equipe está rotulando carros nas ruas da China e do Japão; outros grupos estão anotando closes de pés de milho, imagens de satélite de cidades europeias, caminhões carregando madeira, roupas femininas. Clique, arraste, toque.

Um turno médio começa às sete da manhã e dura oito horas. A maioria dos trabalhadores vem de ocupações informais, como faxina doméstica ou venda de *chapatis* na rua. Como a cadeia de suprimentos da IA é fragmentada em microtarefas, muitos deles têm pouca ou nenhuma noção do produto final que estão ajudando a construir ou de seu valor comercial. Ainda assim, sabem que estão contribuindo para o treinamento de softwares que alimentam algumas das aplicações tecnológicas mais avançadas do mundo em áreas como navegação, redes sociais, comércio eletrônico e realidade aumentada.

Para a OpenAI, criadora do ChatGPT, os trabalhadores da Sama foram contratados para categorizar e rotular dezenas de milhares de trechos de textos tóxicos e gráficos — incluindo descrições de abuso sexual infantil, assassinato, suicídio e incesto. O trabalho deles ajudou o ChatGPT a reconhecer, bloquear e filtrar perguntas sobre esse tipo de conteúdo.

Os agentes atuam em equipes de cerca de vinte pessoas, anotando dados quase ininterruptamente durante o dia inteiro, exceto por dois intervalos programados para alimentação. Além dessas pausas, podem sair para ir ao banheiro, mas espera-se que fiquem em suas mesas o restante do tempo. Os líderes de equipe circulam entre as fileiras, observando o trabalho dos colegas. Ao final de cada linha, analistas de controle de qualidade fazem checagens pontuais nas anotações.

No horário previsto para o almoço, os agentes descem ruidosamente para o refeitório, passando por placas de "Silêncio, por favor!", e formam uma longa fila. Cardápio de hoje: ensopado de carne com arroz de coentro, repolho refogado em molho de soja e *mukimo*, um prato queniano feito com purê de batatas e verduras. Fatias de melancia suam em bandejas de papel. Todos comem juntos.

Sento-me a uma mesa longa com funcionários tagarelas, entre agentes, líderes de equipe e gerentes de operações. Liliosa é gerente, tem uns trinta e poucos anos, e é encarregada de avaliar o impacto da empresa na vida dos agentes. Ela fala sobre colonialismo, a família real britânica e as eleições no Quênia. Está escrevendo um musical de hip-hop sobre um líder da resistência queniana contra os britânicos. "Política é a nossa cultura. E é tribal. Cada tribo quer que o seu líder esteja no comando", diz. "Mas os jovens não ligam mais para isso. Só querem internet, emprego e dinheiro."

Depois do almoço, o refeitório esvazia rapidamente e volto ao andar da rotulagem. Um rapaz passa por dezenas de imagens de prédios do mundo todo — pagodes chineses, apartamentos franceses — e marca se são históricos ou modernos. Para cada imagem, ele também precisa clicar em caixas que descrevem a foto: dramática, saturada, nítida, sépia. Clique, clique, clique. Neste momento, ele está sobre uma imagem de um templo budista japonês antigo em Tóquio, por trás de uma torre de telefonia. Decide que é um pouco dos dois e marca a opção: uma mistura de história e modernidade.

Cada clique e toque de mouse, descubro mais tarde, ajuda a treinar algoritmos que classificam imagens para a Material Bank, uma plataforma de busca e de pedido de amostras de materiais arquitetônicos e de design. O objetivo é criar uma ferramenta objetiva para selecionar as informações mais relevantes. Isso significa que, ao buscar um tipo específico de material de construção ou estilo arquitetônico, o algoritmo poderá oferecer a seleção perfeita de exemplos.

Como ele sabe se acertou? "Às vezes, não é óbvio", diz ele. "Aí você tem que seguir a sua intuição."

O fantasma na máquina

A ambição de construir máquinas inteligentes e sobre-humanas não vem de hoje. Um conto popular judaico do início do século XX descreve a criação de um *golem*, um humanoide inanimado dotado de vida pelo rabino Loew, em Praga, para proteger os judeus locais de ataques antissemitas.

As consequências são previsíveis: o *golem* fica fora de controle e acaba destruído por seu criador. Essa história ecoa os temas de *Frankenstein*, de Mary Shelley, o romance moderno que deu origem ao gênero de ficção científica, e ressoa também no discurso atual sobre IA nos noticiários, cada vez mais alarmado pelos riscos de uma inteligência artificial fora de controle.

Hoje, a IA real é uma tecnologia menos autônoma, mais assistiva. Desde 2009, um boom em avanços técnicos tem sido alimentado pelos dados volumosos gerados por nossos dispositivos conectados e pela internet, bem como pelo crescimento do poder de processamento dos chips de silício. Isso impulsionou, em especial, o avanço de um subtipo da IA conhecido como *machine learning* (aprendizado de máquina), e sua evolução, o *deep learning*, métodos para ensinar programas de computador a identificar correlações estatísticas em grandes fontes de dados, sejam palavras, imagens, códigos ou números.

Uma forma de detectar padrões é mostrar à IA milhões de exemplos rotulados. Esse método exige que humanos anotem esses dados um a um para que os computadores possam analisá-los. Sem esse trabalho, os algoritmos que sustentam carros autônomos ou reconhecimento facial permanecem cegos. Eles não conseguem aprender padrões.

Os algoritmos construídos dessa forma, hoje, ampliam ou substituem o julgamento humano em áreas como medicina, justiça criminal, assistência social e concessão de empréstimos e financiamentos. A IA generativa, a versão mais recente dos softwares de IA, é capaz de criar palavras, códigos e imagens. Transformou-se, assim, em assistente criativo, colaborando com professores, assessores financeiros, advogados, artistas e programadores na cocriação de trabalhos originais.

Para construir essas IAs, as empresas mais prestigiadas do Vale do Silício disputam a tapa os raros cientistas da computação de seu próprio quintal, pagando centenas de milhares de dólares a cada Ph.D. recém-formado. Mas, para treinar e implantar essas IAs com dados do mundo real, as mesmas empresas recorrem a companhias como a Sama, com seus exércitos de trabalhadores de baixa remuneração, com alfabetização digital básica, mas sem emprego estável.

A Sama não é a única nesse mercado global. Startups como Scale AI, Appen, Hive Micro, iMerit e Mighty AI (agora propriedade da Uber), além de empresas de TI tradicionais como Accenture e Wipro, fazem parte desse setor em rápido crescimento, que se estima valer 17 bilhões de dólares até 2030.[1]

Devido ao volume colossal de dados que precisam ser rotulados, a maioria das startups terceiriza seus serviços para países de baixa renda, onde centenas de trabalhadores como Ian e Benja recebem para vasculhar e interpretar dados que treinam sistemas de IA.

Médicos sírios expatriados treinam softwares que ajudam a diagnosticar o câncer de próstata no Reino Unido. Recém-formados desempregados na Venezuela, que passa por uma recessão, classificam produtos de moda para sites de e-commerce.[2] Mulheres empobrecidas de Metiabruz, um bairro muçulmano pobre de Kolkata, rotulam trechos de voz para o alto-falante Echo, da Amazon.[3] Todos esses trabalhos revelam um segredo mal guardado dos supostos sistemas de inteligência artificial: a tecnologia não aprende sozinha e depende de humanos, de milhões deles, para funcionar. Os trabalhadores de dados são os elos humanos indispensáveis da cadeia global de suprimentos da IA.

Essa força de trabalho é altamente fragmentada e composta pelos grupos mais vulneráveis da sociedade: jovens desfavorecidos, mulheres com dependentes, minorias, migrantes e refugiados. O discurso oficial das empresas de IA e das terceirizadas declara que o objetivo é propiciar a inclusão dessas comunidades na revolução digital, oferecendo empregos estáveis e éticos, embora precários. No entanto, como descobri, os trabalhadores de dados são tão precários quanto operários de fábrica; seu trabalho é essencialmente invisível, e eles seguem sendo o sustentáculo subvalorizado da indústria da IA.[4]

À medida que essa comunidade emerge das sombras, jornalistas e pesquisadores começam a entender como esses trabalhadores dispersos pelo mundo impactam nosso cotidiano: o conteúdo popularíssimo criado por IA que usamos em chatbots como o ChatGPT, os posts que vemos no TikTok, Instagram e YouTube, os produtos que visualizamos ao fazer compras on-line, os veículos que dirigimos e até os alimentos que consumimos — tudo isso é categorizado, rotulado e organizado com a ajuda de trabalhadores de dados.

Milagros Miceli, pesquisadora argentina que vive em Berlim, estuda a etnografia do trabalho com dados nos países em desenvolvimento. Quando começou, não conseguia encontrar nada a respeito da experiência vivida pelos trabalhadores da IA, nada sobre quem eram essas pessoas ou como era seu cotidiano. "Como socióloga, isso me pareceu uma lacuna enorme", diz. "Poucos estão identificando quem são essas pessoas, como fazem seus trabalhos, o que envolve a prática e suas funções. E a que condições laborais estão sujeitas."

Miceli tinha razão: foi difícil encontrar uma empresa que me permitisse, com interferência mínima, acesso aos trabalhadores de dados. O sigilo é frequentemente imposto nos contratos, com acordos de confidencialidade que proíbem contato direto com os clientes e a divulgação de seus nomes. Em geral, essa imposição vem dos clientes, não das terceirizadas. Por exemplo, a Meta, dona do Facebook, cliente da Sama, exige que os trabalhadores assinem acordos de confidencialidade. Muitas vezes, esses profissionais nem sabem para quem estão prestando serviços, em que tipo de sistema algorítmico estão trabalhando ou quanto ganham seus colegas em outras partes do mundo para realizar a mesma tarefa.

A estrutura de empresas como a Sama — salários baixos, sigilo, extração de mão de obra de comunidades vulneráveis — tende à desigualdade. Afinal, trata-se de mão de obra acessível. Oferecer emprego a minorias e a jovens das favelas pode ser um gesto transformador e, até certo ponto, inspirador, mas esses trabalhadores também são relativamente baratos e quase não têm nenhum poder de barganha, recursos ou condições para reagir.

Até o objetivo do trabalho de anotação de dados parece exploratório: treinar sistemas de IA que acabarão substituindo os próprios humanos que os treinam. Porém, depois de passar dois anos conversando com dezenas de trabalhadores de dados, não encontrei um único indivíduo com ciência de estar treinando seu substituto, recebendo dinheiro para apressar sua própria obsolescência.

"Essas pessoas dependem tanto desses empregos que se tornam obedientes a tudo que o cliente exige. São preparadas para não pensar se o que estão fazendo faz sentido ou se é eticamente questionável. São treinadas para pensar só no que o cliente quer", afirma Miceli. O desenvolvimento de IA é um negócio em expansão, e as empresas de rotulagem disputam para oferecer serviço ao menor custo possível, fornecendo, para corporações e startups bilionárias, uma mão de obra que recebe alguns centavos por tarefa.

"É preciso dizer: a indústria da tecnologia está crescendo e se beneficiando dessa mão de obra barata."

Ofereça trabalho, e não esmola

Decidi levar essas preocupações a Leila Janah, uma mulher que dedicou sua carreira a desenvolver a indústria de rotulagem de dados desde os primórdios. Em 2008, Leila fundou a Sama como uma organização sem fins lucrativos com o objetivo de oferecer trabalho digital a pessoas em situação de vulnerabilidade. "A grande ilusão do Vale do Silício é a automação. Estamos apenas fingindo. Na verdade, há seres humanos por trás disso", me disse ela em 2019. Naquela época, havia sido diagnosticada com um raro tipo de câncer chamado sarcoma epitelioide, e estava usando todas as suas habilidades empreendedoras para combatê-lo.

Leila cresceu nos subúrbios de Los Angeles, filha de imigrantes indianos. No verão anterior ao seu 17º aniversário, ganhou uma bolsa para dar aulas de inglês em Gana e se apaixonou pelo país, despertando uma paixão duradoura pelo continente africano. Em 2019, ela transformou a Sama em uma empresa com fins lucrativos de impacto social, uma B-corp, para a qual arrecadou quase 15 milhões de dólares em financiamento privado — inclusive da Meta, então conhecida como Facebook. Essa relação viria a se revelar complexa.

A maioria dos funcionários da Sama — cerca de 3 mil — são jovens do Quênia. A empresa também atua em Uganda e na Índia, onde os trabalhadores são mais escolarizados, mas igualmente empobrecidos, todos parte de um precariado global. A Sama presta serviços para grandes nomes do setor corporativo norte-americano — de Google, Facebook, Apple e Tesla a Walmart, Nvidia, Ford e Microsoft. Benja, Ian e seus colegas trabalharam nos carros autônomos da Tesla, no sistema de busca da loja on-line do Walmart, no Face ID da Apple e nos filtros de conteúdo do Instagram. Eles também ajudaram a treinar o chatbot ChatGPT, lançado pela OpenAI pouco mais de um ano da data de publicação original deste livro.

Em 2022, a empresa afirmou ter tirado mais de 50 mil pessoas da pobreza na África Oriental por meio do trabalho digital — esse número inclui os dependentes dos funcionários e aqueles que foram treinados, mas não contratados.[5] A Sama tem um escritório em Kampala, capital de Uganda, e outro em Gulu, uma cidadezinha no norte do país, devastada por décadas pela atuação do Exército de Resistência do Senhor — um grupo guerrilheiro violento que recruta crianças-soldado. A Sama é o maior empregador de jovens com menos de 25 anos em Gulu.

Quando fundou a empresa em São Francisco, em 2008, investidores criticaram os planos de Leila de terceirizar empregos de baixa remuneração em meio a uma recessão nos Estados Unidos. Mas ela dizia que seu objetivo não era apenas oferecer serviços acessíveis aos clientes — ela queria promover a alfabetização digital e a autonomia econômica da juventude da África Oriental, faminta e ambiciosa.

"Temos um modelo de trabalho que emprega pessoas em tempo integral, com benefícios e um salário digno", disse Janah, "que descobri equivaler a cerca de 300 dólares por mês, mais plano de saúde. Em média, quase quadruplicamos a renda dos trabalhadores quando os contratamos. Trabalhamos com uma população que geralmente vem de assentamentos informais e vilarejos rurais. Ter a chance de um emprego que paga bem, ensina habilidades de informática e expõe à IA faz com que as pessoas levem isso muito a sério".

A Sama diz também conceder quatro bolsas de estudo por ano para trabalhadores que queiram continuar seus estudos e oferece um pequeno financiamento inicial para quem deseja abrir seu próprio negócio.[6] O lema que Janah repetia constantemente: "Ofereça trabalho, e não esmola." Nos escritórios da Sama em Nairóbi, os funcionários usam moletons e camisetas com o slogan "Give Work" [Ofereça trabalho], e todos são incentivados a ter um projeto paralelo que possa, por sua vez, gerar novos empregos. Em uma fábrica improvisada, construída em meio a escombros, uma dúzia de mulheres e meninas costuram bolas de futebol à mão — um negócio financiado por uma bolsa da Sama. Funcionários abriram lojas de produtos de beleza à base de ervas, criaram galinhas para abate, fundaram clubes de futebol feminino nas comunidades de onde vieram e abriram pontos de atendimento do M-PESA, a carteira digital local.

No início de 2020, pouco antes da pandemia de coronavírus, Leila morreu de sarcoma epitelioide, aos 36 anos. Sua missão e o evidente amor pela comunidade jovem da África Oriental que ajudou a construir me deixaram curiosa. Será que a visão idealizada de Leila se confirmava na realidade? Trabalhadores da Sama como Ian e Benja se sentiam de fato empoderados? Eram capazes de exigir mudanças? As respostas estavam em Nairóbi.

Carrões luxuosos e tuk-tuks

Até 2023, a Sama ocupava um segundo prédio em Mombasa Road a poucos minutos das instalações de rotulação de dados — um bloco de concreto baixo e discreto, inteiramente dedicado à Meta. A gigante das redes sociais havia contratado a Sama para empregar algumas centenas de moderadores de conteúdo, cuja função era marcar, categorizar e remover conteúdos ilícitos e perturbadores das plataformas Facebook e Instagram, além de treinar em paralelo os sistemas de IA da empresa para desempenhar a mesma tarefa. Embora eu tivesse permissão para uma visita rápida, não fui autorizada a entrar na área de trabalho propriamente dita, devido aos acordos de confidencialidade exigidos pela Meta, que resguardavam o conteúdo tóxico com que esses funcionários tinham que lidar.

Do outro lado das portas às quais não tive acesso, homens e mulheres assistiam a corpos desmembrados por ataques de drones, cenas de pornografia infantil, bestialidade, necrofilia e suicídios, filtrando tudo isso para que *nós* não precisássemos fazê-lo. Mais tarde, descobri que muitos deles tinham pesadelos durante meses ou anos. Alguns tomavam antidepressivos, outros se afastavam de suas famílias, incapazes de suportar a presença dos próprios filhos.

Alguns meses depois da minha visita, um grupo de quase duzentos trabalhadores entrou com uma ação contra a Sama e a Meta, alegando violações de direitos humanos e rescisão indevida de contratos.[7]

O caso é um dos maiores do tipo no mundo, e um dos três movidos contra a Meta no Quênia, podendo gerar implicações globais em relação às condições de trabalho de um exército oculto de dezenas de milhares de trabalhadores, empregados em tarefas digitais terceirizadas para grandes empresas de tecnologia.

O trabalho de moderação de conteúdo era diferente das tarefas de rotulagem realizadas por Ian, Benja e seus colegas. Wendy Gonzalez, CEO da Sama, afirmou que acreditava que a moderação de conteúdo era "um trabalho importante", mas "muito, muito desafiador", ressaltando que esse tipo de serviço representava apenas 2% dos negócios da Sama.[8] A Sama era, essencialmente, uma empresa de rotulagem de dados, segundo ela. No início de 2023, enfrentando múltiplos processos judiciais, a Sama saiu do negócio de moderação de conteúdo e o escritório foi fechado.

O término do polo da Meta foi provocado por Daniel Motaung, um funcionário de 27 anos da Sama, que havia trabalhado bem naquele prédio. No início de 2022, Daniel processou a empresa, bem como a própria Meta, por demissão injusta e exploração. O migrante sul-africano tinha como função revisar manualmente o conteúdo do Facebook da África Subsaariana, lidando com imagens de violência e ódio que o marcaram profundamente por muitos anos.

Quando chegou ao Quênia, vindo da zona rural nas imediações de Joanesburgo, Daniel estava otimista quanto ao novo emprego, acreditando que trabalharia com marketing devido à descrição vaga do cargo. Ele fora contratado por seu conhecimento da língua zulu. Depois de um ano na Sama, sentia-se arrasado. Daniel e seus colegas recebiam aproximadamente 2,20 dólares por hora para lidar com imagens de sacrifícios humanos, decapitações, discurso de ódio e abuso infantil.[9] "Empresas de capital aberto que vão a países pobres ou empregam pessoas pobres sob pretexto de promoção e empoderamento econômico ainda podem ser exploradoras", disse ele, em conversa por telefone, de sua casa. "Essas empresas só se interessam pelo lucro, não pelas vidas das pessoas que elas destroem."

Embora seu trabalho fosse julgar material gráfico ou ilegal, e não rotular dados como Ian e Benja, suas decisões também treinavam os algoritmos de moderação do Facebook a distinguirem o conteúdo bom ou ruim na plataforma.

Segundo Daniel, o Facebook havia projetado o sistema de moderação de modo a cronometrar cada tarefa. Todos os trabalhadores e seus supervisores tinham que cumprir cotas diárias e não eram autorizados a fazer pausas, exceto em intervalos estabelecidos para almoço e banheiro. Funcionários inventavam desculpas para ir ao banheiro só para poder esticar as pernas. Meta e Sama negam enfaticamente essas acusações e estão sendo contestadas nos tribunais quenianos por Daniel, que alega ter sido demitido por tentar se sindicalizar. A Sama afirma que paga salários equivalentes aos de professores e enfermeiros no Quênia e que apoia a sindicalização.

"Quando você é pobre e está com fome", disse Daniel, "basicamente não tem escolha. Você não tem como reagir ao ser explorado. A única coisa que precisaram fazer foi dar às pessoas o que comer. Só isso".

Mercy Mutemi é a advogada queniana que representa Daniel e os demais peticionários no processo contra a Meta e a Sama por supostas violações trabalhistas. Ela enfatiza que dar trabalho não é um ato de caridade. Não basta pagar salários. É possível retirar pessoas da pobreza e simultaneamente marginalizá-las e tratá-las como "peões sem agência".

"Empregos em IA são como carrões luxuosos. Todos querem um", diz Mercy. "Troque esse carro por um tuk-tuk, porque, no fim das contas, emprego é emprego", me diz ela enquanto saboreia um ensopado de carne nigeriano, banana-da-terra frita e café forte. "Vejo muita gente fazendo vista grossa para violações de direitos humanos e situações degradantes porque estão adquirindo uma competência em IA."

Mercy tem uma capacidade ímpar de separar as diversas camadas e chegar ao *x* da questão. Na sua visão, os clientes da Sama, como a Meta em particular, simplesmente seguem o caminho habitual da terceirização. O setor de operários de dados só reproduz o abismo de desigualdades já vistas em negócios como a moda e a TI. No entanto, as pessoas ainda consideram este trabalho algo diferente, por causa daquilo que ela chama de "ilusão da IA".

Ela aponta que o trabalho de treinamento de algoritmos, como ensinar um software a filtrar conteúdo extremista das redes sociais, não é algo novo quando visto no contexto da história do capitalismo global. É simplesmente uma nova fase depois das fábricas têxteis de Bangladesh, das plantações de flores em Naivasha, no Quênia, ou mesmo da cultura do algodão nos Estados Unidos. As consequências da IA sobre as vidas das pessoas estão sendo obscurecidas apenas porque há um verniz de novidade.

"É como a história da Gucci ou Louis Vuitton. O trabalhador só pensa que está fazendo um sapato e não sabe que esse sapato será vendido a 3 mil dólares em alguma loja", compara Mercy. "Com a IA, acontece a mesmíssima coisa."

A IA aparenta ser, na superfície, um empreendimento puramente de alta tecnologia, mas Mercy contesta a ideia de que talento técnico seja suficiente para seu desenvolvimento. Se você observar a cadeia de produção da IA, "vai encontrar fábricas com pessoas que, em 90% dos casos, não têm a menor ideia de que o trabalho que estão fazendo tem algo a ver com IA", diz ela. "Sabe por quê? Porque a IA é toda fragmentada. As pessoas não conseguem enxergar o que estão construindo. E, enquanto ela permanecer fragmentada assim, esses trabalhadores não terão base para reivindicar seus direitos."

Segundo ela, a única maneira de corrigir a estrutura de salários e saber se os trabalhadores de dados estão sendo remunerados de forma justa em escala global é começar a enxergá-los como parte do processo, como parte da indústria da IA. Comparar seus salários com os de profissionais que desempenham funções semelhantes *dentro* de empresas ocidentais. Permitir que se beneficiem de forma justa da venda do produto final. "Todas as revoluções são construídas sobre as costas de escravos. Se a IA é a próxima revolução industrial, então os que trabalham com treinamento e moderação de IA são os escravos dessa revolução."

Hiba

Em busca de mais perspectivas de trabalhadores, descobri uma pequena startup búlgara chamada Humans in the Loop que também oferece serviços de rotulagem de dados para multinacionais. Sua mão de obra era composta, em sua maioria, por refugiados e imigrantes do Oriente Médio, expatriados por conflitos políticos e guerras.

Hiba Hatem Daoud vive no 13º andar de um conjunto habitacional brutalista em Sófia, com três filhos adolescentes e o marido, Ghazwan.

Ela me espera lá embaixo, pronta para me receber em sua casa. Ghazwan, quase duas décadas mais velho que Hiba, fala um inglês recalcitrante e sorri muito. Ele me conta, em um búlgaro hesitante e apologético, que costumava dar aulas de inglês em Fallujah, cidade natal do casal no Iraque, mas esqueceu quase tudo da língua desde que partiram.

Sobre a mesinha de centro está disposto um pequeno banquete que Hiba passou a manhã preparando: pratos cheios de baclava crocante recheada com pistache e fileiras organizadas de *kaak* caseiro, um tipo de biscoito do Oriente Médio coberto com sementes de gergelim. Para acompanhar, há chá preto, com uma colher generosa de leite em pó integral iraquiano, servido em copos turcos coloridos. Uma novela árabe grita da televisão, ignorada por todos. "Sente-se", diz Hiba. "Fique à vontade."

O dia de Hiba normalmente começa assim, cozinhando para a família — "Árabes comem muito!", diz ela —, preparando os filhos para o dia e cuidando da casa, até receber uma notificação do trabalho no celular, como acontece agora. "Sim", ela toca na tela, acessando um site específico onde a tarefa a espera. As instruções vêm em inglês, e Hiba costuma traduzi-las com o Google. Como sempre, o cliente enviou imagens de objetos simples para rotular. Ela realiza a tarefa em poucos minutos e encerra, satisfeita.

Sentada nesta mesma sala, Hiba já rotulou imagens de satélite de campos, oceanos e cidades, anotou cenas de ruas, identificando pedestres, semáforos, faixas de travessia e calçadas; marcou interiores de residências e edifícios, desenhando polígonos ao redor de cômodos, cozinha, sala, banheiro, nomeando cada um. Nunca entendeu bem por que os clientes precisam que essas tarefas aparentemente simples sejam feitas, que são quase como legendar um livro infantil, mas evita questionar. O trabalho é direto, flexível — e sustenta sua família.

Hiba rotula conjuntos de dados para treinar softwares de IA, como Ian e seus amigos em Nairóbi. Como eles, está distante dos produtos finais desenvolvidos, por bilhões de dólares, por empresas dos Estados Unidos e da Europa Ocidental, sem sequer dominar o idioma de origem de suas tarefas. Pergunto se ela tem alguma opinião sobre inteligência artificial ou sobre o impacto do que está ajudando a construir. "Não, não, não", responde, rindo da ideia. Ela só quer um trabalho estável. Fora isso, não está particularmente interessada em sua finalidade.

Ela tem uma noção vaga de que isso tudo tem algo a ver com "*al-mawarid albasharia*", um termo árabe. Ao consultar seu confiável app do Google Tradutor, ela me diz que isso significa "recursos humanos". Sim, ela e Ghazwan fazem um sinal afirmativo com a cabeça. É isso que fazem. Trabalham como recursos humanos.

"Lá havia guerra; aqui, não havia trabalho"

Hiba chegou à Bulgária cerca de uma década atrás, depois de fugir com a família de Fallujah, cidade na região central do Iraque. Ghazwan era um professor bem remunerado, e Hiba cuidava das crianças em uma espaçosa casa de dois andares com um pequeno quintal. "Veja", diz ela, pegando o celular. Havia a cozinha, o quarto de hóspedes, a sala de oração. "Tanto espaço." Parentes se mudaram para lá depois que eles fugiram, mas a casa foi bombardeada várias vezes desde então. Disso também tinham fotografias. Paredes perfuradas por tiros e tetos danificados.

Fallujah sempre foi um foco de resistência contra as forças que invadiram o Iraque em 2003, comandadas pelos Estados Unidos. No decorrer da década seguinte, a cidade foi devastada por combates entre grupos da resistência, milícias locais e uma sucessão de extremistas e terroristas, que acabaram tomando o controle da cidade em 2014. "Nossa vida morreu", diz Hiba. "Pegamos o que conseguimos carregar nas costas e partimos." A jornada começou com um ônibus até a Turquia, depois seguiram várias horas a pé, com os filhos nos braços, até finalmente cruzarem a fronteira com a Bulgária numa manhã quente de 2015.

O primeiro lar no novo país foi o campo de refugiados de Ovcha Kupel, nos arredores de Sófia. Os Daoud passaram 11 meses por lá, antes de serem oficialmente aceitos na Europa, dividindo um quarto em um alojamento com prédios baixos de concreto com centenas de outras pessoas, secando as roupas em varais improvisados ao redor do campo. Meses depois, após uma busca infrutífera por trabalho na cidade, Ghazwan entrou em aposentadoria antecipada e Hiba, pela primeira vida, teve que assumir o papel de principal provedora da família. "Lá havia guerra; aqui, não havia trabalho", diz ela. Começou a procurar um emprego desesperadamente.

Depois de dois anos fazendo bicos, Hiba foi encaminhada pela Cruz Vermelha a um curso de inglês e informática oferecido pela Humans in the Loop. O escritório da startup estava instalado em um apartamento de dois cômodos no centro de Sófia, mobiliado de forma simples, com algumas mesas, decorado com plantas pendentes e fotos impressas de ex-alunos. Ali, Hiba conheceu outros como ela: refugiados do Iraque, do Irã e da Síria que acabaram na Bulgária, todos tentando encontrar trabalho e aprender inglês naquele ambiente estranho. Foi a primeira vez que Hiba usou um computador de forma independente ou frequentou um escritório.

Nesse mesmo local, encontrei Iva Gumnishka, fundadora da Humans in the Loop. Em 2017, ela voltou para Sófia, aos 21 anos, recém-formada pela Universidade Columbia, em Nova York. Na época, a Europa vivia uma crise de refugiados, e, enquanto atuava como voluntária em Ovcha Kupel, Iva percebeu que a melhor forma de ajudar essas famílias de migrantes e refugiados era treiná-las para trabalhos digitais que pudessem realizar com flexibilidade.

Iva fundou a Humans in the Loop como uma entidade dupla — fundação e empresa com fins lucrativos —, nos moldes do que Leila Janah fizera com a Sama. A fundação ofereceria cursos de inglês e informática às famílias, enquanto a empresa as empregaria como freelancers para rotulagem de dados de IA. Os trabalhadores da startup de Iva são todos migrantes, mas seus clientes são empresas ocidentais de tecnologia sofisticada, que geralmente escolhem serviços de anotação de dados com base no menor custo possível. "Há uma disputa pelo menor preço", diz ela, referindo-se à pressão para fornecer esse serviço de forma barata. "É difícil explicar por que nossa atuação é uma parte importante do negócio."

Desde sua fundação, a HITL construiu uma rede expandida de organizações parceiras pelo mundo para conectar clientes que precisam de dados anotados em seus algoritmos com migrantes, refugiados e vítimas de guerra, necessitados de trabalho. Sua empresa recruta anotadores de lugares improváveis como Cabul, Kiev, Damasco, Aleppo e Beirute — muitos executam essas tarefas em meio a zonas de guerra ativas. Em Sófia, os trabalhadores recrutados vêm em sua maioria do Oriente Médio, todos fugindo de conflitos armados. Iva tem como objetivo oferecer a eles trabalho estável e habilidades que possam ser úteis no futuro.

Ao fim de 12 semanas de curso, Iva ofereceu um emprego para Hiba. Seria necessária mais uma semana de treinamento, mas, depois de se familiarizar com as tarefas, ela poderia trabalhar de casa, nos horários que se adequassem à sua rotina como mãe. Seria paga por tarefa e não precisava ser fluente em inglês para desempenhá-las.

Hiba sabia, por sua busca por emprego, que a maioria dos empregadores na Bulgária exigia habilidades linguísticas que ela ainda não possuía. Esperavam que trabalhasse oito horas por dia, mas ela não podia ficar tanto tempo longe da casa e dos filhos. Ghazwan a apoiava, mas Hiba ainda precisava cozinhar, cuidar das tarefas domésticas e dos filhos. Esse trabalho, porém, permitiria que ela ficasse com a família e ainda ganhasse a vida. Parecia bom demais para ser verdade.

Nesse momento foi apresentada ao termo "inteligência artificial". Seu trabalho seria treiná-la. *Almawarid albasharia*, pensou ela.

Eu tenho o poder

Hiba está sentada ao meu lado no sofá, com uma jaqueta preta de couro, batom vibrante e um lenço combinando na cabeça, ainda tomando *chai*, quando ouve o som familiar do Slack em seu celular. Ela me chama para a mesa no canto e abre o laptop. Ghazwan puxa uma cadeira para mim. Iva está conosco, atuando como minha tradutora.

Nos últimos três anos, Hiba vem trabalhando, em especial, para um único cliente — uma empresa canadense de petróleo que desenvolve algoritmos para estimar a pureza de amostras de petróleo bruto.

Ela adora o que faz e me diz que não conseguiria mais viver sem seu trabalho. Não é tanto pelo conteúdo, segundo ela, mas porque é previsível, repetitivo, gera renda mensal e o cliente é simpático e fácil de se comunicar pelo Slack.

Durante o dia, de forma intermitente, o cliente envia fotos de tubos de ensaio com petróleo, e, se estiver disponível, ela reivindica a imagem para si. A imagem se abre e, com dedos finos de pianista, ela traça o menisco — o nível da superfície — do petróleo no tubo, depois marca qualquer impureza ou sedimento visível. Se a imagem não estiver clara, ela alterna para a versão ultravioleta, que pode mostrar mais detalhes. Essas imagens rotuladas são usadas para ensinar os algoritmos do cliente a fazer o que Hiba faz com os olhos: avaliar a qualidade de uma amostra de petróleo.

Para cada imagem rotulada, Hiba recebe o equivalente a 60 centavos. Dependendo da quantidade de trabalho, pode chegar a processar de trinta a cinquenta imagens por dia, mas garante um mínimo de 4 euros por hora.

A estrutura e a flexibilidade do trabalho agradaram tanto que Hiba trouxe Ghazwan para a Humans in the Loop para trabalhar à noite e, assim, dobrar a renda familiar.

O filho mais velho, Abdullah, também pegou alguns projetos. Eles compartilham um laptop, e Hiba se encarregou do treinamento da família inteira, em casa. Ela diz que incentivou a filha mais nova a se capacitar na plataforma de IA para ganhar um dinheirinho para suas próprias despesas — maquiagem, roupas, idas ao cinema. Virou uma pequena empresa familiar, segundo ela, e juntos ganham entre 600 e 1.200 dólares por mês.

Eles complementam a renda com o salão de beleza próximo, que Abdullah ajuda a administrar. Hiba olha para minhas unhas sem esmalte e me convida a fazê-las no salão, de graça, enquanto eu estiver na cidade. As despesas mensais da família giram em torno de 1.600 dólares, então a renda do salão permite que eles fechem as contas. Todo ano, por volta do Eid, Hiba doa parte da renda para a mesquita local, como forma de retribuir a bênção.

Mas nenhum trabalho é perfeito. Pergunto a Hiba o que ela gostaria de mudar. Iva faz menção de sair da sala para que Hiba se sinta à vontade para falar, mas ela pede que fique. "Qualquer coisa que eu tenha a dizer, posso dizer na sua frente", diz ela, olhando diretamente para Iva. Hiba e Ghazwan foram testemunhas do casamento religioso islâmico de Iva com seu marido marroquino. Iva é da família, Hiba me diz.

Em termos gerais, Hiba prefere a flexibilidade que tem hoje em comparação a um emprego tradicional das 9h às 17h com salário fixo. No entanto, a questão da assimetria de poder *tinha* se manifestado nos últimos meses. Embora contratada como funcionária do turno do dia, a empresa nunca havia prescrito horários de trabalho, então Hiba frequentemente se conectava depois do jantar, quando as crianças estavam dormindo, e rotulava imagens até tarde da noite, quando tinha mais tempo livre.

Contudo, à medida que a startup cresceu e contratou mais trabalhadores, a equipe de liderança começou a impor um sistema de turnos. Como funcionária do turno do dia, Hiba não tinha mais permissão para realizar tarefas à noite, pois essas eram destinadas a novos trabalhadores do período noturno, com salários mais altos. O sistema foi implementado por Tess Valbuena, nova diretora de operações, para garantir uma melhor distribuição das tarefas.

Alguns trabalhadores se incomodaram com essas novas regras, e dois deles — incluindo Hiba — entraram em contato diretamente com a empresa de petróleo canadense para reclamar. Hiba afirma que havia abordado a questão com alguém da liderança da HITL, mas ficou insatisfeita com a resposta. Não quis incomodar Iva e não sabia que não deveria procurar o cliente. A Humans in the Loop alega que todos os trabalhadores foram instruídos a não tratar de assuntos internos com os clientes. Como consequência, a liderança, com a aprovação de Iva, decidiu fazê-la de exemplo suspendendo o acesso de Hiba à plataforma por trinta dias. Olho para Iva, que parece pouco à vontade, mas reage à história de Hiba com um encolher de ombros constrangido.

Iva e sua equipe impediram Hiba de trabalhar durante todo o mês de dezembro, uma época movimentada e custosa para a família. Nesse meio-tempo, ela continuava recebendo notificações de novas tarefas pelo Slack, assistindo, de mãos atadas, à chegada de cada uma — ping, ping, ping — sem poder aceitá-las. Sentia-se frustrada, impotente e irritada. Sabia que o dinheiro estava ali, ao alcance, mas não tinha permissão de tocá-lo. O episódio simbolizou a vulnerabilidade de Hiba, a fragilidade dos trabalhadores de dados como ela e sua impotência diante de um setor dominado pelas empresas mais ricas e ambiciosas do mundo. Para a família de Hiba, a perda de renda se transformou em um grande problema, e ela precisou pegar um empréstimo com um amigo para pagar a faculdade de Abdullah. "Sofri muito", conta.

Pergunto a Iva se ela se arrepende do que fez e do impacto sobre a família de Hiba. Ela diz que isso é uma parte lamentável do processo de crescimento de uma empresa pequena e que teve dificuldade em tomar decisões, como impor turnos e punir funcionários. Reconhece que não havia considerado o fato de ser dezembro e que concluiu, depois, que a suspensão de um mês talvez tenha sido severa demais no caso de Hiba. Olho para Hiba e Ghazwan à procura de qualquer ressentimento, mas Ghazwan a repreende em árabe, lembrando-lhe de que Iva já havia pedido desculpas. Hiba não se arrepende de ter mencionado o assunto, mas diz que são águas passadas. Ela já superou.

Pergunto, então, o que Hiba fará da próxima vez que tiver uma reclamação.

"Não vou dizer nada", responde, dando de ombros. "Não posso me dar esse luxo."

Ala

No dia seguinte, volto ao escritório da Humans in the Loop e, desta vez, reconheço Hiba em uma foto na parede, sorrindo com um lenço turquesa na cabeça, ao lado de sua turma de formatura. Estou ali para observar a sessão de treinamento dos trabalhadores. Sento-me ao lado de Ala Shaker Mahmoud, de 44 anos. O módulo de hoje inclui uma seção sobre ética em IA: uma nova adição ao currículo. A turma entra em contato com conceitos como viés algorítmico e transparência, para com os usuários finais, sobre o uso de sistemas de IA.

Em seguida, enquanto o sol fraco do inverno luta para atravessar uma janela alta, converso com Ala. Até 2007, ele era apicultor itinerante em Mossul, a antiga cidade assíria do norte do Iraque, cercada por desertos e montanhas. Em seu apiário com 150 colmeias, cuidava de milhões de abelhas que se alimentavam de flores de algodão, alcaçuz roxo, espinheiros e urzes que cresciam nos campos irrigados pelo *Dijla* — o rio Tigre —, que passava perto de sua casa. "Eu tinha um trailer e dirigia por aí, entregando mel e dormindo sob as estrelas", contou. "Quando voltava de uma viagem, mesmo que fosse às três da manhã, pegava meu barquinho e ia pescar."

Ala afasta a nostalgia com impaciência. Era uma boa vida, sem dúvida, mas precisou acabar, diz ele. Uma noite, fugiu de Mossul, deixando os pais, enquanto bombas desabavam sobre sua casa. Acabou em Istambul, onde pagou a um homem para guiá-lo até a fronteira búlgara, numa jornada noturna de quase nove horas a pé. Ao chegar, ao amanhecer, foi enviado ao campo de refugiados de Banya, onde passou pouco mais de quatro meses, até que seus documentos estivessem regularizados. Onze anos depois, ele me diz que nunca mais voltará para casa.

"Sem paz, ninguém pode viver", afirma. "Sei que perdi muita coisa no meu país, como minha casa, meu trabalho, minha família, mas aqui na Bulgária estou em segurança. Aqui, encontrei a paz."

Ala foi um dos primeiros funcionários da Humans in the Loop. O trabalho de rotulagem de dados que realiza é variado, e ele parece achar as tarefas mais curiosas do que penosas ou repetitivas. Já rotulou cenas de rua para sistemas de carros autônomos — alguns minutos de vídeo consumiam um dia inteiro quando começou, me conta — e diferentes tipos de lixo em esteiras para um sistema algorítmico de triagem de resíduos. Isso envolvia desenhar polígonos ao redor de cada objeto e rotulá-lo como plástico, papelão, papel, vidro, metal.

Trabalhou em projetos para seguradoras de automóveis, produtores de cana-de-açúcar e arquitetos, todos buscando usar algoritmos de aprendizado de máquina para aprimorar e expandir seu trabalho. No projeto da cana-de-açúcar, ele marcava fibras individuais de bagaço como saudáveis ou doentes, com base na cor. Durante a pandemia de covid-19, Ala rotulou máscaras em vídeos, indicando quem as usava corretamente e quem não. Ele não sabia quem era o cliente, mas "aquela tarefa foi fácil", disse ele, com um sorriso.

Ala tem mais consciência de seu papel na cadeia da IA do que Hiba. Desde que começou a trabalhar com dados, passou a ler sobre inteligência artificial e sobre o papel da rotulagem no seu desenvolvimento. "Vejo essa tecnologia como a base, o futuro do mundo todo", diz. "E... precisamos fazer parte desse futuro."

Pergunto se ele pensa em buscar outros empregos. Não, ele sacode a cabeça com veemência. Vai continuar trabalhando com Iva e com a Humans in the Loop enquanto precisarem dele. Mora sozinho e ganha o suficiente para se manter. Além disso, gosta da flexibilidade que permite que se ocupe com outros hobbies.

Recentemente, voltou a criar abelhas, comprando algumas colmeias de um fazendeiro nas montanhas Vitosha, que cercam Sófia. Ele vistoria dezenas de fotos de abelhas no celular, até encontrar o que procura. Finalmente, mostra a tela para mim. Ele encontrou: uma foto de sua rainha, com o abdômen delicado e alongado. "Olha só", diz ele. "Ela é linda."

Eu nunca tinha visto uma abelha-rainha de perto. Pergunto se ele conseguirá colher mel em breve. Ele ri, como se eu tivesse feito uma piada. Depois, percebendo que falo sério, balança a cabeça. "Não, essas abelhas aqui não são produtoras de mel", explica. "Elas não conseguem produzir nada, porque não há árvores nem flores. Aqui, elas podem viver, mas não conseguem fazer mais nada."

"Perto o suficiente, mas nunca demais"

Milagros Miceli, pesquisadora com quem eu vinha conversando, estava estudando o empoderamento dos trabalhadores e seu impacto sobre os produtos que ajudavam a treinar. Em 2021, publicou um estudo com o colaborador Julian Posada, analisando duzentas tarefas de IA, como rotulagem de imagens e reconhecimento facial, realizadas por freelancers venezuelanos e argentinos para diversas empresas ocidentais.[10] Eles queriam entender como as condições de trabalho impactavam a qualidade dos próprios algoritmos. A hipótese era que restringir a autonomia dos trabalhadores não era apenas uma questão de direitos humanos — também comprometeria a precisão da tecnologia que estavam ajudando a desenvolver.

"Por exemplo, todas as instruções são dadas em inglês, mesmo na América Latina, onde raramente se fala o idioma", disse Miceli. Como Hiba, a maioria dos trabalhadores usa o Google Tradutor para compreender as instruções em sua língua materna. É com esse método que descrevem e rotulam imagens. "Você pode imaginar o impacto sobre um conjunto de dados rotulados dessa forma", afirmou Miceli.

Ela também descobriu que os trabalhadores não se sentiam autorizados a se manifestar quando as instruções não faziam sentido no contexto geográfico ou quando tinham ideias para aprimorar uma tarefa. "É preciso dar a eles espaço para pensar. Mas são ameaçados, punidos ou banidos da plataforma se não obedecerem ou se ousam questionar. Eles não têm nenhum canal direto para se comunicar com quem propõe as tarefas quando há um problema [...] ou quando algo não faz sentido para um latino-americano, por exemplo."

Miceli tinha razão — muitos trabalhadores com quem conversei desconheciam o setor do qual faziam parte e raramente mantinham contato com o cliente cujos algoritmos estavam ajudando a treinar. A diferença ficou evidente quando conheci uma equipe de quatro trabalhadores de dados da Arbusta, uma empresa argentina que atende principalmente clientes da América Latina, como o gigante do e-commerce Mercado Livre. Conheci esses trabalhadores em seu escritório, num antigo galpão adaptado, em Buenos Aires, numa tarde ensolarada de outubro. Eles se comunicavam diretamente com o cliente e compartilhavam o mesmo idioma. Eram convidados para participar de reuniões. Disseram-me que se sentiam valorizados e no controle, o que os incentivava a participar ativamente da construção dos sistemas de IA do Mercado Livre. A experiência deles com a cadeia de suprimentos da IA era muito mais pessoal do que a dos colegas da Sama ou da HITL.

Mas, para a maioria dos trabalhadores que conheci, com o tempo, começavam a surgir fissuras na fachada dos seus empregos. Todos, sem dúvida, apreciavam o senso de independência e controle por poderem escolher como trabalhar, mas concomitantemente admitiam que essa liberdade vinha com um custo financeiro. Em Sófia e em Buenos Aires, os trabalhadores com quem conversei concordaram que sua renda não era suficiente para sustentar uma família ou um domicílio com mais de uma pessoa. Pelo menos quatro deles me disseram que precisavam complementar a renda com outros trabalhos ou pedir dinheiro emprestado a familiares para cobrir as despesas básicas, mês a mês.

Perguntei a Iva Gumnishka como ela calculava os salários, e ela me disse que ajustar os pagamentos para uma força de trabalho global em mercados tão diferentes se revelou uma das tarefas mais difíceis que enfrentou como jovem fundadora. No início, planejava pagar salários mais altos para trabalhadores em Sófia do que para freelancers na Síria ou no Afeganistão, por causa dos diferentes padrões de vida nesses mercados. Depois leu alguns textos de Eduardo Galeano, poeta e jornalista uruguaio, que argumentava que as diferenças salariais estavam no cerne da desigualdade global. Seus escritos ressoaram e ela passou a considerar injusto que trabalhadores de dados em países mais pobres recebessem menos pelo mesmo trabalho. "Afinal, o objetivo do trabalho digital é acessar mercados mais bem remunerados e ganhar mais do que se ganharia localmente", disse ela. Assim, decidiu oferecer a todos os seus trabalhadores globais a mesma tarifa de 4 euros por hora — metade do valor cobrado a seus clientes — como tentativa de alcançar a equidade. "Resolvemos que isso seria o mais justo. Mas o que é justiça? Tudo é relativo", afirmou.

Em Nairóbi, os salários cobriam muito melhor as necessidades básicas dos trabalhadores e até apoiavam redes familiares mais amplas, como pais e irmãos. Isso ajudava a aliviar pressões diárias e proporcionava estabilidade financeira. Muitos dos trabalhadores de dados da Sama com quem conversei disseram que conseguiam poupar e pagar os estudos dos filhos ou irmãos, ou o tratamento médico dos pais. Mas, apesar de trabalharem em escritórios para clientes tão poderosos quanto a OpenAI, Tesla e Meta, os trabalhadores permaneciam em situação precária. Bastava um infortúnio ou uma doença para que perdessem a moradia ou não conseguissem mais arcar com suas necessidades básicas. Susan, uma trabalhadora com quem falei, ganhava o suficiente para alugar uma casa e sustentar a filha, mas as mensalidades escolares eram pagas pelo ex-marido. Quando ele parou de pagar de repente, Susan precisou voltar a morar com os pais, onde nos encontramos.

Leila, falecida fundadora da Sama, disse à BBC que não pagava os mesmos salários aos funcionários quenianos e a seus equivalentes nos Estados Unidos porque isso poderia distorcer o mercado de trabalho local da África Ocidental. Salários mais altos em Nairóbi "desajustariam tudo", com potencial impacto negativo sobre o "custo da moradia e o custo da alimentação nas comunidades onde nossos trabalhadores vivem".[11]

Alguns sociólogos e economistas contestam essa visão, argumentando que um aumento moderado de remuneração poderia transformar a vida dos trabalhadores, mas dificilmente distorceria bastante as economias locais. "São as heranças do imperialismo violento dos últimos dois séculos que levam esses trabalhadores do Sul Global a receber tão pouco", disse Callum Cant, pesquisador de IA no ambiente de trabalho, no Oxford Internet Institute. "Como cidadãos do Norte Global, temos o dever de desfazer essa relação... Precisamos ir além do que fomos capazes de realizar no século XX em termos da distribuição justa dos frutos dessa tecnologia."

A comparação mais óbvia — a mesma feita por Mercy Mutemi — é com as *sweatshops* e fábricas de países em desenvolvimento, onde se produzem roupas, brinquedos e eletrônicos do Ocidente em condições precárias e muitas vezes perigosas, com jornadas de trabalho excessivas, baixos salários, lesões por esforço repetitivo, exposição a toxinas e ausência de medidas de segurança.

Não concordei de forma categórica com essa crítica, em parte porque as condições de trabalho dos rotuladores de dados que conheci não eram visivelmente exploratórias ou inseguras — muitos daqueles com quem conversei trabalhavam de casa. Também testemunhei como esses trabalhos transformaram vidas de famílias, ajudando pessoas como

Ian, Susan, Hiba e Ala — e suas comunidades — a saírem da pobreza e da precariedade.

No entanto, percebi que a existência desses empregos, por si só, não bastava. A produção e rotulagem de dados são etapas essenciais na criação de sistemas de IA. Sem conjuntos de dados limpos, não há inteligência artificial. Mesmo assim, identifiquei paralelos crescentes entre o trabalho com dados e outras formas de terceirização. Todos os trabalhadores com quem conversei eram vulneráveis: ou em situação transitória e instável ou lutando para sobreviver — sem qualquer poder de barganha. Quando perguntei como se sentiam em relação ao trabalho, a maioria disse que era grata, especialmente pelo pagamento, pela flexibilidade e pelo acesso a habilidades digitais básicas. Falavam sobre o que o dinheiro podia comprar, mas nem tanto sobre o impacto da tarefa em si. Quando questionei se achavam justas as condições de trabalho, não quiseram nem especular. Evitavam refletir sobre como isso afetava sua autonomia ou o senso de igualdade em relação a outros trabalhadores do mundo. Isso, por si só, já era um problema. Eu sabia que essa relutância não era necessariamente por não terem considerado essas questões, mas talvez por saberem que o custo de lutar por si mesmos poderia ser alto demais — como tinha acontecido com colegas mais combativos.

Quando trabalhadores de dados exerciam alguma forma de agência ou resistência — como Hiba, Daniel Motaung e os peticionários no Quênia —, eles eram reprimidos de forma rápida e severa. Colaboradores do Facebook em todo o mundo, incluindo Daniel, estavam presos a acordos draconianos de confidencialidade, que os silenciavam e isolavam até mesmo de seus entes queridos. Os empregos de anotação de dados no mundo em desenvolvimento forneciam novas oportunidades e algum grau de estabilidade, mas tratavam os trabalhadores como autômatos substituíveis, inferiores a seus pares em outros países.

As empresas que conheci — Sama, em Nairóbi, HITL, em Sófia, e Arbusta, em Buenos Aires — alegavam querer ajudar pessoas a sair da pobreza ou de situações precárias e permitir que progredissem em suas carreiras. Mas, no fim das contas, continuavam subordinadas a seus clientes.

A Sama e a HITL atendiam principalmente clientes ocidentais, sediados fora dos países onde os trabalhadores viviam e trabalhavam, mais interessados na mão de obra barata do que na capacidade cognitiva humana. Iva disse que precisou posicionar a HITL como uma empresa premium em seu marketing, enfatizando sua missão social, para conseguir elevar as tarifas que os clientes estavam dispostos a pagar. Já os clientes da Arbusta eram, em sua maioria, da própria região e mostravam-se mais abertos à comunicação com os trabalhadores, que, consequentemente, sentiam uma agência muito maior no seu cotidiano.

Ficou claro para mim que o aprimoramento do setor se faz urgente e necessário. Regras sobre salários e condições de trabalho mais justas, além de uma gestão intermediária melhor para garantir autonomia e voz aos trabalhadores, precisam ser fortalecidas antes que o setor da IA se consolide no mercado de tecnologia de consumo e essas práticas se solidifiquem.

Como disse Miceli: "Este modelo dá às pessoas uma pequena oportunidade, mas não a ponto de capacitá-las a se revoltar. Elas chegam quase lá, mas nunca demais. Dá para enxergar as raízes colonialistas aí."

"Porque eu posso"

De volta ao apartamento de Hiba em Sófia, terminamos a baclava e conversamos sobre o futuro. Ela me conta que, no Iraque, escolheu ficar em casa porque não precisavam do dinheiro. Agora, obrigada a trabalhar, a experiência foi reveladora. Sentia-se alternadamente empoderada e frustrada pelo trabalho, às vezes irritada pela falta de controle sobre ele, mas também grata pelas oportunidades que surgiram.

Hiba não se contenta em continuar fazendo a mesma coisa repetidas vezes, como um robô ou um drone. Aos 38 anos, pela primeira vez tem independência financeira e está alfabetizada tecnologicamente. Ela tem novos sonhos.

No setembro anterior, ela e seu filho mais velho se matricularam na universidade local, iniciando seus cursos de graduação. É caro — cerca de 10 mil leva búlgaros por ano, o equivalente a mais de 4 mil libras esterlinas. O rosto de Hiba se ilumina quando fala sobre o quanto ama suas aulas.

Pergunto o que a levou a gastar o dinheiro tão arduamente conquistado com as mensalidades da faculdade, em vez de viver com mais conforto ou poupar para bens tangíveis, como uma casa ou um carro. Ela pensa por um momento e então responde que se trata do desejo humano por progresso e evolução. "Quero aprender mais, saber mais."

Ela escolheu estudar biologia. Por quê? Ela ergue as sobrancelhas para mim, como se a resposta fosse óbvia: "Porque eu posso."

CAPÍTULO 2

Seu corpo

Helen

Mulheres como Hiba Hatem Daoud intrigam Helen Mort — que gosta de escrever sobre suas fragilidades e suas forças, seu poder e impotência, seus corpos e o que representam.

Poeta, romancista e memorialista, Helen mora em Sheffield, uma cidade britânica cercada pelas colinas rochosas e pelos penhascos do Peak District, que ela adora escalar desde menina. Escreve com humor ácido e empatia sobre mulheres — de mães montanhistas radicais a si mesma, como criança, adolescente ansiosa, alpinista e mãe de primeira viagem — e sobre os esforços de equilibrar diversas identidades. Reflete também sobre a dimensão física dos corpos femininos e sobre a forma como as mulheres vivem sob constante escrutínio.

"Essa palavra, escrutínio, esse sentimento de estar sendo vigiada, é muito interessante. Especialmente porque quem se identifica como mulher já carrega consigo um elemento de vigilância interna", disse ela, quando conversamos pela primeira vez, numa tarde de primavera de 2021.

Apesar da empatia pelas outras mulheres, Helen sempre carregou consigo uma ansiedade constante em relação ao modo como era percebida. Em 2015, resolveu excluir sua conta no Facebook porque a exposição a deixava inquieta. "Era o caráter público da coisa", disse ela. "Se eu me envolvo demais nas redes sociais, recebo comentários das pessoas e suas vozes entram na minha cabeça. Isso não me fazia bem, e eu não gostava dessa sensação."

Em uma manhã de novembro de 2020, no auge da pandemia de covid-19, um conhecido bateu à sua porta pedindo para conversar sobre algo importante. Helen entrou em pânico. "Achei que algo terrível tivesse acontecido com meu filho na creche", contou.

Naquela manhã, Helen, então com 36 anos, tinha levado seu filho pequeno para a creche e depois alimentado o gatinho Pippin. O marido, professor de inglês, trabalhava no porão da casa. Depois de preparar café e arrumar os brinquedos da criança, ela finalmente se sentara à sua mesa na tranquilidade da sala de estar para uma chamada no Zoom, supervisionando um de seus alunos de escrita criativa da Manchester Metropolitan University.

O homem na porta interrompeu a ligação e pediu para entrar, "por uma questão de privacidade". Irritada com a interrupção, Helen finalizou a chamada e perguntou o que ele queria. O que ouviu foi completamente inesperado. Ao navegar por um site pornográfico, ele havia encontrado fotos perturbadoras e explícitas dela.

Sua primeira reação foi de alívio — ninguém estava ferido ou morto — e depois de incredulidade. Nunca havia enviado uma imagem íntima a ninguém. Essas fotos simplesmente não existiam. O conhecido, visivelmente constrangido, explicou que tinha certeza de que era ela e entregou-lhe um pedaço de papel com o nome do site e informações sobre uma linha de apoio para aqueles que tinham imagens íntimas vazadas na internet como forma de vingança. Ele mal conseguia encará-la, mas, segundo Helen, estava genuinamente tentando ajudar da forma mais humana possível.

Depois que ele foi embora, ela se obrigou a seguir com a rotina do dia. Mas, ao buscar o filho na creche, sentiu uma onda quente de vergonha subindo ao rosto. Era aquela mesma sensação de escrutínio que conhecia desde jovem, agora amplificada e ardente. Parecia que todos os pais na entrada a olhavam de soslaio, como se todos *soubessem*. Encolheu-se, ensimesmada. Um ano depois, escreveu em um ensaio dirigido a si mesma: "Desde as fotos, você aprendeu a recuar sem mover um músculo."

À noite, pediu ao marido que acessasse o site. Ela mesma não tinha coragem. Quando ele encontrou a galeria, disse-lhe, com gentileza, que era o rosto dela, mas que, com certeza, não era seu corpo.

O agressor havia usado fotos de Helen, retiradas de suas antigas contas no Facebook e no Instagram privado, que incluíam imagens dela adolescente e grávida. Foram empregadas ferramentas de edição digital para retratá-la como vítima de um violento estupro coletivo. Embaixo das fotos, estava escrito: "Esta é minha namorada Helen. Quero vê-la humilhada, usada e abusada, e aqui estão algumas ideias."

Helen não entendia como suas fotos tinham sido manipuladas. Depois soube que esse tipo de imagem era conhecido como deepfake: fotos e vídeos realistas gerados com tecnologias de inteligência artificial. "Eram situações que faziam o sexo parecer não consensual", explicou. "Muitas dessas imagens mostravam a pessoa com meu rosto, sendo segurada, contida ou estrangulada por vários homens. A imagem do estrangulamento era tão realista que *eu* poderia acreditar ser eu mesma."

Debaixo de uma imagem, em que as pernas da mulher eram forçadas a se abrir por um emaranhado de braços masculinos, um espectador comentou: "Animal!" É essa a imagem que Helen não consegue apagar da memória.

A ascensão do deepfake

O termo "deepfake" é relativamente recente, cunhado em 2017 por um usuário do Reddit para se referir a uma nova técnica de IA capaz de criar imagens e vídeos falsos hiper-realistas, uma espécie de Photoshop de nova geração.[1] Com esse software, ele anunciou, qualquer um seria capaz de fundir rostos de celebridades em corpos de atores pornôs. O resultado era uma "pornografia" completamente falsificada, com mulheres que não tinham conhecimento nem controle sobre a criação ou a distribuição dessas imagens.

O criador do deepfake era um programador anônimo interessado em inteligência artificial, trabalhando no que descrevia como um "projeto de pesquisa". Disse a um jornalista da *Vice News* que não via nenhum problema ético na tecnologia. Se ele não tivesse demonstrado aquilo, outra pessoa o faria. Na época, criar deepfakes não era ilegal na maior parte do mundo, tampouco postar ou distribuir esse tipo de conteúdo. Por isso não havia ninguém para fiscalizar o uso do software.

Deepfakes são gerados por meio de *deep learning* [aprendizagem profunda]: um subconjunto da inteligência artificial em que algoritmos realizam tarefas, como a geração de imagens, assimilando padrões em milhões de amostras de treinamento. Os modelos aprendem a gerar rostos de maneira hierárquica: começam mapeando pixels individuais e depois reconhecem estruturas mais complexas, como o formato de um rosto ou corpo específico.

Um dos algoritmos que criam deepfakes são as Redes Generativas Adversariais, ou GANs [do inglês *Generative Adversarial Network*]. As GANs funcionam em pares: um algoritmo treina com imagens dos rostos que se deseja replicar e gera suas próprias versões, enquanto o outro tenta determinar se a imagem é real ou sintética. Os algoritmos trocam imagens entre si, com as imagens falsas sendo continuamente ajustadas para se tornarem cada vez mais convincentes, até que o algoritmo detetive não consiga mais distinguir o que é falso. Essa técnica pode modificar rostos ou corpos inteiros e criar fotos e vídeos realistas — como os vídeos assombrosamente verossímeis de Tom Cruise que viralizaram no TikTok em 2020.

As GANs conseguem gerar imagens e vídeos de alta qualidade de maneira exponencialmente mais rápida e barata do que estúdios profissionais de efeitos visuais, tornando-se uma alternativa atraente para a indústria do entretenimento. Estúdios de cinema como a Industrial Light and Magic, da Disney, e empresas de efeitos visuais como a Framestore já estão explorando o uso de algoritmos de deepfake para criar conteúdos hiper-realistas em CGI e versões sintéticas de celebridades, vivas ou falecidas, para anúncios e filmes.

As GANs, porém, não são a única ferramenta disponível para a criação de deepfakes, já que novas técnicas de IA evoluíram em sofisticação. Nos últimos dois anos, uma nova tecnologia conhecida como *transformer* impulsionou os avanços da IA generativa, softwares capazes de criar novas imagens, textos e vídeos a partir de uma simples descrição escrita. Ferramentas de arte em IA como Midjourney, Dall-E e o próprio ChatGPT, baseadas nesses sistemas, agora fazem parte do nosso vocabulário cotidiano. Permitem que uma ideia vaga, articulada em poucas palavras, ganhe forma visual detalhada de maneira visceral por meio de simples aplicativos e sites.

As ferramentas de imagem por IA também têm sido apropriadas como armas de misoginia. Segundo a Sensity AI, uma das poucas empresas de pesquisa a monitorar deepfakes, em 2019, cerca de 95% dos vídeos de deepfake on-line eram de pornografia não consensual, quase *todos* com mulheres como vítimas.[2] O autor do estudo, Henry Ajder, me disse que, desde então, os deepfakes se tornaram tão onipresentes que seria praticamente impossível realizar um levantamento similar nos dias de hoje. No entanto, ele afirmou que estudos mais recentes continuam mostrando que a maioria dos alvos ainda são mulheres, hipersexualizadas pela tecnologia.

Hoje, vários anos depois da introdução do termo deepfake, pouco pode ser feito por parte das vítimas. A criação e a distribuição de imagens íntimas geradas por IA continua legalizada em boa parte do mundo. Alguns países — como o Reino Unido (com lei entrando em vigor em meados de 2024), Cingapura, Coreia do Sul, Austrália e estados americanos como Califórnia, Nova York e Virgínia — criminalizaram recentemente a distribuição não consensual de qualquer imagem íntima, incluindo deepfakes, mas a criação dessas imagens ainda escapa da maioria das leis internacionais. A única opção para as vítimas é solicitar que as plataformas removam o conteúdo, reivindicando direitos autorais. As redes sociais, e até alguns sites pornográficos, prometem remover deepfakes e imagens não consensuais conforme seus termos de uso, mas, na prática, muitas vezes não o fazem.[3,4] Seja porque não detectam esse material de maneira proativa, seja porque, ao detectá-lo, não priorizam sua remoção. Uma nova legislação da União Europeia, em vigor desde 2023, obriga as plataformas sociais a demonstrarem como a remoção de conteúdos ilegais pode ser solicitada e como executá-la. No entanto, isso não resolve o problema se o material em questão — no caso, os deepfakes — não for considerado ilegal.

A IA está longe de ser a primeira tecnologia digital adaptada para assediar e abusar de grupos marginalizados na internet. Assim como tecnologias mais simples baseadas em imagem — de webcams escondidas ao Photoshop e às redes sociais —, os deepfakes foram cooptados por exércitos de pervertidos e covardes para invadir o espaço mais íntimo: nossos corpos.

O que torna a manipulação de imagens por IA tão poderosa é que as ferramentas são fáceis e baratas para distribuir em larga escala e podem ser usadas por amadores. Os resultados são hiper-realistas em comparação com as tecnologias anteriores e se espalham rapidamente por canais de mídia social pouco fiscalizados que funcionam como megafones. E, claro, podem ser usados contra as vítimas sem que elas tenham conhecimento, muito menos consentimento. A tecnologia potencializa a produção em massa de assédio e abuso.

Fiz uma busca rápida no Google e encontrei dezenas de sites oferecendo pornografia deepfake, garantindo que todos os vídeos eram totalmente falsos. Centenas de vídeos abusavam da imagem de mulheres reais, representando-as em atos sexuais realistas.

Esses vídeos apresentavam celebridades de Hollywood, de Bollywood e do K-pop, bem como figuras não públicas como Helen. No site onde Helen foi encontrada, ela ficou chocada ao ver que havia toda uma seção dedicada a mulheres sem persona pública — um mercado para corpos femininos, fomentado pela tecnologia.

Deepfakes não são consequências acidentais da IA. São ferramentas *propositalmente* distorcidas por indivíduos cujo intuito é prejudicar alguém. Seus efeitos, contudo, são amplificados e enraizados pela facilidade do uso da tecnologia e pela indiferença institucional: a falta de regulamentação estatal e a relutância das grandes plataformas on-line em se responsabilizar por sua disseminação. As histórias de Helen Mort e de outras mulheres com quem conversei são simbólicas da nossa indiferença coletiva diante de sua dor.

Animal!

No início de 2022, li o manuscrito de *A Line Above the Sky* [Uma linha acima do céu], livro de Helen sobre maternidade e montanhismo. Parte memória, parte ode à natureza, o livro retratava com clareza a essência de Helen. Nele, ela expunha suas fraquezas, mas também um senso de identidade firme como o aço. Nos breves trechos em que abordava os deepfakes, refletia sobre essa experiência e como ela mudou sua percepção de identidade.

Desde aquele dia em 2020, Helen escreveu alguns textos tentando capturar a intensidade da experiência. Em um ensaio intitulado "This Is Wild" [Isso é selvagem; ou "Animal!", em tradução livre], Helen entrelaçou trechos do seu encontro com o deepfake com o relato de uma expedição transformadora a uma geleira perto de Kulusuk, no sudeste da Groenlândia. Ela traçou paralelos entre as duas experiências, a escalada e a queda. Escreveu para si mesma: "Nesses momentos, você se lembra de como uma geleira se comporta. Que ela permanece ereta, mesmo quando cede, mesmo quando desaba."[5]

A primeira coisa que escreveu imediatamente após o incidente foi um poema, "Deepfake: A Pornographic Ekphrastic". Escrever foi a única coisa que conseguiu fazer naqueles meses, libertando-a dos pensamentos intrusivos, permitindo que recuperasse a própria mente e começasse a se curar. O poema articula o impacto psicológico de um jeito que Helen ainda não conseguiu fazer em conversas:

Estes são os pixels distorcidos do meu rosto,
as feições que aprendi a considerar comuns,
Quero vê-la preenchida em cada buraco!
Os olhos, que chamamos de janelas da alma.

"Não existe uma coisa certa a dizer nessas situações", afirmou. "Meu marido tentou fazer piada: 'Você vai rir disso: é óbvio que não é você nem seu corpo.' Mas para mim, isso importava. Lembro-me de pensar: não sei como voltar a ser normal."

Quase imediatamente, Helen pediu ao site que removesse as imagens, mas não obteve resposta. Como não tinham responsabilidade legal, não havia motivos para ajudá-la. Ela também denunciou o caso à polícia, mas disseram que não poderiam fazer nada. Explicaram que era ilegal compartilhar fotos íntimas de alguém sem consentimento — mas não se fossem falsas. Mesmo que o site identificasse o responsável, ele não teria cometido nenhum crime. Helen ficou chocada, perplexa, com o fato de tamanha violação e *injustiça* serem perfeitamente legítimas aos olhos da lei.

Sem ter a quem recorrer, passou semanas obcecada, pensando em quem poderiam ser os responsáveis, entre os homens de sua vida — afinal, usaram seu nome e tiveram acesso a fotos privadas, então suspeitava de que fosse alguém conhecido. Mas nunca descobriu. “Houve um tempo em que eu suspeitava de todo mundo, pensando: será que foi você? A gente começa a se questionar. Houve algumas pessoas que minimizaram a situação e eu pensava: você não entende nada, ou... será que foi *você*? Eu nem sei se foi um homem... é uma suposição e tanto... mas presumi que era porque o usuário se apresentava como homem no site. O que também pode ter sido ficção.”

Depois, ela passou a olhar para os homens ao seu redor — vizinhos, conhecidos, estranhos — imaginando quantos poderiam ter feito o mesmo com outras mulheres. “Você começa a pensar em todas as pessoas que conhece e que poderiam usar esses sites, passa a olhar para os homens nas ruas e a se perguntar o que não sabemos sobre eles e o que fazem entre quatro paredes.”

O episódio envenenou a relação de Helen com homens em geral e obscureceu sua visão do mundo por muito tempo. Ela passou a temer o sono, perturbado por pesadelos com sua versão deepfake, e voltou a tomar os ansiolíticos que já usara no passado. Afastou-se de antigos amigos que considerou pouco empáticos e se retraiu de novas amizades. Era grata pelo apoio do marido, mas ressentia-se das demais responsabilidades dele, precisando desesperadamente de sua presença.

Para começar a se curar, Helen deu o primeiro passo ao decidir conscientemente parar de tentar descobrir quem era o responsável pelos deepfakes. Depois, para reconstruir sua relação com o próprio corpo, começou a fazer mais tatuagens. “Nunca tive muito orgulho do meu corpo, e um dos meus maiores medos era que, se os deepfakes ficassem ainda mais realistas, alguém pudesse fazê-los iguaizinhos a mim, com todas as minhas tatuagens”, disse. “Então percebi que minhas tatuagens seriam uma prova de que não era eu de verdade — ninguém além de mim conhece todas elas. Isso acabou sendo um conforto. Elas são como um escudo, marcas que ninguém mais poderia replicar em uma imagem falsa.”

Ainda assim, embora as tatuagens cubram as feridas, sua identidade continua irremediavelmente fraturada. "Eu não consigo me dissociar disso, nem agora. Mesmo agora, eu falo como se tivesse sido comigo. Foi assim que me senti", explica.

Garotas conhecidas

Hoje, fragmentos do código original de "deepfake" deram origem a algoritmos derivados que se espalharam pelo mundo. Em 2019, um aplicativo chamado DeepNude atiçava os usuários ao pedir que enviassem fotos de mulheres parcialmente vestidas por 50 dólares, usando modelos de IA para despi-las e gerar versões nuas algoritmicamente. O app só gerava seios e vulvas, por isso não funcionava direito em imagens de homens.

Embora o DeepNude tenha sido temporariamente encerrado em 2020, seu criador — um programador anônimo conhecido pelo pseudônimo "Alberto" — mais tarde incluiu recursos ainda mais sofisticados no código, fazendo-o evoluir como um vírus. Agora, com apenas um clique, o sistema permite gerar nus a partir de imagens de todos os tipos — mulheres vestidas, vistas de perfil ou envoltas em sombra.[6]

Atualmente, centenas de serviços de nudes por encomenda floresceram, tão fáceis de usar quanto aplicar um filtro no Instagram. Estima-se que um desses sites recebeu 50 milhões de visitantes em um período de dez meses, em 2020.[7] Meses depois, seu proprietário afirmava que seus algoritmos de deepfake estavam ficando ainda mais avançados, e em breve permitiriam que os usuários "manipulassem atributos dos alvos, como o tamanho dos seios ou pelos pubianos". Ele prometia que o deepfake deixaria de ser um entretenimento passivo para se tornar um esporte participativo: escolha uma mulher, qualquer mulher, remova suas roupas, transforme-a e a exponha. Repita quantas vezes quiser.

Formou-se um modelo de negócios em torno da pornografia deepfake. Os sites frequentemente compartilham seu código deep-nude com "parceiros", ou melhor, sites clones que pagam para oferecer o serviço de desnudar fotos. O resultado é um ecossistema próspero de assédio sexual on-line, formado por sites e apps, que parece impossível de erradicar. As plataformas são acessíveis por uma simples busca na internet e não exigem qualquer habilidade: basta enviar uma foto como se fosse a qualquer outro site. A maioria oferece deepfakes como serviço pago.

Um desses aplicativos parceiros, chamado DreamTime, é gerenciado por um desenvolvedor conhecido como Ivan Bravo. Ele descreve o DreamTime como "um aplicativo que permite criar, com facilidade, nudes falsos a partir de fotos ou vídeos, usando inteligência artificial". Em entrevista à *Wired*, Bravo afirmou ter mais de 3 mil usuários pagantes e ganhar mais do que o suficiente "para sustentar uma família em uma casa decente aqui no México".[8] Ele reconheceu que provavelmente era uma maneira imoral de ganhar dinheiro, mas não tinha intenção de parar.

O ano de 2020 marcou a banalização da criação de "deepnudes", que tornou-se tão fácil quanto enviar uma mensagem instantânea. Um bot no aplicativo de mensagens Telegram surgiu oferecendo um serviço simples de deepfake: bastava enviar ao bot uma foto da vítima vestida e, numa questão de *minutos*, ele retornava uma imagem nua realista usando o rosto da pessoa. De acordo com a Sensity AI, que conduziu um estudo sobre esse bot, uma versão premium custava cerca de 8 dólares para gerar 112 imagens. Até julho de 2020, mais de 100 mil meninas e mulheres desavisadas já haviam sido vitimadas apenas por esse app.[9]

Em uma pesquisa anônima com usuários, postada no canal e vista pela Sensity AI, 63% disseram usar fotos de "garotas conhecidas da vida real".[10] Essa estatística me causou arrepios. Era aquele sentimento insidioso que Helen havia descrito: a sensação de um escrutínio inescapável.

**

Na primavera de 2022, comecei a notar um fluxo constante de notícias abordando os impactos das ferramentas de IA sobre imagem e identidade. Uma delas foi a história da engenheira de software americana Cher Scarlett, que descobriu fotos explícitas e íntimas suas em um site de busca por reconhecimento facial chamado PimEyes: imagens tiradas de forma coercitiva quase vinte anos antes, quando ela tinha 19 anos.[11] Ela havia suprimido as memórias do episódio traumático. Por isso, descobrir essas imagens inesperadamente foi como reviver o trauma pela primeira vez.

Fiquei curiosa sobre o PimEyes. O site pede que você envie uma foto de si mesmo e usa sistemas de IA para mapear os contornos do seu rosto e localizar fotos suas na internet. Enviei uma imagem minha para ver o que apareceria. O teste funcionou, revelando fotos públicas conhecidas e algumas imagens de close-ups em eventos que eu frequentara — fotos que eu nem sabia que haviam sido feitas. Fiquei imaginando se foram tiradas de vídeos.

Algumas dessas imagens em close-up foram rotuladas como "explícitas", o que me levou a descobrir que haviam sido publicadas em sites pornográficos. Eu não poderia acessar esses sites sem pagar ao PimEyes — e escolhi não o fazer —, mas fiquei com o medo persistente do que poderia existir por aí sem meu conhecimento, meus duplos digitais, sobre os quais eu não tinha controle nem propriedade.

Quando conversei com Cher, ela disse que a ideia de que alguém pudesse tirar uma foto do seu rosto e descobrir tudo sobre sua vida parecia algo impossível: "coisa de Star Trek", como ela descreveu. No entanto, essa tecnologia havia dado um salto, transformando-a de um rosto anônimo na multidão em uma pessoa cujos segredos podiam ser brutalmente revelados.

Centenas de milhares de mulheres como Cher Scarlett e Helen Mort — às vezes, meninas — não têm para onde correr quando se deparam com imagens e vídeos íntimos seus compartilhados on-line sem consentimento — reais, falsos, consensuais ou coercitivos. Até recentemente, não havia botão no Google, YouTube ou Facebook para remover e apagar permanentemente esse tipo de mídia íntima. E, mesmo hoje em dia, tentar eliminar imagens e vídeos não consensuais — quanto mais deepfakes — é uma tarefa quase impossível por causa da falta de proteção legal e da natureza descentralizada da internet. Uma vez baixadas para computadores pessoais, essas imagens persistem indefinidamente, como fantasmas digitais vagando pelas zonas obscuras da rede, surgindo quando menos se espera.

Na maior parte do mundo, criar e distribuir deepfakes de conteúdo íntimo ou sexual não é crime, e por isso não há um caminho evidente para buscar justiça. A questão tem sido abraçada por estudiosos do direito, ONGs, ativistas e grupos de direitos das mulheres, como My Image My Choice e Not Your Porn, que se concentram em todo tipo de compartilhamento não consensual de imagens, inclusive pornografia de vingança. Essas organizações oferecem suporte emocional, informações e até assistência jurídica gratuita. O problema é que é difícil encontrar advogados dispostos a aceitar esses casos, pois são batalhas árduas nos tribunais. Muitas vítimas acabam procurando Carrie Goldberg, advogada no Brooklyn, Nova York, especializada, como ela mesma diz, em "clientes atacadas por pervertidos, babacas, psicopatas e trolls".[12]

Carrie é uma mulher difícil de esquecer: usa terninhos de alfaiataria, saltos altos e batom vermelho. Seus óculos de grandes aros escuros lhe conferem um ar de ingenuidade estudada, suavizando a aura matadora que ela ostenta com orgulho. É orgulhosamente feminina, feroz e desbocada.

Os atos de violência que suas clientes enfrentam vão desde transmissões em tempo real de agressões sexuais contra menores até casos de pornografia de vingança, chantagem sexual e perseguição cibernética. Seu trabalho, em geral, é defender mulheres cis ou trans, feridas por homens que empregam diversas tecnologias. A maioria desses atos sequer era reconhecida como crime quando ela abriu seu escritório em 2014. Isso, aliás, foi parte do motivo para ela tê-lo aberto: queria ser a advogada que não teve quando mais precisou. Sua própria história envolve um ex-namorado que ameaçou divulgar fotos íntimas dela na internet, além de enviar mensagens para amigos e familiares no Facebook alegando, falsamente, que ela era viciada em drogas e portadora de infecções sexualmente transmissíveis.

As clientes de Goldberg, muitas delas estudantes adolescentes, tendem a se isolar dos colegas e da família após os episódios de violência que sofreram. Carrie enxerga um pouco de si mesma em cada uma delas, ultrapassando muitas vezes os limites tradicionais entre advogada e cliente, agindo como irmã mais velha, terapeuta e até fada-madrinha, levando-as à manicure e dando Nikes de presente nos aniversários.

Em um perfil publicado no *New Yorker*, uma professora de direito em Miami relatou ter recebido um presente de Carrie pelo correio durante um período de ataques on-line provocados por sua defesa incisiva das leis para punir a pornografia de vingança. O pacote continha um batom vermelho da MAC, Lady Danger. No bilhete que acompanhava, Carrie escreveu: "É isso que eu uso quando quero me sentir uma guerreira."[13]

Durante nossa conversa, perguntei a ela como os abusos on-line deveriam ser tratados pela lei. Carrie rejeitou imediatamente a distinção, recusando-se a ser arrastada pela falsa dicotomia entre on-line e off-line. "Para mim, todo crime acontece off-line, porque eles atingem seres humanos, não com computadores. O componente on-line é apenas a arma usada, não o crime em si. Sempre que alguém me conta sobre perseguição ou assédio virtual, eu digo que não é isso. É apenas perseguição, é apenas assédio."

Carrie vem lidando com um amplo espectro de crimes com emprego de tecnologia e por isso fiquei curiosa para saber se ela havia notado um aumento nos casos de deepfake. "Um dos meus primeiros casos, em 2014, envolvia uma mulher cujas fotos haviam sido baixadas num site de pornografia de vingança. Ela estava na praia com amigos, mas alguém apagou seu biquíni com Photoshop, aumentou seus seios e lhe deu uma _____ cabeluda. De certo modo, isso foi o antepassado dos deepfakes", contou. "Os deepfakes são, com toda certeza, uma tecnologia mais sofisticada, mas a solução não é tão diferente. O pedido das minhas clientes é o mesmo: tirem essa merda da internet, descubram quem fez isso, façam parar e prendam o desgraçado, se possível. Boa parte do que eu faço vai por essa linha."

Embora sua prioridade seja lutar por suas clientes e buscar justiça contra seus agressores e abusadores e, às vezes, contra as plataformas que distribuem o conteúdo, boa parte de seu trabalho evoluiu para militar pelo reconhecimento desses atos como crimes passíveis de serem punidos. Hoje em dia, sua ferramenta mais poderosa para retirar conteúdo íntimo do ar é a aplicação da lei de direitos autorais, como ela explicou. Em outros casos, quando há perseguição, ela solicita medidas protetivas e entra com processo penal quando essas medidas são violadas.

Segundo ela, porém, seu maior problema é que não existem incentivos legais para que gigantes como Google, YouTube, Facebook, Instagram e outros impeçam a distribuição de pornografia não consensual gerada por IA — para não falar dos sites pornográficos.

Ela ficou obcecada pela luta em prol da responsabilização das plataformas de internet pelos abusos que ocorrem no mundo virtual. Em particular, Carrie contesta a Seção 230 da Lei de Decência nas Comunicações dos Estados Unidos, que protege as plataformas de responsabilidade pelo conteúdo postado por terceiros. "É um dos maiores problemas na internet. O fato de que as empresas mais poderosas na história do universo, em termos de riqueza mas também de informações a nosso respeito, estão imunes à responsabilização, ao contrário do que acontece em todos os outros setores. Elas monetizam os dados de todo mundo e mesmo assim não temos nenhum direito diante delas. É absolutamente intolerável."

O fato de a lei ter sido escrita em 1996, antes da internet moderna, é "surreal" para ela. Lobistas que defendem que as plataformas continuem sem responder pelo conteúdo alegam que a mudança da lei destruiria a internet. Mesmo ativistas digitais como Eletronic Frontier Foundation alegam que a transferência de responsabilidade para as empresas levaria a uma censura mais proativa, tornando mais lenta a natureza, em tempo real, das redes sociais. O resultado seria uma versão mais pasteurizada, limitada e menos "livre".[14]

Carrie Goldberg rebate: "Todos os demais setores são responsáveis pelos danos que causam. Nem por isso houve a destruição da indústria automobilística ou aeronáutica. Trata-se de uma indústria extremamente orientada a lucros que jamais precisou arcar com suas responsabilidades legais."

Embora não faça distinção entre os abusos cometidos no mundo real e virtual, ela admite que a utilização da IA é capaz de provocar danos particularmente graves. A tecnologia oferece uma forma mais sofisticada, continuada e disseminada para ferir pessoas vulneráveis.

"Nunca foi tão conveniente prejudicar alguém a distância. E, graças ao acesso remoto à internet, seu alcance global e o efeito multiplicador, o impacto sobre a privacidade, reputação e carreira das vítimas é muito mais profundo e permanente."

Noelle

Em Perth, Austrália Ocidental, a jovem Noelle Martin, de 25 anos, é uma prova viva das palavras de Goldberg. Noelle é a segunda de cinco irmãs em uma família de católicos indianos de classe média, originalmente de Goa. "Sou uma garota de pele escura, filha de imigrantes, gente comum e trabalhadora que cuida da própria vida", afirma. Sua infância, segundo recorda, foi em grande parte tranquila, exceto pelo caos de crescer com quatro irmãs e alguns episódios de racismo casual, sendo uma das poucas alunas de pele escura na escola.

A família de Noelle é relativamente conservadora. Ela nunca teve um relacionamento sério durante a adolescência e sempre foi estudiosa. Desde jovem, sabia que queria ser advogada, como o pai, e foi admitida no curso de Direito e Artes da Universidade Macquarie, em Sydney, em 2014. Foi durante o primeiro ano da universidade que sua vida deixou de ser comum, de formas tão profundas quanto permanentes.

Tudo aconteceu quando, ao fazer uma busca reversa de imagens no Google, Noelle descobriu casualmente dezenas de fotos suas que haviam sido retiradas das redes sociais — dela e de seus amigos — e publicadas em sites pornográficos. Confusa, começou a clicar nos sites, até se deparar com nudes, claramente editados a partir de fotos em que estava completamente vestida.

"Vi muitas, muitas imagens manipuladas minhas, me retratando em relações sexuais, em posições de sexo oral, sendo ejaculada", contou ela durante uma chamada de Skype, falando com um tom quase clínico e distanciado.

Um tom muito semelhante ao que eu já havia notado em Helen.

"Acho que o que aconteceu foi que alguém, em algum lugar, encontrou uma imagem minha e eu representava alguma espécie de fetiche sexual dessa pessoa. Então, pegaram essas imagens e postaram em sites sobre mulheres com bustos maiores. Elas acabaram nos sites pornográficos e passaram a ser cada vez mais compartilhadas."

Devido à natureza descentralizada das redes sociais e da internet como um todo, é impossível policiar o conteúdo. As fotos haviam sido baixadas por milhares de pessoas em servidores privados. Quando Noelle as encontrou, já estavam disseminadas como ervas daninhas — espalhadas demais para serem contidas.

Pelos padrões de hoje, as fotos seriam consideradas edições toscas — isso foi antes da era dos deepfakes —, o que não serviu de consolo para Noelle. "Como você explica isso para um leigo?", perguntou.

Aos 18 anos, vivendo longe da família, ela se sentiu isolada e cada vez mais desalentada.

"Durante muito tempo, internalizei minha própria objetificação. Comecei a fumar, a beber, a me desgastar, porque minha autoestima e meu senso de valor próprio estavam cada vez mais baixos", contou. "Eu me sentia tão objetificada, como se não fosse humana aos olhos das pessoas. Isso arranca sua dignidade e sua humanidade."

**

Quando Noelle e eu conversamos pela primeira vez, ela ligou a câmera para me cumprimentar, seus longos cabelos escuros caindo diante da lente, o rosto expressivo. Mas, conforme nossa conversa avançou, ela pediu para manter a câmera desligada, para evitar o que descreveu como o cansaço de ter que estar constantemente "apresentável". Mesmo como uma voz desencarnada, Noelle era enérgica, articulada e direta, embora eu pudesse sentir a luta interna entre o desejo de ser corajosa e a vontade de se esconder do mundo.

Noelle contou que, enquanto crescia, sempre se sentiu fisicamente diferente do resto da família. Suas irmãs, "magras e muito pequenas", podiam vestir o que quisessem, enquanto ela era "muito curvilínea". Durante toda a adolescência, Noelle enfrentou seus pais, que pediam que ela se vestisse de forma mais conservadora do que as irmãs. "É assim que a sociedade funciona, especialmente quando você tem um certo tipo de corpo... não importa o que você vista, vão achar que você é vulgar. Todas essas suposições são feitas pela mera existência do corpo com que você nasceu."

Quando ainda era adolescente e tentava se entender, Noelle reagiu da única maneira que sabia: afirmando sua individualidade. Vestia-se de maneira relativamente discreta, mostrando as pernas ou os braços em raras ocasiões, mas tinha seu próprio estilo. "Talvez, para algumas pessoas, houvesse decote de mais", disse ela, "mas aquela era a parte do meu corpo que eu estava tentando aceitar. E eu pensava: por que *não posso* mostrar? Nem sempre gostei de meus braços, não expunha a barriga, então por que não posso caber no meu próprio corpo e trilhar meu próprio caminho, sem que as pessoas me façam sentir vergonha pela minha simples existência? Por que eu deveria sentir vergonha? Havia muita raiva e desafio nisso".

Quando descobriu as imagens manipuladas na faculdade, Noelle escreveu para todos os administradores de sites, pedindo a remoção das fotos. Na maioria dos casos, foi ignorada. Houve um caso em que o administrador chegou a chantageá-la, pedindo fotos nuas reais em troca da remoção das falsas. Mesmo quando um site aceitava apagar o material, as imagens já tinham sido baixadas e republicadas em outros lugares mais depressa do que ela podia acompanhar. Noelle percebeu que estava lutando uma batalha perdida.

Foi então que decidiu falar publicamente sobre sua experiência, tornando-se uma ativista involuntária na luta por sua dignidade e direitos.

Naquela época, a tecnologia de manipulação de imagens ainda engatinhava, e a maioria das pessoas nem sabia que crimes como aquele existiam. Para seu próprio bem, e talvez para o de outros, Noelle resolveu alertar que isso poderia acontecer com qualquer um, sem provocação. Foi o início de sua campanha para mudar as leis locais e criminalizar esse tipo de imagem falsa.[15]

Mas usar sua voz para se defender só atraiu mais abusadores on-line. Surgiram novas imagens manipuladas, cada vez mais explícitas. "Eles literalmente pegavam imagens minhas em reportagens e faziam exatamente o que eu estava denunciando naquelas publicações", contou. "Pegavam fotos minhas segurando um certificado que eu ganhara por meu ativismo, e editavam como se fosse a capa de um filme pornô, como se eu estivesse em um evento pornográfico."

Os donos dos sites pornográficos eram os únicos que poderiam ajudá-la a rastrear os culpados, mas, como esses atos eram legais na Austrália, eles ignoravam seus pedidos ou respondiam tarde demais para conter a propagação das imagens explícitas falsas.

A campanha e a defesa incansáveis de Noelle acabaram ajudando a aprovar diversas leis estaduais e nacionais na Austrália, incluindo uma lei de 2018 que criminalizou o compartilhamento não consensual de imagens íntimas — inclusive imagens alteradas por tecnologia — e uma lei de 2022 que permite multar empresas de redes sociais em até 555 mil dólares australianos (383 mil dólares americanos) por dia, caso não cumpram ordens dos reguladores de segurança on-line para a remoção de imagens abusivas.[16]

No entanto, o ato original foi apenas o começo de anos de abusos e perseguições para Noelle — punições por ter tido a audácia de revidar. "São covardes escondidos por trás de seus monitores, e sou eu quem tem que lidar com consequências para a vida inteira por serem incapazes de me ver como um ser humano", ela me disse.

Em 2018, depois de se formar, Noelle recebeu um e-mail: "Há um vídeo deepfake seu em um site pornô, parece real", dizia a mensagem. Ela pediu ao remetente anônimo que enviasse o link, que a levou a um vídeo deepfake de 11 segundos mostrando-a completamente nua, fazendo sexo com um desconhecido — um ato inteiro fabricado com ferramentas de inteligência artificial. No mesmo site, ela encontrou outro vídeo, dessa vez em que ela fazia sexo oral em um homem.

"O maldito título desse vídeo era meu nome completo, as tags nos vídeos eram 'Noelle', 'feminista na Austrália'", contou. "Estavam roubando completamente a minha identidade. O que eles estavam fazendo representava uma outra persona minha, toda fabricada, o que foi extremamente violador. Estavam tentando de propósito se apropriar de mim e me distorcer", disse ela.

Esses vídeos eram muito mais imersivos e viscerais do que as imagens anteriores, mas Noelle já havia se acostumado à dor. "Na minha vida, passou a ser normal descobrir esse tipo de conteúdo violador, em versões cada vez piores, por quase uma década", contou. "Isso vai arrancando pedaços da sua identidade. A única coisa que eu posso fazer é assumir essa porra toda, porque se eu não fizer isso, estou ferrada."

Desde então, os vídeos apareceram em diversos sites pornográficos, podendo ser encontrados por meio de buscas no Google. Depois de baixados e republicados, contê-los tornou-se impossível. Noelle procurou especialistas em deepfake, que confirmaram que o vídeo mostrando o ato sexual era, de fato, um deepfake gerado por IA. Ela vivenciou na pele a crescente sofisticação das ferramentas de edição e viu como a IA facilitou a criação de pornografia com aparência realista. "Aquele vídeo mostrava um corpo parecido com o meu, meu rosto se movendo nele, e eu tendo relações sexuais ativamente com outra pessoa, com o título do vídeo sendo meu nome", disse. "Fiquei puta da vida com a audácia de continuarem a me atacar dessa forma."

O trauma começou a mudar o núcleo da personalidade de Noelle. Ela sentia que oscilava constantemente entre altos e baixos emocionais. "Houve momentos em que eu tornava tudo privado nas redes sociais, momentos em que era muito aberta, momentos em que talvez tenha mudado a maneira de me vestir e momentos em que pensei: foda-se, vou usar o que eu quiser, por que eu deveria ser discreta, por que deveria mudar meu comportamento? Era uma montanha-russa o tempo todo. Eu tentava esquecer tudo o que tinha acontecido comigo, quase me dissociava de mim mesma, fingia que não estava acontecendo." Mas então, à noite, quando estava prestes a dormir, as imagens surgiam em sua mente, e ela passava horas preocupada com a possibilidade de voltarem a aparecer no dia seguinte.

Ela acredita que os responsáveis não estavam na Austrália, pois pareciam não ter medo de serem pegos ou processados sob as leis locais que criminalizam o compartilhamento de imagens íntimas — inclusive deepfakes — sem consentimento, algo que ainda é legal em outras partes do mundo, como em certas regiões dos Estados Unidos e da União Europeia. "Eles continuam a fazer isso porque podem, e porque querem ter poder sobre você", disse ela.

A luta por mudança

Em fevereiro passado, conversei com Olivia Snow, pesquisadora da Universidade da Califórnia em Los Angeles, que também atua como dominatrix profissional e é especialista em trabalho sexual, tecnologia e políticas públicas. Quando trabalha como dominatrix, Olivia não usa seu nome verdadeiro. Recentemente, ela e outras amigas da área começaram a usar o Lensa, um aplicativo que utiliza inteligência artificial para transformar fotos de rostos em versões animadas, em estilos como anime e fantasia. "Usávamos o app como uma forma segura de mostrar nosso rosto nos perfis", me contou. Mas, à medida que enviava mais fotos, Olivia percebeu que as imagens animadas estavam sendo hipersexualizadas pelos algoritmos do aplicativo.

Curiosa, ela resolveu testar diversos tipos de fotos, incluindo selfies tiradas em conferências e até fotos de infância, para ver como o Lensa as editava. Ficou horrorizada ao descobrir que até essas imagens estavam sendo sexualizadas, algumas até produzindo nus parciais. "Aplicativos como o Lensa serão usados contra mulheres muito em breve. Nas últimas semanas, tenho visto um aumento no número de mulheres sendo confrontadas com pornografia deepfake de si mesmas", relatou.

Ela criticou a falta de responsabilidade de reguladores globais e a demora em criminalizar esse tipo de abuso. "A gente só começa a regular tecnologias como a IA quando já é tarde demais."

E Olivia tem razão — a mudança tem sido lenta. Vítimas como Helen e Noelle, corajosas e suficientemente seguras para falar em público sobre suas experiências, estão lutando por recursos legais, exigindo que seus governos reconheçam que o uso de deepfakes está em ascensão e que criar e distribuir conteúdo pornográfico gerado por IA sem consentimento é um ato criminoso.

A luta delas é para mostrar que as consequências do abuso de imagens geradas por IA podem ser tão devastadoras quanto o compartilhamento de imagens reais, o que é parte do motivo pelo qual elas contam suas histórias. Nos últimos anos, à medida que mais mulheres relatam experiências com deepfakes e que os softwares de criação de imagens por IA se tornam cada vez mais avançados, tem havido um aumento nas campanhas pelos direitos digitais e das mulheres, reivindicando que os governos proíbam esse tipo de abuso.

Helen, por exemplo, iniciou uma petição on-line exigindo que o governo mudasse as leis para proteger vítimas como ela. "Meu sofrimento me deixou com medo, envergonhada, paranoica e devastada. Mas não vou deixar que isso me silencie", escreveu.

Sua petição, que recebeu mais de 6 mil assinaturas, lutava para tornar ilegais os deepfakes "criando uma lei clara para proibir a captura, criação e falsificação dessas imagens prejudiciais".[17]

Como resultado da atuação de Helen, de Henry Ajder da Sensity AI, e de dezenas de outros ativistas, o Reino Unido recentemente criminalizou a distribuição não consensual de imagens íntimas deepfake por meio de seu novo Projeto de Lei de Segurança On-line, uma legislação que vinha sendo elaborada desde 2019. Apesar das críticas generalizadas, o projeto está nos estágios finais de debate enquanto escrevo e avança lentamente pelo processo legislativo britânico. No momento da escrita deste livro, espera-se que entre em vigor em meados de 2024.

Clare McGlynn, professora de direito da Universidade de Durham, que há uma década se especializa no estudo jurídico desse tema, afirma que, apesar da iniciativa do Reino Unido, existem atualmente apenas leis dispersas, em nível nacional e estadual, no mundo todo, tratando do abuso de imagens, e menos ainda aquelas que criminalizam a criação e distribuição de deepfakes. E, mesmo as leis existentes não estão sendo respeitadas, de acordo com sobreviventes com quem Clare conversou, o que cria enormes dificuldades para as mulheres, que constituem a maioria das vítimas a serem protegidas de assédio, que pode se estender ao longo de muitos anos, como aconteceu com Noelle.

A resistência à mudança regulatória, disse Clare, não se deve ao fato de que o abuso baseado em imagens falsas seja algo controverso ou muito debatido, mas justo o contrário: os legisladores simplesmente não dão importância suficiente. A IA, assim como as redes sociais e outras tecnologias baseadas na internet, é uma área complexa de regular. A tecnologia evolui extremamente rápido e não respeita fronteiras: o software de IA pode ser inventado em um país, adaptado e implementado como aplicativo em outro, e depois hackeado para criar deepfakes não consensuais de vítimas em uma terceira nação.

Embora a tecnologia de IA tenha se tornado uma prioridade regulatória global no último ano, as questões em debate dizem respeito principalmente aos riscos de segurança representados por sistemas de IA sofisticados, incluindo a capacidade de ajudar na criação de armas biológicas, a disseminação de desinformação no campo político e o impacto na democracia. Outras áreas do direito que estão sendo analisadas incluem questões de violação de direitos autorais por softwares de IA generativa, uma vez que esses sistemas requerem, para seu treinamento, o uso de palavras, imagens, vozes e semelhanças protegidas por copyright. Em uma cúpula inaugural realizada na mansão de Bletchley Park, no Reino Unido, em novembro passado, líderes de Estado falaram sobre a necessidade de legislar sobre a segurança da IA: o desenvolvimento de sistemas algorítmicos que não sejam discriminatórios nem antiéticos, que não possam ser usados para cometer crimes e, num futuro mais distante, tecnologias sobre-humanas que não prejudiquem a humanidade.

Diante desse pano de fundo tão complexo, os líderes políticos globais — em sua esmagadora maioria homens[18] — simplesmente não priorizam a prevalência crescente de deepfakes, afirmou Clare. Talvez porque, sugeriu ela, a prática esteja prejudicando de forma desproporcional pessoas que se identificam como mulheres. Em outras palavras, essas vítimas não são suficientemente relevantes.

**

A marca inconfundível do "colonialismo de dados" — a exploração de comunidades vulneráveis por grandes empresas de tecnologia — está na forma como os impactos de um sistema algorítmico são distribuídos. As vantagens conferidas pela tecnologia, por causa de sua natureza estatística, tendem a beneficiar maiorias, seja em termos de raça, localização geográfica ou gênero. Por exemplo, sistemas de recrutamento por IA mal projetados já foram flagrados favorecendo homens em detrimento de mulheres, baseando-se no sucesso anterior dos homens nas seleções daquela empresa específica.[19] Por outro lado, as consequências tóxicas desses sistemas são sentidas de maneira mais intensa justamente por aqueles que já são vitimados e marginalizados nas sociedades atuais. Um exemplo é a IA de reconhecimento facial, que, de forma sistemática, identifica incorretamente mulheres e pessoas não brancas com muito mais frequência do que homens e brancos.

À medida que comecei a acompanhar o surgimento da pornografia deepfake, percebi que essa tecnologia já havia se espalhado muito além do Ocidente e que algoritmos semelhantes estavam sendo usados contra mulheres no Egito, na China, no Iêmen, na Índia, para citar alguns lugares. A tecnologia já tinha como alvo jornalistas e ativistas nesses países, explorando suas posições vulneráveis nas culturas locais, para causar danos desproporcionalmente maiores a elas do que, por exemplo, a mulheres em países ocidentais.

Em 2020, meus colegas e eu, no *Financial Times*, começamos a investigar como a IA estava sendo usada como arma para assediar mulheres e outras minorias na internet. Foi quando encontramos um jovem programador chinês chamado Scsky, que vivia na Alemanha. Scsky havia reunido uma equipe de sete programadores voluntários que, ao longo de mais de cinco meses, desenvolveram um aplicativo chamado "Can You Forgive Me" [Pode Me Perdoar?], em seu tempo livre. O aplicativo pedia para que o usuário enviasse uma foto do rosto de sua namorada e, usando tecnologia de IA, identificava se a mulher já havia aparecido em pornografia amadora, de vingança ou profissional.

Posteriormente, Scsky alegou que o aplicativo também poderia ser usado pelas próprias mulheres — para encontrar e remover fotos íntimas publicadas sem seu consentimento. No entanto, minha colega Yuan Yang descobriu, ao entrevistá-lo, que a motivação principal do aplicativo era identificar mulheres chinesas consideradas "sexualmente permissivas", para que programadores e engenheiros — em sua maioria homens, e vistos como ingênuos e inexperientes com mulheres — pudessem se proteger daquelas que consideravam "aproveitadoras".

O aplicativo provocou uma onda de indignação nas redes sociais entre feministas chinesas, que viram naquilo uma forma deliberada de assédio a mulheres que simplesmente expressavam opiniões e, com frequência, rejeições. Esses comportamentos fazem parte de um fenômeno mais amplo, estudado e divulgado na época do julgamento de Johnny Depp e Amber Heard, em 2022, que mostrava como mulheres que se expressam de forma assertiva e com autoridade tendem a ser vistas como "antipáticas".[20]

O perigo em potencial para mulheres fora dos países ocidentais é o que tira o sono de Raquel Vazquez Llorente, advogada de direitos humanos. Llorente vem refletindo sobre como defender os direitos e a liberdade de expressão em um mundo de mídias sintéticas criadas por IA, incluindo deepfakes. Ela receia que as ferramentas de IA possam se tornar parte do arsenal de governos autoritários — usando vídeos ou fotos deepfake para desmoralizar e desacreditar indivíduos.

A comunidade de direitos humanos com a qual Llorente trabalha está plenamente ciente de que ativistas em países em desenvolvimento e em regimes autocráticos sofreriam impactos desproporcionais, pois tecnologias emergentes como a IA são mais suscetíveis a abusos por parte desses governos.[21]

Llorente trabalha na WITNESS, uma organização sem fins lucrativos que ajuda pessoas a usar tecnologias baseadas em vídeo para defender os direitos humanos ao redor do mundo. Desde 2019, a organização promoveu uma série de oficinas em quatro continentes, em cidades como Nairóbi, Pretória, Kuala Lumpur e São Paulo, reunindo jornalistas, defensores de políticas públicas e ativistas de direitos humanos dessas regiões.[22] O objetivo tem sido discutir as ameaças e as oportunidades que os deepfakes e outras tecnologias de IA generativa podem trazer para o trabalho em direitos humanos, incluindo a identificação das preocupações mais urgentes e recomendações para políticas futuras nessa área.

Durante essas oficinas, ficou claro que um dos maiores temores das pessoas das regiões da África, do Sudeste Asiático e da América Latina era o uso da mídia sintética para difamar ou comprometer a confiança no trabalho delas. Havia preocupação quanto ao uso de deepfakes e outras tecnologias de IA para lançar ataques direcionados e misóginos, e criar narrativas falsas sobre indivíduos que lutam contra quem está no poder.

"Isso já está sendo usado para desacreditar o trabalho de mulheres ativistas e defensoras dos direitos das mulheres", disse Llorente. "Basta colocar seu rosto em um vídeo pornô e espalhá-lo: na melhor das hipóteses, todo o seu trabalho é desacreditado; na pior, você é morta. Venho identificando defensoras de direitos humanos no Iêmen e no Oriente Médio que estão sendo atacadas por meio de imagens deepfake. Tenho tentado descobrir como defendê-las. É perigoso para ativistas em lugares onde algo assim pode condená-las à morte."

**

À medida que as tecnologias digitais evoluem, os danos causados pela IA geradora de imagens podem deixar o mundo real e ir para o virtual — algo que Noelle vem estudando como pesquisadora jurídica na Universidade da Austrália Ocidental. A inteligência artificial também está no centro do chamado metaverso, um universo on-line tridimensional popularizado pelo Facebook, que se renomeou Meta. No metaverso, é possível circular na forma de um avatar por mundos realistas, habitados por outros avatares de usuários reais, e interagir com objetos nesses espaços. Qualquer pessoa pode acessar essas plataformas virtuais, como *Roblox*, *Fortnite* e *Decentraland*, ou ainda o *Horizon Worlds* da Meta, para jogar.

O *Horizon Worlds*, por exemplo, é acessado por meio do headset de realidade virtual Oculus Quest 2 da Meta. A plataforma utiliza IA generativa para construir avatares que fornecem tradução instantânea de fala entre diferentes idiomas, para impulsionar chatbots nesse ecossistema e até para gerar ambientes virtuais detalhados por meio de comandos de voz.

Em 2021, durante uma investigação para um documentário da emissora britânica Channel 4, a jornalista Yinka Bokinni utilizou o headset Oculus Quest da Meta para entrar no metaverso por intermédio de dois aplicativos disponíveis na loja de apps da Oculus.[23] Nesses espaços virtuais, ela encontrou um cenário de agressão sexual desenfreada, assédio, racismo e situações que colocavam crianças em risco. Logo após ingressar em um desses ambientes conectados à plataforma Oculus do Facebook, ela entreouviu conversas sexuais envolvendo crianças, experimentou abuso racial extremo, discursos de ódio e sofreu um ataque virtual.

Em um artigo para o jornal *The Guardian* relatando a experiência, escreveu: "Em determinado momento, sete usuários me cercaram e tentaram me obrigar a retirar meu escudo de segurança para que pudessem fazer coisas no meu corpo... Foi o equivalente virtual a uma agressão sexual."[24]

Bokinni descreveu a estranha sensação de se sentir violada, mesmo sabendo que tudo era virtual. "Eu sei que não é real, mas, quando você coloca aquele headset, realmente parece que você está lá", escreveu ela. "Engana seu cérebro, fazendo-o acreditar que você está de fato vivendo aquilo. Você esquece que não é real. É muito intimidante."

O antes e o depois

Em última análise, os efeitos humanos da IA generativa, ou de qualquer tipo de manipulação de imagens mediada por IA, não são diferentes daqueles provocados por tecnologias mais antigas, como o Photoshop, ou mesmo pela pornografia de vingança.

Clare McGlynn, a professora de direito, entrevistou mais de 75 sobreviventes no Reino Unido, na Austrália e na Nova Zelândia, pessoas que haviam sofrido diversos tipos de assédio baseado em imagens, de pornografia de vingança a deepfakes, e estudou os impactos humanos desse tipo de abuso. Todas relataram o medo constante de serem reconhecidas ou de verem suas imagens amplamente compartilhadas. "As vidas dessas pessoas se dividem em um 'antes' e um 'depois'", disse Clare. "Mudam de escola, mudam de casa, trocam de emprego. Uma mulher contou que engordou e pintou o cabelo porque tinha medo de ser reconhecida na rua, transformando completamente a própria aparência para não ser identificada."

Hoje, Noelle é advogada e pesquisadora na Universidade da Austrália Ocidental, onde estuda tecnologia e políticas públicas, com foco especial em tecnologias imersivas, como os deepfakes e o metaverso, e seus impactos sobre os indivíduos.

Com o passar dos anos, suas amigas mais próximas atenderam dezenas de telefonemas de Noelle, enquanto ela passava horas relembrando e tentando lidar com a torrente de assédio que sofria. Isso foi especialmente intenso no início da sua luta por direitos legais, quando ela enfrentava novos e mais explícitos episódios de abuso, mês após mês. "Eu nunca consegui estar ao lado das minhas amigas da maneira que eu gostaria", contou. "Tudo sempre girava em torno de mim."

Noelle sentia que as pessoas não compreendiam como esse tipo de assédio se infiltrava na vida cotidiana — afetando os encontros casuais, toda entrevista de emprego, qualquer relacionamento amoroso e as amizades. E, como a maioria das pessoas não entende de tecnologia de IA, ela se via obrigada dar explicações, o que, além do próprio trauma, é um gatilho, algo emocionalmente desgastante.

Tinha a sensação de que qualquer pessoa que conhecesse só conseguiria enxergar sua história, o que a fazia sentir que já formavam julgamentos sobre ela, sem nem conhecê-la. Há pouco tempo, ela saiu para um primeiro encontro com alguém que conheceu on-line. "Eu não planejava falar sobre o assunto nem mencionar o tema no meu perfil. Não acho que eu deva a ninguém a história desse sofrimento horrível antes mesmo de conhecê-lo", disse ela. Mas, durante o encontro, o homem mencionou que havia feito pesquisas sobre ela, e, de repente, o bem-estar a abandonou. Noelle passou a se sentir pequena e humilhada.

Apesar disso, ela continua falando publicamente, na esperança de ser uma luz para outras pessoas que estão atravessando a experiência fragmentada e dolorosa de serem "deepfaked" e ajudá-las a encontrar algum modo de virar a página. Como tantas outras vítimas, Noelle quer apenas que as imagens ofensivas sejam removidas e que o assédio pare — algo que ela acredita que deveria ser simples de regulamentar. Com o passar dos anos, ela se dedicou a palestras públicas, eventos e campanhas governamentais, empenhando-se incansavelmente no combate ao abuso sexual baseado em imagens e para pressionar pela mudança das leis tanto na Austrália quanto em todo o Commonwealth britânico.

Embora tenha obtido algumas vitórias, ela sabe que não é suficiente. À medida que a tecnologia de deepfake se torna mais apurada, mais barata e mais acessível ao público geral, Noelle observa que o número de vítimas de pornografia deepfake continua a crescer.

Ela chegou à conclusão de que a internet não pode ser controlada por um conjunto de regulações nacionais que são aplicadas individualmente (ou muitas vezes não são). À medida que as tecnologias de IA se tornam onipresentes e cada vez mais sofisticadas, Noelle acredita que devem existir regras e padrões globais acordados, para que os autores desses crimes não escapem da justiça como aconteceu em seu caso. E, assim, sua luta continua.

"É a mais completa verdade quando digo que, às vezes, isso foi a melhor coisa que me aconteceu", afirma ela, descrevendo como essa experiência lhe deu um propósito e a impulsionou a se tornar um modelo para os outros. Na maioria dos dias, porém, ela me confidencia que sente exatamente o contrário. "É algo muito contraditório, um paradoxo. É, ao mesmo tempo, a pior e a melhor coisa que poderia ter me acontecido."

Helen capturou esse mesmo sentimento em seu ensaio, "This Is Wild", descrevendo a ruptura e a fratura do acontecimento — muito semelhante à formação de uma geleira. Essas majestosas massas de gelo são formadas a partir do acúmulo de neve macia ao longo de séculos, transformando-se em estruturas complexas e em constante evolução. Mas é somente quando uma geleira derrete que se revela seu esqueleto interior — o que os cientistas descrevem como uma "paisagem profundamente erodida", marcada por sua história.

Para Helen, a música "Glacier", de John Grant, tornou-se um mantra de cura. No ensaio, ela escreve sobre o paradoxo da dor que se transforma em beleza.

E conclui: "Você bota para tocar sem parar."

CAPÍTULO 3

Sua identidade

A primeira vez que Karl Ricanek foi parado pela polícia por ser "negro no volante" foi no verão de 1995. Ele tinha 25 anos, acabara de se formar como engenheiro e começara a trabalhar no Centro de Guerra Submarina da Marinha do Departamento de Defesa dos Estados Unidos, em Newport, Rhode Island — uma cidade rica, conhecida por suas trilhas costeiras espetaculares e pelas mansões de milionários. Naquele verão, ele havia comprado seu primeiro carro de verdade — um Infiniti J30T verde-escuro, com dois anos de uso, que lhe custara cerca de 30 mil dólares.

Uma noite, a caminho do apartamento que alugava em First Beach, uma viatura mandou que ele encostasse. Karl foi educado, distante, sabendo que não deveria parecer combativo ou agressivo. Também sabia que devia manter as mãos visíveis e o que poderia acontecer caso não o fizesse, algo que lhe fora ensinado desde que era pequeno.

O policial perguntou seu nome, que ele forneceu, mesmo sabendo que não era obrigado. Karl estava plenamente consciente de que precisava cooperar, se quisesse sair daquela situação sem problemas. Naquele momento, sentiu que tinha sido desprovido de todos os direitos, mas sabia que essa era a realidade que ele — e milhares de outros como ele — tinham de aceitar. O policial apontou para o carro. "Esse carro é muito bonito", falou. "Como você conseguiu pagar por um carro desses?"

O que você quer dizer com isso? pensou Karl, furioso. *Não é da sua conta como eu comprei meu carro.* Em vez disso, respondeu: "Sou engenheiro. Trabalho no centro de pesquisa. Comprei o carro com meu salário."

Essa não foi a última vez que Karl foi parado pela polícia. Na verdade, não foi sequer a última vez em Newport. E ele preferia não prolongar o assunto quando amigos e colegas minimizavam a história, dizendo que não parecia nada de mais ser detido e ter que responder algumas perguntas. Mas eles nunca tinham sido parados simplesmente por ser "branco no volante", não haviam experimentado a humilhação de serem questionados como cidadãos puramente com base em sua identidade visual, de justificarem sua presença e suas escolhas a estranhos, e sentirem medo de perder a vida se resistissem.

Karl nunca infringira a lei. Sempre dera duro, fazendo tudo que se esperava de jovens talentosos nos Estados Unidos. "Então por que não podiam simplesmente me deixar em paz?", pensava.

Computadores conseguem reconhecer rostos?

Karl foi criado com quatro irmãos mais velhos em Deanwood, um bairro majoritariamente negro no extremo nordeste de Washington, D.C., filho de pai alemão branco e mãe negra. Quando saiu de Washington aos 18 anos para estudar na faculdade, conseguiu uma bolsa para a North Carolina A&T State University, a instituição que forma o maior número de engenheiros negros dos Estados Unidos. Foi lá que Karl aprendeu a abordar problemas em busca de soluções técnicas, em vez de sociais. Procurou enfatizar suas credenciais acadêmicas e minimizar seu contexto de origem, de modo a ser levado mais a sério entre os colegas.

Depois de trabalhar em Newport, Karl ingressou na vida acadêmica, pela Universidade da Carolina do Norte, em Wilmington. Seu interesse principal era ensinar computadores a reconhecer rostos melhor do que os seres humanos. Seu objetivo parecia simples: primeiro, desvendar como os humanos percebem rostos; depois, ensinar os computadores a fazer isso de forma mais eficiente do que nós.

Quando começou, nos anos 1980 e 1990, Karl desenvolvia tecnologias de IA para ajudar a frota de submarinos da Marinha norte-americana a navegar de forma autônoma. Na época, a visão computacional era um campo que avançava lentamente, no qual as máquinas aprendiam apenas a reconhecer objetos e não a identificar pessoas. A tecnologia era incipiente — e bastante falha. Os algoritmos que Karl projetava tentavam fazer o computador reconhecer que aquilo era uma garrafa, estes eram óculos, aquela era uma mesa, aquelas eram pessoas. A cada ano, os avanços eram incrementais, com melhorias de apenas um dígito na precisão.

Então surgiu um novo tipo de IA conhecido como *deep learning* — a mesma disciplina que permitiria mais tarde a criação dos deepfakes envolvendo Helen Mort e Noelle Martin, e que também fundamenta o ChatGPT. Essa tecnologia de ponta foi impulsionada por uma verdadeira explosão de dados disponíveis, no caso, milhões de fotos carregadas na internet que serviram para treinar novos algoritmos de reconhecimento de imagens.

O *deep learning* catapultou os pequenos avanços que Karl vinha tendo e transformou-os num verdadeiro salto de progresso. De repente, uma melhoria de 1% ao ano passou a ser de 10%. Isso significava que o software agora podia não apenas classificar objetos, mas também reconhecer rostos específicos.

Quando Karl começou a trabalhar com reconhecimento facial, o objetivo não era usá-lo em tempo real contra manifestantes, pedestres ou pessoas comuns. Era para ser uma ferramenta de análise de fotos. Desde sua origem, nos anos 1990, os pesquisadores já sabiam que havia vieses e imprecisões no funcionamento dos algoritmos, mas ainda não haviam compreendido exatamente o porquê.

A comunidade da biometria encarava esses problemas como questões acadêmicas, desafios interessantes da visão computacional em um protótipo ainda embrionário. Havia um consenso de que a tecnologia não estava pronta para uso em larga escala, e ninguém planejava lucrar com ela.

À medida que a tecnologia foi se aprimorando de forma constante, Karl passou a desenvolver modelos experimentais de análise de IA para detectar sinais físicos de doenças, como problemas cardiovasculares, Alzheimer ou Parkinson, a partir do rosto de uma pessoa. Por exemplo, um sintoma comum do Parkinson é a rigidez ou congelamento das expressões faciais, devido a alterações nos músculos da face. A tecnologia de IA poderia ser usada para analisar essas alterações micromusculares e detectar precocemente o surgimento da doença. Ele me contou que imaginava inventar um espelho no qual a pessoa se olharia toda manhã e receberia uma notificação caso estivesse desenvolvendo sinais de uma doença neurológica degenerativa — ou esse alerta seria enviado a uma pessoa de confiança. Ele fundou então uma empresa com fins lucrativos, a Lapetus Solutions, que previa a expectativa de vida por meio de análises faciais, voltada para o mercado de seguros.

Seus sistemas também foram usados por forças de segurança para identificar crianças traficadas e criminosos notórios, como Whitey Bulger. Ele chegou até a testar a tecnologia em vídeos de pessoas transgênero passando por transições hormonais, uma aplicação extremamente polêmica da tecnologia. Karl se tornou obcecado pelos mistérios codificados no rosto humano, independentemente dos possíveis danos ou consequências negativas.

Nos Estados Unidos, foi o Onze de Setembro que, literalmente, da noite para o dia, acelerou a necessidade urgente do governo por tecnologias de vigilância, como o reconhecimento facial, superaquecendo os investimentos e desenvolvimentos na área. A questão deixou de ser apenas acadêmica. Em poucos anos, o governo norte-americano já havia criado vastos bancos de dados com rostos e outros dados biométricos de milhões de iraquianos, afegãos e turistas de todo o mundo que visitavam os Estados Unidos.[1] Investiram pesadamente na comercialização de pesquisas biométricas como as de Karl, que receberam financiamento militar para melhorar algoritmos de reconhecimento facial, desenvolvendo sistemas capazes de reconhecer rostos obscurecidos, rostos mascarados, rostos jovens e rostos conforme envelheciam. As forças de segurança interna dos Estados Unidos adaptaram tecnologias de contraterrorismo, como o reconhecimento facial, para o combate ao crime de rua, à violência de gangues e até para vigiar protestos pelos direitos civis.

Karl passou a ter mais dificuldade de ignorar o que a análise facial por IA estava se tornando. Entretanto, durante todos esses anos, ele resistiu às críticas sobre os impactos sociais da poderosa tecnologia que ajudava a criar. Raramente participava de comitês de ética ou de elaboração de normas na universidade, porque achava essas instâncias burocráticas e perda de tempo. Ele descrevia os críticos do reconhecimento facial como "guerreiros da justiça social", ou "lacradores", sem experiência prática no desenvolvimento de tecnologia. Na visão dele, estava criando ferramentas para salvar crianças e encontrar terroristas, e o resto não passava de ruído.

Mas a realidade era bem mais complicada. As empresas de tecnologia, grandes e pequenas, tinham acesso a muito mais dados faciais e, ao mesmo tempo, possuíam um imperativo comercial para avançar no reconhecimento facial. Gigantes corporativos como a Meta e a TikTok, esta de capital chinês, além de startups como a Clearview AI, sediada em Nova York, e a russa NTech Labs, passaram a deter bancos de dados de rostos ainda mais amplos do que os de muitos governos — e certamente muito maiores do que o que pesquisadores como Karl possuíam. E todos eram movidos pelo mesmo incentivo: lucrar. Esses agentes privados logo se apropriaram dos sistemas vindos de instituições acadêmicas como a de Karl e começaram a vender soluções ainda imaturas para forças policiais, agências de inteligência, governos e empresas privadas ao redor do mundo. Em janeiro de 2020, o *New York Times* publicou uma reportagem revelando que a Clearview AI havia coletado bilhões de fotos da internet, inclusive de sites como LinkedIn e Instagram, para construir potentes capacidades de reconhecimento facial, compradas por diversas forças policiais pelo mundo afora.[2]

A tecnologia se espalhava descontroladamente da Argentina ao Alabama, passando por Ayrshire, na Escócia, parecendo ter vida própria, como sementes de dente-de-leão ao vento, enraizando-se em qualquer lugar. Em Uganda, Hong Kong e Índia, ela foi usada para sufocar a oposição política e reprimir protestos civis.[3] Nos Estados Unidos, foi usada para rastrear protestos do movimento Black Lives Matter e identificar manifestantes durante a invasão do Capitólio em janeiro de 2021, além de monitorar foliões no Carnaval afro-caribenho de Notting Hill, em Londres.[4]

E não é apenas uma ferramenta para as forças de segurança: o reconhecimento facial também está sendo empregado para capturar batedores de carteira e ladrões de pequeno porte. Foi implantado, por exemplo, no famoso Gordon's Wine Bar, em Londres, para inspecionar frequentadores e identificar possíveis encrenqueiros.[5] A tecnologia chegou a ser utilizada para identificar soldados russos mortos na Ucrânia.[6] O questionamento sobre a viabilidade de seu uso em larga escala ganhou uma urgência nova, pois seus impactos agora alcançam bilhões de pessoas no mundo todo.

O problema racial do reconhecimento facial

Karl sabia que a tecnologia não estava pronta para um uso tão disseminado. Em 2018, Joy Buolamwini, Timnit Gebru e Deborah Raji — três pesquisadoras negras da Microsoft — publicaram um estudo, em parceria com outros colaboradores, comparando a precisão dos sistemas de reconhecimento facial da IBM, Face++ e Microsoft.[7] Elas descobriram que as taxas de erro para homens de pele clara eram inferiores a 1%, enquanto chegavam a 35% para mulheres de pele mais escura. Karl também sabia que Nijer Parks, morador de Nova Jersey, passou dez dias preso em 2019 e gastou milhares de dólares para se defender da acusação de furto e agressão a um policial em Woodbridge, Nova Jersey.[8] Parks, um homem negro de 33 anos, havia sido erroneamente identificado por um sistema de reconhecimento facial usado pela polícia do lugar. O caso foi arquivado um ano depois por falta de provas, e Parks processou a polícia por violação de seus direitos civis. Um ano depois, Robert Julian-Borchak Williams, morador de Detroit e pai de duas filhas, foi preso por um furto que não cometeu, também devido a um erro de reconhecimento facial.[9] A prisão ocorreu em seu próprio jardim, diante da família.

A tecnologia de reconhecimento facial também levou Amara Majeed, cidadã norte-americana, a ser erroneamente identificada como terrorista envolvida nos atentados do Domingo de Páscoa no Sri Lanka, em 2019.[10] Majeed, que na época era estudante universitária, relatou que a falsa acusação causou humilhação e sofrimento para ela e sua família, depois que seus parentes no Sri Lanka viram seu rosto numa lista de suspeitos exibida no noticiário.

À medida que seus mundos começaram a colidir, Karl foi obrigado a encarar as implicações da vigilância habilitada por IA — e a questionar seu próprio papel no processo, reconhecendo que ela poderia restringir a liberdade de indivíduos e comunidades em sua vida cotidiana. "Acho que eu acreditava que cabia a mim criar tecnologia", ele me disse, "e que outras pessoas inteligentes cuidariam das questões de política pública. Agora, tenho que refletir e pensar muito mais profundamente sobre o que estou fazendo".

O que ele antes considerava falhas técnicas — como os algoritmos que funcionavam melhor para rostos masculinos e brancos, mas tinham dificuldades com tons de pele mais escuros e rostos femininos —, ele passou a enxergar como algo bem mais sério.

"É um sentimento complicado. Como engenheiro, como cientista, eu quero construir tecnologia para o bem", disse ele. "Mas como ser humano e como homem negro, sei que as pessoas vão usar a tecnologia de forma inadequada. Sei que a minha tecnologia pode ser usada contra mim, de alguma maneira."

Na década em que me dediquei à cobertura do setor de tecnologia, Karl foi um dos poucos cientistas da computação que expressaram em voz alta suas dúvidas morais. Por seu intermédio, vislumbrei o relacionamento conflituoso que engenheiros podem ter com suas próprias criações e as ambiguidades éticas com que precisam lidar quando seus instintos pessoais e profissionais entram em choque.

Ele também foi um dos poucos que compreendiam visceralmente as ameaças implícitas no reconhecimento facial, especialmente no contexto policial.

"O problema que temos não são os algoritmos, são os seres humanos", insistia. Quando se ouve falar sobre o reconhecimento facial na segurança pública dando errado, é por causa falhas humanas, disse ele, referindo-se à hipervigilância a homens afro-americanos e de outras minorias, e ao uso de violência policial injustificada contra pessoas negras como Philando Castile, George Floyd e Breonna Taylor.

Karl sabia que a tecnologia estava repleta de falsos positivos e que os humanos sofriam de viés de confirmação. Ou seja, se um policial acreditasse que alguém era culpado de um crime, e o sistema de IA confirmasse essa suspeita, havia uma grande chance de esse inocente tornar-se alvo. "E se a pessoa for negra, quem vai se importar?", questiona.

Ele admitiu se preocupar que os inevitáveis falsos reconhecimentos resultassem em violência armada desnecessária. Temia que esses problemas amplificassem ainda mais o mal-estar social, agravando práticas de perfilamento racial e outros tipos de discriminação. Juntos, humanos e inteligência artificial poderiam acabar criando um sistema de policiamento ainda mais maligno do que o que os cidadãos enfrentam hoje em dia.

"É o mesmo problema que surgiu na era Jim Crow dos anos 1960: era para ser 'separados, mas iguais', e isso nunca aconteceu. Era apenas separados... No fundo, as pessoas não tratam todo mundo da mesma forma. As pessoas fazem as leis e usam algoritmos. No fim das contas, o computador não se importa."

Super-reconhecedores nas ruas

O rosto é a película que separa nosso eu interno de nosso eu externo, a parte de nós que mais nos representa publicamente e que mais nos define intimamente. É o que aprendemos a reconhecer desde bebês, ao olharmos no espelho, e é o que desconhecidos usam como atalho para fazer suposições sobre quem somos. O rosto é um marcador exterior da nossa identidade.

Por isso, quando Helen Mort e Noelle Martin encontraram imagens e vídeos sexuais violentos de si mesmas na internet, foram seus rostos que invadiram seus sonhos e dilaceraram suas vidas, lançando-as em espirais de ansiedade e medo. Quando o policial de Newport viu o carro de Karl em um bairro de classe alta à noite, não foi a maneira como ele dirigia, mas seu rosto que fez o policial mandá-lo parar.

Minha curiosidade sobre rostos — e sobre o que os torna reconhecíveis — surgiu em 2015, quando eu trabalhava em uma reportagem sobre os chamados "super-reconhecedores" da polícia metropolitana de Londres. Eram policiais selecionados por sua extraordinária capacidade natural de identificar rostos com precisão. Conversei com policiais de patrulha e agentes de custódia que assistiram a milhares de horas de imagens borradas de circuito fechado de televisão, de pessoas mascaradas ou encapuzadas em meio à multidão, ou que olhavam de relance para alguém sob custódia para reconhecer onde haviam visto antes aquela pessoa, ou quem ela era e de que crimes estava sendo acusada.

Após os distúrbios em Londres em 2011, vinte super-reconhecedores da polícia metropolitana vasculharam cerca de 5 mil imagens de suspeitos. Identificaram mais de seiscentos deles, dos quais 65% acabaram levados aos tribunais.[11] Enquanto eu escrevia a matéria, a força policial estava tentando cultivar e reproduzir essas habilidades usando tecnologia de IA, movida por duas perguntas: o que torna esses super-reconhecedores tão bons em identificar rostos no meio da multidão, e seria possível capturar essa essência e transformá-la em código que possa ser lido pelos computadores?

Descobriu-se que é possível, e, cada vez mais, nossos rostos, identificadores únicos em meio à multidão, estão sendo capturados por lentes onipresentes sem nosso conhecimento ou consentimento. Esses rostos são então usados para treinar máquinas a se tornarem super-reconhecedoras, exatamente como os agentes da polícia que encontrei há quase uma década.

Em Londres, cerca de 900 mil câmeras de circuito interno vigiam a cidade.[12] Muitas delas foram instaladas no início dos anos 1990 em resposta a atentados do IRA, seguidas por novas ondas de instalações após os ataques terroristas de 11 de setembro de 2001, dos atentados ao metrô de Londres, em 2005, e, mais tarde, para os Jogos Olímpicos de 2012. Durante anos, essas câmeras não passavam de uma espécie de olho mágico, incapazes de entender o que ou quem estavam filmando. Mas, agora, muitas delas ganharam tecnologia de reconhecimento facial. Em várias partes da cidade, câmeras equipadas com IA já escaneiam a população, em busca de cidadãos que constam em listas de suspeitos da polícia.

Em um frio dia de fevereiro, saí da estação de metrô de Stratford, com o cachecol apertado ao redor do pescoço, e vi um grande furgão azul estacionado, com duas câmeras enormes instaladas no teto. A polícia metropolitana de Londres estava identificando pessoas com software de reconhecimento facial enquanto elas passavam.

A maioria dos pedestres parava para ler uma das quatro placas colocadas ao redor do furgão. Alguns se aproximavam para conversar com os policiais uniformizados, fazendo perguntas e expressando aprovação. Outros sacudiam a cabeça em sinal de desaprovação, tiravam fotos dos avisos com o celular ou cobriam os rostos com cachecóis para evitar a identificação. Um manifestante estava postado ali perto, tiritando de frio, segurando uma placa que dizia: PAREM O RECONHECIMENTO FACIAL.

Conversei com um transeunte chamado Blem, que morava na região. O empreendedor britânico-ganês administrava uma gravadora e um estúdio de produção musical na igreja de St. John, logo na esquina, segundo me contava. Ele orientava jovens de gangues locais, encorajando-os a fazer música. Oferecia tempo de estúdio gratuito desde que se mantivessem longe de encrenca. O estúdio já havia ajudado a lançar artistas como J Hus, contou Blem com orgulho. Era um centro comunitário e um refúgio seguro para jovens perdidos.

Naquele dia, Blem estava furioso. "É revoltante. É a suprema invasão da privacidade. Você não pode andar pelas ruas com máquinas analisando sua cara. E se eu não cometi nenhum crime, mas agora meu rosto está no seu banco de dados?", disse ele.

Também me encontrei com Pete Fussey, criminologista com foco em crime e vigilância em espaços urbanos há vinte anos e que vive há muito tempo em Stratford. Durante décadas, contou ele, essa área de Londres foi praticamente um bairro abandonado, repleto de casas bombardeadas na guerra, terrenos alagadiços e canais malcheirosos. Newham, o distrito onde fica Stratford, foi consistentemente um dos mais pobres da Inglaterra, com altos índices de criminalidade e desemprego. Ao mesmo tempo, também era o mais diverso do país, com mais de 250 idiomas falados em poucos quilômetros quadrados, disse-me.

"Eu lembro quando este shopping center era apenas um lixão a céu aberto com pilhas de geladeiras velhas", disse Fussey, acenando em direção à reluzente meca do consumo que nos cercava.

Quando Londres sediou os Jogos Olímpicos de 2012, bem no quintal de Stratford, o bairro passou por uma rápida e cara transformação. O shopping Westfield foi inaugurado, com marcas de luxo estampadas por toda parte. À sua sombra, do outro lado da rua, ficava seu primo mais modesto, o Stratford Shopping Centre, com pequenos negócios locais como o Grandma Mary's Jollof Hut. Esse centro comercial oferecia aos pedestres uma passagem à noite e servia de abrigo para moradores de rua. Hoje, ele está escondido atrás de uma escultura gigante representando um cardume de peixes cintilantes. E a montanha de geladeiras que Fussey havia mencionado foi substituída pelo Centro Aquático projetado por Zaha Hadid.

Foi nessa época que as câmeras de vigilância começaram a brotar aos montes pelas ruas e estações de trem. Uma enorme ponte de aço arqueava-se sobre os trilhos. Na entrada da ponte, dois mastros com câmeras montadas no topo observavam, registravam e armazenavam as imagens daqueles que cruzavam de um lado para o outro, uma forma de tranquilizar as pessoas de que estavam seguras e protegidas.

Fussey me mostrou uma pequena sala de equipamentos contemplando a ponte, com uma porta com o sinal de "Privado". Em 2019, ele passou várias horas ali, integrado às operações da polícia metropolitana, que testava a tecnologia de reconhecimento facial em pedestres.

Durante os testes, Fussey teve acesso irrestrito à polícia para estudar a metodologia utilizada. Sentou-se com as autoridades neste improvisado posto de observação durante várias semanas, enquanto tentavam identificar criminosos entre os passantes.

Ele concluiu que o uso do software enfraquecia a discricionariedade dos policiais e também embotava suas habilidades de observação e intuição. Assistiu a vários momentos em que oficiais perseguiram pedestres inocentes, baseando-se em identificações incorretas feitas pelo software, desenvolvido pela corporação japonesa NEC. Em vez de ser uma ferramenta auxiliar, o reconhecimento facial parecia transformar os policiais em executores automáticos das ordens da máquina.

Tecnologias de vigilância como o reconhecimento facial também aprofundaram a divisão entre as comunidades que sempre viveram em

Stratford e aqueles que se mudaram para substituí-los. Enquanto as câmeras haviam sido instaladas para que a população recente se sentisse mais segura, para os jovens locais a sensação era de constante vigilância. Como Blem, o produtor musical, me disse: "Como eles definem quem é 'criminoso'? É tudo uma questão de perspectiva. Estamos vivendo tempos preocupantes."

Os camofleurs

A poucos quilômetros de Stratford, em um pequeno bosque de coníferas perto do Instituto Francis Crick, em King's Cross, Londres, um grupo de jovens londrinos se preparava para desafiar as câmeras de vigilância da cidade. Era um dia ensolarado de setembro, e eles usavam seus rostos como instrumento de protesto. Suas ferramentas: potes de tinta para pintura facial e pincéis.

A participante Emily Roderick pintou uma faixa preta grossa cruzando o rosto e a boca, triângulos laranja assimétricos em uma bochecha, um traço sobre uma das sobrancelhas e listras brancas próximas ao queixo. O rosto dela se transformou em um amontoado de formas desconexas e contornos destoantes. Outros pintaram listras multicoloridas, triângulos e grossos raios em preto e branco atravessando seus rostos de maneira irregular.

Ao terminar, Emily e seus companheiros pintados seguiram a líder do grupo naquele dia, a artista Anna Hart. Passaram pela estação de trem St. Pancras International, cruzaram a Goods Way, atravessaram o canal até Granary Square — uma praça pública reformada, com fontes vibrantes e restaurantes com mesas ao ar livre. Ali, observaram estudantes entrando e saindo da faculdade de arte Central St. Martins, famílias brincando nas fontes, casais e amigos espalhados nos degraus verdes junto ao canal e as câmeras discretas posicionadas ao redor da praça, sempre observando.

Alguns dias antes, eu havia revelado, em uma reportagem no *Financial Times*, que a Argent, empresa de desenvolvimento imobiliário que possuía aquele terreno, vinha monitorando secretamente, no último ano, os passantes com câmeras de reconhecimento facial, sem o conhecimento ou consentimento da população. Trabalhavam em colaboração com a polícia metropolitana.[13]

Emily e três colegas artistas, que estudavam e trabalhavam na Central St. Martins, ficaram chocados ao ler a matéria e sentiram-se violados. Nos dias seguintes, eles mobilizaram o coletivo chamado Dazzle Club.

Estudantes e professores da Central St. Martins já tinham conflitos frequentes com a Argent, devido às restrições impostas pela empresa sobre o uso dos espaços públicos na região de King's Cross. Emily contou que dois estudantes conhecidos seus foram parados na praça pelos "Red Caps" — seguranças privados da Argent — que exigiam saber por que eles estavam empurrando um sofá para o estúdio. "Totalmente desnecessário", comentou ela enquanto nos sentávamos em Granary Square. Como artistas, queriam articular seu protesto. Como estudiosos do espaço urbano, queriam refletir sobre como a vigilância altera os lugares e os cidadãos.

Antes mesmo de criarem as caminhadas do Dazzle, Emily e sua parceira artística Georgina haviam começado a experimentar o CV Dazzle, uma técnica de maquiagem criada pelo artista e cientista da computação Adam Harvey, de Berlim, para confundir sistemas de reconhecimento facial. Inspirada nas técnicas de camuflagem naval disruptiva da Primeira Guerra Mundial, a ideia de Harvey era pintar nos rostos formas desordenadas que perturbassem os algoritmos de reconhecimento facial.

Esses modelos de reconhecimento facial tendem a usar marcos — olhos, sobrancelhas, testa, nariz — e a simetria para mapear e, em última instância, reconhecer rostos. Ao pintar linhas irregulares e formas aleatórias, cobrir uma sobrancelha ou parte da boca, um simples pincel pode quebrar essa simetria e obscurecer os marcos faciais, tornando o rosto invisível para muitos sistemas comerciais.

"Sou de Leamington Spa, onde existia um coletivo de artistas chamado Camofleurs, que pintava edifícios para escondê-los de aviões e submarinos durante a Segunda Guerra Mundial", contou Emily. "Geralmente são os artistas que encontram formas alternativas de tornar essas discussões mais acessíveis ao público."

Sob as leis atuais, nem sempre temos a escolha de participar ou não da vigilância por IA — mesmo quando feita pelo setor privado. Como cidadãos, temos pouca ou nenhuma agência quando nossas faces são escaneadas e nossas imagens usadas para treinar sistemas de vigilância baseados em IA. Depois de minha reportagem sobre as câmeras de King's Cross, o órgão regulador de privacidade de dados do Reino Unido abriu uma investigação, ainda sem conclusão até o momento em que escrevo.

Estudos da Information Commissioner's Office, no Reino Unido, mostraram que o reconhecimento facial altera a forma como as pessoas se comportam em público — desde a maneira como expressam crenças políticas ou religiosas, até o que vestem e como agem.[14] À medida que se prolifera, a vigilância facial tende a tornar ainda mais vulneráveis grupos hipervisados, ativistas, jornalistas e minorias, que ficam totalmente visíveis ao sair de casa. A tendência é empurrar para a clandestinidade ou para o isolamento aqueles que mais valorizam sua privacidade. Em um nível mais íntimo, a disseminação ampla do reconhecimento facial tornará mais difícil ter segredos ou uma vida privada.

Na visão de Emily, a presença de câmeras inteligentes dissolve a confiança coletiva que sustenta a vida em sociedade, especialmente para as mulheres em espaços públicos. "É essa a missão do Dazzle Club: precisamos ocupar fisicamente os espaços públicos e cuidar uns dos outros", disse ela. "Não deveríamos ter que nos esconder da tecnologia ou encolher sob a vigilância."

Aquela primeira procissão, que começou nas árvores do Crick e terminou em Granary Square, deu origem a outras 24 caminhadas que reuniram dezenas de artistas, ativistas e cidadãos. Elas se espalharam de King's Cross para outros bairros de Londres e depois para Manchester, Leeds, Plymouth, Bristol, Birmingham e Margate. As caminhadas eram cuidadosamente planejadas para passar por conjuntos habitacionais e ruas vigiadas por câmeras inteligentes. Não era permitido falar nem usar telefones: uma hora dedicada exclusivamente a refletir sobre a experiência de ser observado.

Depois de dois anos, o Dazzle Club foi encerrado, principalmente devido à pandemia de covid-19 e porque seus fundadores seguiram para novos projetos. Emily e seus amigos ainda trazem suas tintas faciais em eventos fortemente vigiados, como o Festival de Glastonbury, mas agora pensam em como o Dazzle Club poderá evoluir, já que a vigilância facial continua amplamente sem regulamentação.

A última caminhada liderada por Emily foi em seu próprio bairro, Stratford, no leste de Londres — o mesmo lugar onde a polícia metropolitana testou e, depois, implantou os sistemas de reconhecimento facial em tempo real para identificar pedestres. O grupo começou e terminou no Stratford Centre, o shopping caindo aos pedaços em frente ao Westfield. “Parecia o lugar certo para terminar as caminhadas”, disse Emily, “e para refletir sobre como determinadas pessoas se tornam mais visíveis quando esses espaços são vigiados por câmeras de reconhecimento facial”.

Exportando a vigilância por IA

O impacto do reconhecimento facial começa no nível individual, mudando o rumo de uma vida, como foi o caso de Nijer Parks ou Amara Majeed, ou de muitos pedestres anônimos ao redor do mundo, flagrados por câmeras. Mas é cada vez mais evidente que os efeitos desses sistemas geram repercussões que atingem comunidades inteiras, restringindo a liberdade e a autonomia de pessoas em cidades e países.

Em Nairóbi e Kampala, câmeras esféricas da Huawei se equilibram como pirulitos pretos reluzentes sobre postes de iluminação nas ruas movimentadas. Olhos que não piscam observam passageiros na estação Südkreuz, em Berlim, e na estação Retiro, em Buenos Aires. Câmeras vigiam crianças em escolas públicas de Délhi e Hong Kong. Montam guarda na rua Vilakazi, em Joanesburgo, onde cresceram Nelson Mandela e Desmond Tutu. Na China, a polícia mantém o maior banco de dados nacional de rostos do mundo, com mais de um bilhão de perfis, e os cidadãos são submetidos a identificação em massa.[15]

Em 26 de janeiro de 2021, no dia em que a Índia comemorava seu septuagésimo Dia da República, um grupo heterogêneo de patriotas chegou à capital, em ondas e grupos dispersos, proveniente das periferias de Nova Délhi. Vindos em tratores e cavalo, de cidadezinhas e vilarejos como Singhu, Tikri e Ghazipur, dezenas de milhares de agricultores empunhavam a bandeira tricolor da Índia, o *tiranga*. Estavam ali para protestar contra novas leis agrícolas restritivas impostas pelo governo central e para lutar por seus meios de subsistência — e pela sobrevivência de suas famílias.

Enquanto isso, milhares de soldados desfilavam em camelos ornamentados pela avenida Rajpath, o grande bulevar no coração da capital, entre tanques de guerra e aviões militares rasgando o céu.

Os agricultores romperam as barreiras policiais, perturbando a paz aparente. Avançaram com seus tratores contra mastros de bandeiras e destruíram patrimônio público. Naquele momento, centenas de câmeras de segurança os observavam, analisando seus rostos.

A resposta da polícia foi brutal e imediata: usaram gás lacrimogêneo e atacaram com cassetetes e varas. Nos dias que se seguiram, deixaram claro que haveria consequências pela ruptura da ordem. "Estamos usando o sistema de reconhecimento facial e contando com câmeras de segurança e gravações de vídeo para identificar os acusados", disse o comissário de polícia de Délhi na época. "Nenhum culpado será poupado."[16]

Cerca de duzentas pessoas foram identificadas e presas pela participação nos protestos daquele dia.[17]

O governo chinês é um dos maiores usuários de reconhecimento facial, e a tecnologia é empregada por administrações locais, proprietários privados, empresas e, sobretudo, pelas forças de segurança, para identificar indivíduos de interesse por todo o país. A tecnologia foi utilizada para identificar e prender manifestantes em suas casas durante as recentes manifestações contra o lockdown.[18] O software faz parte de um sistema tecnológico amplo usado para restringir a comunidade muçulmana uigur na província de Xinjiang — um retrato de uma província aprisionada por um autoritarismo apoiado pela tecnologia. Acadêmicos e centros de pesquisa militares chineses estão adaptando os mesmos dados de treinamento captados da internet e usados no Ocidente para fundamentar a arquitetura dos sistemas regionais de vigilância.

O governo também está exportando sua infraestrutura de vigilância para outros países. Nos meses que antecederam a eleição presidencial de Uganda, em janeiro de 2021, Dorothy Mukasa — ativista veterana pelos direitos civis e digitais sediada em Kampala — descobriu que a gigante chinesa de telecomunicações Huawei estava implementando um vasto sistema de vigilância com reconhecimento facial e outros softwares de inteligência artificial, com o suposto objetivo de combater o crime em seu país.

O software adquirido pelo governo de Uganda por cerca de 126 milhões de dólares fazia parte de um sistema mais amplo de monitoramento de espaços públicos que Dorothy vinha acompanhando havia anos.[19] A tecnologia de reconhecimento facial era particularmente problemática: não regulamentada, sem supervisão nem transparência — características que deixavam Dorothy inquieta, especialmente enquanto o presidente Yoweri Museveni se preparava para disputar seu sexto mandato desde 1986.

Na visão de Dorothy, esse tipo de tecnologia — uma "caixa-preta" sem padrões técnicos ou éticos definidos — traria consigo abusos de direitos. Sua preocupação era que a vigilância por IA fosse usada pelo governo para reprimir a liberdade de expressão dos cidadãos, bem como a liberdade de reunião e de associação em espaços públicos, sobretudo no contexto da oposição política. Ela temia que a identificação pública obrigasse os ativistas a se esconderem.

Esse era o cenário que Dorothy via constantemente em seu trabalho: a ideia de segurança nacional sendo usada como disfarce para vigilância por parte de quem detém o poder. No fim das contas, era a autonomia das pessoas comuns que estava sendo restringida; eram seus direitos que estavam sendo violados. "Dado o histórico da vigilância chinesa", ela me disse, "isso deveria preocupar todos os ugandenses. Sabemos muito bem como o governo chinês conduz suas operações de vigilância. Não podemos confiar em seus artefatos de segurança sendo usados em Uganda". Ela também temia que os rostos negros ugandenses fossem usados para aprimorar ainda mais os sistemas de vigilância chineses, em uma nova e distorcida forma de exploração colonial de recursos.

Alguns meses antes da eleição, em novembro de 2020, o líder da oposição Bobi Wine — cujo nome verdadeiro é Robert Kyagulanyi

Ssentamu — foi preso sob o pretexto de violar protocolos da covid-19. A prisão desencadeou uma onda de protestos e distúrbios por todo o país. Pelo menos 45 jovens morreram durante os confrontos com as forças policiais.[20] Um porta-voz da polícia confirmou que a tecnologia da Huawei, junto com leitores de placas de automóveis e reconhecimento facial, foi utilizada para identificar manifestantes e localizar centenas de suspeitos que acabaram presos.

Em janeiro seguinte, Yoweri Museveni foi reeleito, embora Wine e sua equipe alegassem fraude eleitoral. Dorothy continua a defender o direito à privacidade dos cidadãos de Uganda, alertando para os perigos da vigilância sem responsabilização.

Ação coletiva

Atualmente, não existem leis claras que regulamentem o uso de reconhecimento facial pelo Estado, e há poucas proteções contra a vigilância privada. O projeto da Lei de Inteligência Artificial da União Europeia é o primeiro a tentar preencher essa lacuna, propondo a proibição do reconhecimento facial em espaços públicos, embora possa abrir exceções para busca de crianças desaparecidas, criminosos perigosos e terroristas.[21] Algumas cidades nos Estados Unidos decretaram moratórias sobre o uso da tecnologia pela polícia. Mas não existem ainda leis federais claras limitando o uso do reconhecimento facial. Enquanto isso, cidadãos em todo o mundo começam a contestar o uso da tecnologia de IA nos tribunais, criando os primeiros precedentes legais.

Em Hyderabad, na Índia, S.Q. Masood estava confinado com a família, como grande parte do país, durante a segunda onda de covid-19, em maio de 2021. Numa tarde, antes do horário do toque de recolher, ele saiu de scooter com seu sogro até um mercado próximo para resolver algumas coisas. Ao voltarem para casa, passando pelas ruas estreitas de Shahran, um bairro majoritariamente muçulmano, Masood viu um grupo de cerca de vinte policiais parando ciclistas e motociclistas e tirando fotos deles com tablets.

Eles pararam Masood e pediram que retirasse a máscara. "Então eu perguntei: por quê? Eu não queria tirar. Disse que não iria tirar", contou ele. Os policiais discutiram entre si e acabaram se afastando para fotografá-lo ainda de máscara, ao lado da placa de sua scooter.

Alguns dias depois, Masood leu que a polícia de Hyderabad estava usando um aplicativo em seus tablets para monitorar cidadãos por reconhecimento facial.

O aplicativo, chamado TS-Cop, armazenava as imagens captadas pelos policiais em um banco de dados que incluía ex-criminosos, suspeitos e pequenos infratores, entre outras categorias, com o objetivo de aprimorar o treinamento do sistema de reconhecimento facial.[22] Uma vez adicionada a esse banco de dados, a foto de Masood também poderia ser acessada por outras agências governamentais e de segurança pública. "Percebi que a polícia estava construindo um perfil de 360 graus dos cidadãos", disse ele. "Isso me preocupou muito: eles haviam tirado minha fotografia, e eu queria saber em qual banco de dados ela seria armazenada, se seria excluída, quem mais teria acesso. Eu não sabia de nada."

A polícia de Hyderabad havia escolhido a pessoa errada para fotografar naquele dia. Em 2007, quando Masood tinha 23 anos, uma bomba artesanal, acionada por um celular, explodiu na mesquita próxima frequentada por seus amigos e familiares, matando pelo menos uma dúzia de pessoas e desencadeando tumultos religiosos no bairro. Nas semanas seguintes, a polícia local começou a deter e prender ilegalmente jovens muçulmanos.[23] O ataque transformou Masood em um organizador cívico.

Após as explosões, ele decidiu fortalecer sua comunidade, armando-a com informação. Ao longo dos 15 anos seguintes, trabalhou com centenas de mulheres e jovens muçulmanos, informando-os sobre seus direitos, benefícios e serviços garantidos pelo governo, ensinando-lhes a reivindicá-los, até se tornar ativista de direitos civis e defensor de políticas públicas para minorias como a dele.

Assim, quando foi fotografado pela polícia, Masood procurou um colega ativista, que lhe explicou como funcionava a tecnologia de reconhecimento facial. Ele começou a observar a presença de câmeras nos bairros pobres, majoritariamente muçulmanos, e a se questionar sobre como estavam sendo usadas. Ainda em 2021, um grupo de organizações, incluindo a Anistia Internacional, recrutou voluntários locais para mapear a localização de câmeras de vigilância visíveis em dois bairros, entre eles Kala Pathar, onde Masood vive com a família.

Descobriram que cerca de 54% da área total estava sob vigilância de câmeras de segurança.[24] Essas câmeras seriam conectadas a centenas de milhares de outras espalhadas pela cidade, com as imagens sendo processadas em um "centro de comando e controle" situado em Banjara Hills, um bairro de alto padrão cerca de 10 quilômetros ao norte da casa de Masood. O objetivo era identificar indivíduos mediante o emprego de softwares de reconhecimento facial em todas essas imagens.

Masood deixou de frequentar protestos políticos, reuniões religiosas e até parou de rezar na Mecca Masjid, próxima à sua casa. Mas ele queria resistir. Tornou-se então a primeira pessoa a processar o governo indiano — especificamente o estado de Telangana, onde fica Hyderabad — por construir um banco de dados facial dos cidadãos e violar seu direito fundamental à privacidade.

Para preparar o processo, Masood começou a estudar mais sobre a tecnologia. Encontrou relatos sobre o uso do mesmo tipo de vigilância no Estado da Palestina pelo exército e governo israelenses. Leu sobre como conectavam câmeras de segurança a algoritmos de reconhecimento facial, com dados acessíveis a policiais por celulares.

Investigando ainda mais, descobriu reportagens sobre o uso indevido — ou equivocado — de vigilância por IA contra pessoas negras nos Estados Unidos e contra uigures muçulmanos na China: sistemas que perfilavam, perseguiam e identificavam pessoas em locais públicos. Sentiu que o mesmo modelo estava sendo replicado em Hyderabad: minorias religiosas, nesse caso, estavam sendo identificadas em massa, como se fossem criminosos, sem qualquer justificativa legítima. Isso fazia com que pessoas como ele se sentissem criminosas sem jamais terem cometido um crime. Tirava delas a capacidade de circular livremente, de se reunir em grupos sem escrutínio constante. Obrigava-as a justificar o tempo todo a própria existência.

"Não param carros pedindo que os motoristas tirem a máscara. Por que só fazem isso com pessoas pobres em scooters?", questionou Masood.

O processo de Masood ainda está em tramitação nos tribunais, onde a polícia alega ter direito legal de usar reconhecimento facial nos cidadãos para prevenir atividades suspeitas e manter a ordem pública.

"Isso não aconteceria em Banjara Hills ou em Jubilee Hills", disse Masood, referindo-se aos bairros ricos de Hyderabad. "Fazem isso nas favelas e no sul da cidade, onde as minorias e as castas marginalizadas costumam viver. Por que nós?"

**

Em 2020, o ativista galês Ed Bridges conquistou uma vitória histórica no que foi a primeira contestação legal no mundo contra o uso de reconhecimento facial pela polícia. O juiz determinou que havia "deficiências fundamentais" nas normas que regiam o uso da tecnologia pela polícia de South Wales, processada por Bridges, e que concedia-se aos agentes uma discricionariedade ampla demais.[25]

Apesar da decisão, as forças policiais do Reino Unido continuaram a empregar e a expandir o uso da tecnologia de reconhecimento facial em tempo real em todo o país, alegando que estavam isentas por cumprir o dever de proteger os cidadãos.

Segundo Karl Ricanek, um uso mais seguro seria o de investigadores policiais aplicarem ferramentas de reconhecimento facial a fotos de suspeitos em bancos de dados da polícia durante investigações, em vez de utilizá-las pessoalmente, quando as emoções se intensificam e as chances de erro aumentam.

Parte do problema é a falta de leis e padrões globais sobre o reconhecimento facial, seja em termos de padrões técnicos para as empresas seguirem, seja em termos de normas éticas e sociais criadas por governos. Houve uma torrente de discussões públicas, mas pouquíssima ação concreta.

Em razão da ausência de padrões e de exigências de auditoria para algoritmos de IA, diferentes regiões de um mesmo país — ou até do mundo — podem operar com softwares completamente distintos. Londres poderia adotar um sistema de reconhecimento facial projetado para minimizar o viés racial, enquanto Manchester poderia apresentar taxas de erro altíssimas para populações de pele escura. Moscou poderia ter um sistema tendencioso em relação ao gênero; Hong Kong poderia ter dificuldades para identificar rostos caucasianos. Ninguém sujeito a esses sistemas teria como saber as regras aplicadas, nem por que foram selecionados ou identificados. Não teríamos escolha, a não ser nos submeter a caixas-pretas kafkianas.

Enquanto eu tentava imaginar como seria viver em um mundo assim, encontrei uma vinheta ficcional sobre reconhecimento facial escrita pelo romancista indiano Rana Dasgupta. Ela captava precisamente meus receios de viver num mundo em que as ações — e talvez até os pensamentos — deixassem de existir de forma privada.

"Quando toda e qualquer verdade fosse conhecida — plena e simultaneamente, por todos, em todos os lugares —, a mentira desapareceria da sociedade", escreveu ele. "A consequência seria que a sociedade também desapareceria."

CAPÍTULO 4
Sua saúde

Ashita

Era uma tarde ensolarada de dezembro em Chinchpada, um pequeno vilarejo a cerca de 160 quilômetros da costa oeste da Índia, e a Dra. Ashita Singh era a única médica presente no hospital da região. Ela examinava, intrigada, o caso de Parvati, uma menina de 14 anos que havia sido trazida naquela manhã de uma aldeia a três horas de distância, transportada na garupa de uma motocicleta. Os sintomas de Parvati eram debilitantes: ela apresentava uma ferida aberta no tórax, pesava o equivalente a uma criança de 5 anos e não conseguia se virar na cama. Ashita realizou uma radiografia do tórax para investigar a possibilidade de tuberculose, doença extremamente comum na área. O exame, porém, não revelava os sinais típicos de pulmões infectados. Mesmo assim, ela suspeitava da bactéria implacável que já matara tantos de seus pacientes. Naquele momento, Ashita desejou algo que frequentemente lhe faltava naquele pequeno hospital: uma segunda opinião confiável.

Do lado de fora do Chinchpada Christian Hospital, ramos de buganvílias cor-de-rosa pendiam sobre o muro de tijolos vermelhos, emoldurando a construção como um quadro. Lá dentro, bancos de madeira pintados se enchiam de pacientes que viajavam durante horas — a pé, na garupa de motos, em carroças puxadas por bois ou em ônibus — para consultar um médico. Além de Ashita, o hospital contava com apenas sete jovens médicos e nenhum radiologista treinado.

Ashita e seu marido, Deepak — o único cirurgião do hospital —, haviam se mudado para aquele pequeno hospital missionário pintado de azul após quase vinte anos trabalhando em áreas rurais da Índia como parte do Emmanuel Trust, uma organização beneficente católica. O hospital fica no distrito de Nandurbar, uma região de aldeias tribais remotas situadas em um vale fértil do oeste da Índia. Devido às colinas de Satpura, ao norte, as aldeias de Nandurbar são em grande parte desconectadas da malha ferroviária nacional, contando com poucas estradas de acesso e rodovias, o que as isola de centros médicos especializados de outras regiões do país.

A maioria dos pacientes de Ashita, incluindo Parvati, é composta por *adivasis,* ou povos originários, pertencentes à tribo Bhil, uma das comunidades tribais mais antigas do sul da Ásia. Os Bhil são majoritariamente agricultores, habilidosos no cultivo de milho, painço, cana-de-açúcar, cebola e alho. Utilizam sementes nativas e pesticidas caseiros para cultivar campos de arroz selvagem, lentilhas e cevada. Eles respeitam e veneram os elementos naturais que sustentam suas vidas: água, terra e floresta, ou melhor *jal, jameen, jangal.*

Em Nandurbar, a maioria da população vive na pobreza, empregando-se como trabalhadores sazonais nas terras de grandes proprietários. Em abril, no início da temporada agrícola, famílias migrantes como a de Parvati deixam suas casas nas aldeias e montam abrigos temporários nos campos de cana-de-açúcar ou constroem pequenas cabanas de barro, sem janelas, de um único cômodo, para viver e trabalhar no local durante toda a jornada.

Para atender quase 2 milhões de habitantes, o distrito de Nandurbar contava, em 2014, com aproximadamente 58 centros de saúde primária: unidades da rede pública que funcionam essencialmente como clínicas de atendimento básico com um único médico.[1] Muitos desses centros estavam abandonados, com escassez de profissionais e instalações em ruínas. Os pacientes mais pobres eram transportados até esses locais em "bambu-lâncias", macas improvisadas de bambu e lençóis, carregadas nos ombros pelos parentes mais saudáveis.

Os Bhil enfrentam problemas médicos específicos, frequentemente agravados pela superlotação e pela pobreza, como desnutrição, alcoolismo e tuberculose, doença altamente infecciosa que prospera em espaços sem ventilação e em corpos famintos.

Entre os habitantes de Nandurbar, as bactérias da tuberculose proliferam livremente, ajudadas pela ausência de atendimento médico oportuno, fazendo da região uma das mais afetadas em um país assolado pela infecção mortal. Quando não tratada, a doença frequentemente se espalha além dos pulmões, atingindo todos os órgãos da vítima, da coluna vertebral ao cérebro.

Apesar da carência extrema, Ashita descobriu que a maioria das comunidades locais desconfiava dos métodos de medicina ocidental, usados no hospital. Os habitantes preferiam recorrer a curandeiros locais aiurvédicos ou nativos, que administravam tratamentos com ervas e eram mais acessíveis e baratos. Quando chegou a Chinchpada, o primeiro grande desafio de Ashita foi conquistar a confiança dos Bhil em sua expertise médica. Também estava ciente de que precisaria aprender com eles, se quisesse uma verdadeira parceria baseada na confiança.

No início, Ashita atendia principalmente no hospital. Era ali que os pacientes vestiam suas melhores roupas, se apresentavam com os melhores semblantes e vinham em estado de total desespero, depois de percorrer centenas de quilômetros. O hospital era, geralmente, a última opção. Ela diagnosticava casos de tuberculose avançada, por exemplo, prescrevia medicamentos e os mandava de volta para casa. Sabia que havia um problema de acesso: doía-lhe ver seus pacientes morrerem de uma doença curável, que poderia ter sido tratada se tivesse sido detectada precocemente em centros de atenção primária. Mas, de início, ela não pensava no que eles comiam no jantar ou onde deixavam os filhos quando iam ao hospital.

É claro que ela sabia que eram pobres. Foi justamente por isso que ela e o marido haviam escolhido se mudar para lá. O hospital particular orgulhava-se de ser barato: antibióticos para tuberculose e consultas ambulatoriais custavam cerca de 50 rúpias indianas (aproximadamente 50 centavos de libra esterlina), com mais 20 rúpias indianas (20 centavos) para consultas de acompanhamento. Uma internação hospitalar, que incluía todos os exames, medicamentos e tratamentos necessários até a alta, custava entre 3 mil e 5 mil rúpias indianas (30 a 50 libras). Mesmo assim, para muitos moradores, esses valores eram proibitivos. O hospital público da cidade era gratuito.

Alguns meses depois de assumir o posto, Ashita iniciou um programa de cuidados paliativos domiciliares. Com sua equipe médica, passou a visitar escolas, mercados, *anganwadi* (centros rurais de cuidados infantis) e reuniões de agentes comunitários de saúde. Era convidada a entrar nas casas das pessoas para ensinar como trocar curativos e colher sangue de familiares doentes, evitando assim a necessidade de se deslocarem até o hospital. Foi durante essas visitas que Ashita percebeu que comer arroz era um luxo para os Bhil; que as casas de barro não tinham janelas; que os homens fabricavam e bebiam aguardente feita das flores da árvore *Mahua*; que as crianças deixavam de frequentar a escola durante a temporada agrícola.

Ela aprendeu a perguntar sobre as necessidades sociais e psicológicas de seus pacientes — não apenas sobre suas queixas médicas — quando vinham procurá-la: *De onde você está vindo? Que horas você saiu de casa? Quanto gastou para chegar até aqui?* Cerca de metade dos pacientes pegava dinheiro emprestado apenas para chegar ao hospital. Essa percepção a ajudou a adaptar o atendimento às circunstâncias deles. Ashita percebeu que não podia solicitar exames extras por precaução nem prescrever medicamentos alternativos que custavam um pouco mais: muitos pacientes vinham com o dinheiro contado no bolso.

No início, ela costumava recomendar àqueles recém-diagnosticados com tuberculose que aumentassem o consumo de proteínas, antes de despachá-los com a receita dos remédios. Logo se deu conta de que eles simplesmente não tinham como arcar com isso. Assim, passou a reservar parte do próprio dinheiro para distribuir uma provisão mensal de ovos como suplemento nutricional para todos os pacientes em tratamento contra a tuberculose.

Além de seu trabalho clínico, Ashita começou também a estudar bioética. Ela queria que seus pacientes recebessem dignidade, não apenas medicação. Tinha o entendimento de que a autonomia física — a capacidade de tomar decisões sobre o próprio corpo — é importante para todo mundo. Nossos corpos são espaços sagrados, raramente entregues aos cuidados de outros. Escolhemos em quem confiar. Sentimo-nos violados até mesmo quando versões *virtuais* de nossos corpos são observadas, distorcidas ou manipuladas sem nosso consentimento, como ocorre no caso dos deepfakes ou do reconhecimento facial. Com os Bhils acontecia a mesma coisa.

Os médicos estão entre as poucas categorias de especialistas a quem confiamos nossa autonomia. Esperamos que tomem decisões bem fundamentadas e éticas para nos manter seguros e vivos. Eles são um exemplo do que Albert Bandura descreve como nossos agentes substitutos.[2] Ashita levava essa responsabilidade a sério — e compreendeu que, sem a aceitação de seus pacientes, nenhuma ferramenta diagnóstica ou tecnologia teria valor.

O aplicativo vai atendê-lo agora

No dia em que Parvati chegou ao hospital em estado crítico, Ashita enfrentava uma corrida contra o tempo. Se fosse alguns meses antes, talvez ela tivesse enviado uma amostra de escarro para o hospital distrital. Os resultados voltariam em poucos dias. Mas Parvati não tinha dias. Sua vida estava por um fio. Ashita decidiu experimentar um aplicativo que vinha testando havia algumas semanas. Era fácil de usar, e ela concluiu que, diante daquela urgência, não tinha nada a perder.

O aplicativo qTrack era alimentado por um conjunto de algoritmos de aprendizado de máquina treinados em radiografias e dados de exames de escarro. Era capaz de realizar a tarefa que levara anos para Ashita dominar: detectar sinais de tuberculose em uma radiografia com a mesma precisão de um radiologista. Sua vantagem era atuar como uma ferramenta adicional de triagem, uma segunda opinião para Ashita. E, em hospitais onde não estavam disponíveis mais médicos como ela, o aplicativo poderia funcionar como um instrumento diagnóstico por si só.

Desde os primeiros anos de sua formação, Ashita se inspirava em médicos que colocavam a relação com o paciente no centro do método de ensino. "Sim", disse ela, com seu característico sorriso luminoso, "a medicina é uma ciência, mas ser médica é uma arte. Praticar medicina é algo muito humano. É preciso uma inteligência emocional elevada, muito coração, para aplicar a ciência de forma realmente eficaz".

E, segundo ela, o que torna os melhores médicos mais eficazes é a maneira como se relacionam com os pacientes e conquistam sua confiança. Às vezes, isso significa "sacrificar o conhecimento acadêmico em nome do bem-estar do paciente". Seu objetivo era atuar com intuição e empatia, o que, segundo ela, "exige um tipo diferente de inteligência".

Os melhores médicos, sugeriu Ashita, não impõem uma visão objetiva. Eles têm plena consciência da própria falibilidade: sabem que jamais terão 100% de certeza. É justamente essa perspectiva que lhes permite atuar, e até prosperar, dentro dos limites de uma prática voltada a uma multiplicidade de corpos humanos, complexos e singulares.

Por isso, Ashita ficou cética quando um amigo da faculdade de medicina mencionou, em 2019, um programa de IA criado por uma empresa de Mumbai chamada Qure.ai, que poderia ajudar a diagnosticar tuberculose. Os Bhil precisavam do básico: melhores condições de nutrição e moradia, mais profissionais de saúde qualificados, diagnósticos precoces e medicamentos comuns, como antibióticos, capazes de salvar vidas. Ela sentia que tecnologias como dispositivos médicos digitais frequentemente falhavam com seus pacientes porque não eram concebidas para contextos remotos e com poucos recursos como Chinchpada.

Mas aquilo despertara sua curiosidade, e ela começou a ler sobre o sistema de IA da Qure, conhecido como qXR. Descobriu que o software havia sido treinado para detectar padrões visuais indicativos de tuberculose em radiografias e gerar uma estimativa do risco do paciente. Pelo que entendeu, esses algoritmos diagnósticos não eram versões automatizadas de médicos humanos. Eram apenas ferramentas investigativas. A IA subjacente era treinada com um conjunto limitado de dados, como anotações de médicos ou testes padrão-ouro, como radiografias, para estimar o risco de tuberculose. Ensaios anteriores mostraram que seu desempenho era comparável ao dos melhores radiologistas.

Um paciente com suspeita de tuberculose ainda precisava de estrutura médica. O resultado do aplicativo precisava ser confirmado por um diagnóstico microbiológico — ou seja, cultivar novamente a bactéria em laboratório a partir de uma amostra de escarro. E era necessária a presença de um ser humano para formular o diagnóstico e prescrever o tratamento. Além disso, Ashita nem sabia ao certo se a tecnologia funcionaria de fato.

Mas, se os algoritmos conseguissem ler radiografias com precisão, Ashita acreditava que os sistemas de IA poderiam ser transformadores para a população rural. A tecnologia era relativamente barata para ser expandida e podia ser utilizada direto no campo, *sem a presença de médicos treinados*. Isso era crucial porque, em postos de saúde remotos do governo e até em unidades móveis com radiografias que circulavam pelo interior de distritos como Nandurbar, era comum que não houvesse especialistas qualificados. Um aplicativo de IA validado clinicamente poderia atuar como uma triagem, sinalizando de imediato aqueles com maior risco, para acompanhamento. A lacuna de tempo seria fechada, o intervalo de dias ou semanas entre a realização e a análise de uma radiografia, quando o paciente poderia desaparecer, espalhar a infecção ou morrer. "Temos pessoas que viajam cinco ou seis horas para chegar até aqui só para receber um diagnóstico de TB, depois de passarem meses indo de charlatão em charlatão, recebendo soro e xaropes para tosse", contou ela. Só na semana anterior, ela havia internado em um único dia cinco pacientes com tuberculose avançada. Dois deles morreram.

Esse era o ponto. "Não estamos falando em melhorar a qualidade de vida, estamos falando em evitar a morte", disse Ashita. "Imagine que presente isso seria."

Ansiosa para ver os algoritmos em ação, ela não se importou de ser cobaia. Não houve dinheiro envolvido. Ela concordou em usar o aplicativo em paralelo com seus métodos clínicos habituais. "Se isso for fazer diferença para nossas comunidades, fico feliz em ajudar a treinar a IA. E, se não fizer, será simplesmente refutado. Não vai aumentar o trabalho com os pacientes."

O experimento no Chinchpada Christian Hospital tem sido mutuamente benéfico para a Qure.ai e a instituição. Ashita usa o qTrack ao menos uma vez por dia e fornece feedback à empresa, embora os dados dos pacientes não sejam usados para treinar o sistema. No começo, ao usar o app, ela achava que havia etapas de mais: era necessário fazer upload da imagem e aguardar a análise na nuvem, o que o tornava impraticável nas enfermarias. "Repetíamos: se não for ágil e simples, não vamos usar. Se eu já vi a radiografia, já vi o paciente e tomei uma decisão, não vou voltar ao app cinco horas depois", disse ela com um encolher de ombros. A empresa trabalhou para tornar o aplicativo mais fluido. Agora, as radiografias são carregadas e analisadas instantaneamente. "A decisão está no nosso celular numa questão de minutos", contou Ashita.

No dia em que o tio de Parvati a levou ao hospital, encolhida em posição fetal, ela era uma candidata ideal para testar o qTrack, um caso de zona cinzenta diagnóstica. Ashita sabia que antibióticos como os usados contra a tuberculose podiam ser tóxicos para crianças, especialmente se fossem prescritos com base em um diagnóstico equivocado. Assim quando o aplicativo apontou que Parvati — que também tinha diabetes juvenil tipo 1 — era um caso presumido de tuberculose, Ashita decidiu iniciar o tratamento imediatamente. Sem o aplicativo, talvez tivesse esperado a confirmação do laboratório do hospital distrital, a 60 quilômetros dali. Mas como o tempo era crucial, e o aplicativo havia confirmado sua suspeita, ela optou por iniciar o tratamento com rapidez. "Ajuda muito a confirmar suas impressões. É tranquilizador, como um colega", contou ela.

Em poucos dias, a ferida de Parvati cicatrizou, ela voltou a ganhar peso, começou a falar novamente, a sorrir e a pintar desenhos no quarto do hospital. Sob os cuidados atenciosos das enfermeiras, ela desabrochou. Descobriram que sabia ler e escrever em vários idiomas, incluindo inglês. Por ser alfabetizada, Ashita conseguiu ensiná-la a usar um glicosímetro para medir seus próprios níveis de açúcar no sangue — e lhe deu um para levar. Três semanas depois, Parvati recebeu alta para continuar a convalescência em casa. Hoje, está saudável o suficiente para voltar à escola.

Quando o aplicativo exibiu o risco de TB de Parvati como "presumido", Ashita sentiu um momento de incredulidade. "Imagine uma máquina que não é humana chegando a conclusões tão detalhadas a partir de algo que não é apenas matemático ou objetivo", comentou.

"Eu teria dito: como seria possível ensinar isso a uma máquina? É impossível. Mas ali estava. Dá para ensinar, sim."

Uma praga e uma bênção

No início de 2020, Chinchpada registrou um aumento de casos de um novo e contagioso vírus que havia viajado cerca de 4.800 quilômetros desde Wuhan, na China. Na sede da Qure.ai em Mumbai, cientistas da computação usaram centenas de radiografias pulmonares de milhares de pacientes com covid-19 para treinar um novo conjunto de algoritmos capazes de produzir um diagnóstico da infecção por coronavírus, integrando-o a um aplicativo. O governo da cidade de Mumbai colocou agentes de saúde na linha de frente, equipados com o app, para circular por áreas infectadas, como a favela de Dharavi, onde poderiam realizar testes pontuais e colocar famílias em quarentena, numa época em que os testes PCR ainda não estavam amplamente disponíveis.

Nos primeiros dias da pandemia, Ashita também começou a usar o qTrack para ajudar a diagnosticar o novo coronavírus, conforme a Qure.ai havia garantido ser possível. Contudo, logo percebeu que o aplicativo cometia um erro crucial: confundia com frequência as radiografias de seus pacientes com tuberculose com casos de covid-19.

Para um especialista em doenças infecciosas, a confusão era compreensível: os danos causados aos pulmões infectados pela tuberculose têm notável semelhança com aqueles constatados pulmões colonizados pelo coronavírus. Muitos médicos sofriam para distinguir as duas doenças — e, como o software de IA havia sido treinado com base nos diagnósticos feitos por médicos humanos, ele padecia do mesmo problema.

Mas Ashita estava intimamente familiarizada com a tuberculose — via a bactéria adentrar suas portas todos os dias, em todas as suas formas horrendas. Ela reportou o problema à empresa, que então trabalhou para adicionar um filtro de tuberculose ao aplicativo: se um paciente apresentasse pulmões turvos e nebulosos, o app primeiro avaliava o risco de TB antes de procurar sinais específicos de covid-19. Ele aprendeu, estatisticamente, a diferenciar as duas doenças.

Neste caso, o modelo de IA não foi capaz de auxiliar Ashita como pretendido. Pelo contrário, foi *ela* quem ajudou a aprimorar o software, que depois passou a ser utilizado de forma mais ampla.

Hoje, a Qure.ai consegue auxiliar no diagnóstico de doenças como covid-19, tuberculose, traumatismo craniano e câncer de pulmão. A empresa opera em mais de seiscentos locais, em sessenta países ao redor do mundo, de favelas nas Filipinas a cidades no Malaui, Peru e México.[3] Nos hospitais públicos de Mumbai, o diagnóstico de tuberculose aumentou em 35% graças à triagem por IA.[4] A empresa já arrecadou mais de 60 milhões de dólares em financiamento de investidores estrangeiros, como a firma de venture capital do Vale do Silício Sequoia Capital e o gigante farmacêutico Merck.[5]

Na primavera de 2021, Chinchpada foi atingida por uma onda devastadora de casos de uma nova variante de covid-19. Essa segunda onda da pandemia na Índia matou 100 mil pessoas em poucas semanas, levou o sistema de saúde ao colapso e forçou a população a deixar seus mortos pelas ruas.[6] Após escapar relativamente ilesa da primeira onda, a Índia — meu país — se tornou o epicentro da pandemia mundial.

Para Ashita, a vida se tornou avassaladora num piscar de olhos e, em nossas trocas de mensagens, pude perceber o quanto esse período foi traumático para ela. "Ampliamos de cinquenta para 84 leitos a capacidade de nosso pequeno hospital rural... todos ocupados o tempo inteiro", ela me informou via WhatsApp. "De quarenta a cinquenta pacientes com oxigênio, quatro em ventiladores pulmonares e de dois a cinco óbitos diários. Sem contar os que morrem em casa, nas aldeias, porque não querem ser isolados em hospitais. Pessoas com outras doenças estão sem atendimento: ataques cardíacos, picadas de cobra, tuberculose. Este mês, diagnosticamos apenas dois pacientes com tuberculose. O sistema de testes gratuitos do governo para TB entrou em colapso. A pandemia apenas revelou como está falido o sistema de saúde de nosso país. Não sei quando tudo isso vai terminar. É doloroso demais."

Foi numa dessas manhãs angustiantes de 2021, dias que, para Ashita, já se fundiam uns nos outros, que Jainabai, uma trabalhadora agrícola Bhil com diabetes severo, na faixa dos 40 anos, chegou ao hospital com febre alta. Ela vinha de uma aldeia próxima e era uma paciente frequente do hospital. Transportada em uma carroça de bois, Jainabai apresentava sintomas que Ashita reconheceu com apreensão. A radiografia não parecia indicar claramente covid-19, mas sua saturação de oxigênio marcava perigosos 92%, e ela estava à beira de necessitar intervenção urgente.

Diante de um caso de coronavírus naquele estágio, o médico tinha algumas decisões cruciais a tomar para tentar salvar uma vida. Era possível administrar esteroides, por exemplo, ou colocar o paciente em ventilação mecânica. Jainabai era o tipo de paciente que poderia se beneficiar de esteroides, se ela *tivesse* mesmo covid-19. Mas Ashita hesitava, porque, no caso de Jainabai, o tratamento também poderia matá-la: os esteroides fariam seu nível de glicose disparar ainda mais. Jainabai não havia tomado a medicação para diabetes nas últimas semanas. Por isso, Ashita recorreu ao aplicativo qTrack, que ela passara a enxergar como um filtro objetivo.

Quando o software classificou Jainabai como paciente de alto risco para covid-19, isso ajudou Ashita a tomar sua decisão. "Eu sabia que, se atrasasse a administração dos esteroides, ela poderia piorar muito. Então controlamos agressivamente os níveis de açúcar com muita insulina e demos os esteroides, baseados no que o app indicou. Felizmente, ela melhorou e se recuperou."

Assim, em meio às ondas violentas da pandemia, a tecnologia se tornou uma presença constante em Chinchpada. A cada caso alimentado no sistema, o aplicativo melhorava, oferecendo um indicador de risco constante em meio a tantas incertezas. Foi um tempo em que até os médicos reavaliavam constantemente o que sabiam. "O app virou algo em que podíamos nos apoiar, algo que se somava às nossas suspeitas clínicas", disse Ashita. "Foi uma grande bênção."

Hoje, Ashita acredita que é o momento certo para expandir algoritmos de triagem de radiografias a comunidades inteiras como a dos Bhil. Isso ajudaria a detectar doenças como a tuberculose — negligenciadas durante a pandemia — antes que se tornassem problemas irreversíveis, garantindo à comunidade *adivasi* a qualidade de vida e o acesso à saúde que ela merece.

**

O primeiro trabalho de Ashita como médica recém-formada, em 2005, foi em um hospital nos arredores de Tezpur, uma pequena cidade no estado oriental de Assam, conhecida por suas exuberantes plantações de chá e sua vista incomparável do Himalaia. Populações tribais que viviam nas colinas frequentemente desciam até a cidade — o primeiro assentamento urbano ao qual conseguiam chegar a pé — em busca de atendimento médico urgente.

Ashita não só era a única médica do hospital, como o local também carecia de boa parte dos equipamentos básicos dos quais clínicos modernos dependem: aparelhos de radiografia e de gasometria, tomógrafos, ventiladores pulmonares. Não havia laboratórios por perto para confirmar diagnósticos nem infraestrutura pública de saúde que integrasse os pacientes em um sistema. Ela logo percebeu que seria impossível praticar o tipo de medicina ensinado nos livros universitários e que precisaria aceitar suas limitações.

No ano seguinte à sua chegada com o marido, uma epidemia de malária varreu Tezpur durante o verão de 2006, úmido e infestado de mosquitos. O pequeno hospital registrou quase trezentas mortes em poucas semanas.[7] Ashita, então grávida de seu primeiro filho, esteve à cabeceira de quase todos esses pacientes. "Foi devastador, eu não conseguia dormir à noite", disse ela. "Foi muito difícil para mim, ver crianças chegando, sufocando e morrendo. A gente não podia fazer nada."

Ela lamentava cada morte, repassando suas decisões nas madrugadas insones. Será que havia deixado passar uma solução? Diagnosticado tarde demais? Será que havia um modo de salvá-los bem diante de seus olhos? Levou meses para que ela alcançasse certa paz interior, aceitando que sua formação médica não era suficiente para salvar vidas ali e que precisaria aprender a improvisar e confiar em seu instinto.

Praticar medicina em meio a uma crise, com recursos mínimos, foi o que moldou Ashita. E é por isso que, após anos sendo obrigada a trabalhar com os recursos mais básicos, ela nunca permitiu que a tecnologia — nem mesmo a inteligência artificial — usurpasse sua autonomia de médica. A inteligência artificial é projetada para fornecer respostas em preto e branco. Faltam nuances. Se a experiência contradiz o resultado do algoritmo, ela sabe que não pode confiar cegamente nele.

"Não é uma ferramenta mágica. Eu não posso deixar que ela domine minhas decisões, que me governe", afirma. Ela está ciente dos limites da IA e de que também comete erros, assim como os seres humanos. "Os médicos também vivem na incerteza, mas ainda assim somos responsáveis por nossos pacientes. Eu estou tomando decisões complexas, fazendo escolhas morais como médica. A IA não consegue fazer isso."

Com a disseminação da IA, seus usuários precisam estar atentos ao viés de automação, um fenômeno muito estudado, no qual as pessoas passam a depender excessivamente da tecnologia para realizar seu trabalho. Esse viés afeta desde carros autônomos até câmeras de segurança. Pergunto a Ashita se ela teme que os próprios médicos se tornem menos atentos e mais complacentes, deixando de questionar os diagnósticos sugeridos pela IA. Será que, no fim das contas, isso reduziria suas habilidades e sua autonomia?

Ashita já refletiu sobre o assunto e diz que o uso do aplicativo da Qure não mudou sua forma de tomar decisões, mas apenas porque ela mantém uma consciência constante da presença da tecnologia e a encara como uma ferramenta experimental. Sabe, no entanto, que isso pode mudar. "Com essa nova geração de estudantes de medicina, que busca soluções rápidas e gratificação imediata, é difícil mostrar o valor de um envolvimento profundo com os pacientes, com suas histórias e os exames [físicos]", diz. "Vejo o risco de a IA se tornar sua mestra apenas se você não estiver firmemente ancorado na boa prática da medicina."

Os efeitos generalizados do viés de automação entre médicos seriam devastadores, mas, no contexto de seus pacientes, ela acredita que os ganhos da IA médica superam em muito esse risco.

"De todos os recursos que estão sendo canalizados na prevenção, tratamento e cuidado da tuberculose, esse é um investimento que vale a pena: é uma opção acessível", afirma. Mas Ashita sabe que só seria acessível para pacientes como os seus se for subsidiado pelo governo, superando a necessidade de uma infraestrutura de saúde que ainda não existe. Se continuar como um luxo, nunca chegará a quem realmente precisa, afirma. "Já avisei a [Qure.ai]: se vocês me disserem que vai custar mais para os meus pacientes, estou fora", contou. "Prefiro comprar ovos para eles."

Ziad

A mais de 13 mil quilômetros dali, no coração do Vale do Silício, Ziad Obermeyer — médico emergencista formado em Harvard e pesquisador em inteligência artificial na Universidade da Califórnia, em Berkeley — tenta corrigir desigualdades à sua própria maneira.

Em 2012, como médico residente em alguns dos hospitais mais prestigiados de Boston, não lhe faltavam recursos. Mas como residente "um tanto atrapalhado" no pronto-socorro do Mass General Brigham, Ziad descobriu que mesmo os médicos mais bem equipados do mundo cometem erros fatais. Ficou impressionado com a frequência e a gravidade das falhas que ocorrem no cotidiano.

"Especialmente na emergência", contou-me, "você comete muitos erros e eles são dolorosos. Você trabalha de dez a doze horas seguidas. Vê vinte, trinta, às vezes quarenta pacientes nesse período, e precisa tomar decisões o tempo todo. Tipo: essa pessoa está tendo um ataque cardíaco? Devo fazer um exame? O que vai acontecer se eu a mandar para casa?"

Todos os seres humanos têm dificuldades com questões com múltiplas variáveis. Na emergência, o cérebro dos médicos tenta costurar uma infinidade de possibilidades, com dados incompletos, confusos e de difícil acesso.[8] Depois, precisam estimar com precisão o risco de vida de cada indivíduo. A qualidade dessas estimativas depende do profissional, influenciada por sua formação, experiência e até pelo humor do dia. É um processo que está longe de ser objetivo ou preciso.

Ziad passou uma década refletindo sobre os erros cometidos por seus colegas e publicou um estudo sobre como os médicos tomam decisões, especificamente no diagnóstico de infartos.[9] Usando dados do hospital onde trabalhava — 246.265 atendimentos de emergência entre 2010 e 2015, incluindo testes, tratamentos e desfechos —, ele demonstrou que os médicos tendem a exagerar nos exames em pacientes de baixo risco, que não se beneficiam disso, e a testar menos os pacientes de alto risco, que acabam com desfechos desfavoráveis, tendo infartos ou morrendo com frequência inaceitável. Os resultados apontavam "erros sistemáticos de julgamento" entre os médicos, causados em parte por um modelo mental de risco excessivamente simplificado.

Ziad também havia visto como hospitais funcionavam *sem* especialistas treinados. Após concluir sua residência em Boston, um amigo perguntou se ele estaria disposto a trabalhar por um curto período no pronto-socorro do Tséhootsooí Medical Center, em Fort Defiance, Arizona. O hospital tinha uma área de abrangência incomum: situado na fronteira entre Novo México e Arizona, nas vastas planícies da Nação Navajo, atendia à comunidade indígena em seu setor de emergência. Ziad passou um ano trabalhando como o único médico emergencista no Tséhootsooí.

A beleza do deserto norte-americano, recortado por desfiladeiros profundos e afloramentos rochosos, contrastava com tensões sociais severas: a região apresentava índices altíssimos de criminalidade, alcoolismo, acidentes de trânsito, depressão e suicídios, especialmente entre os jovens.[10] Estar em Tséhootsooí, concluiu Ziad, era como estar ilhado em um lugar de natureza majestosa, mas sinistra. "Você tem que tomar decisões que simplesmente não precisa tomar em Boston", disse. "Por ser tão isolado, com um ambiente tão hostil, você se depara com escolhas dilacerantes."

Como Chinchpada, aquele era o tipo de lugar que precisava desesperadamente do básico: mais médicos qualificados, equipamentos que salvam vidas e assistência social. O hospital Navajo, por exemplo, contava com uma pequena UTI — mas não tinha cirurgiões especialistas nem laboratórios de cateterismo, essenciais para tratar infartos. Se um paciente apresentava sintomas de ataque cardíaco, os médicos precisavam acionar uma ambulância aérea para levá-lo até Albuquerque ou Flagstaff, a três horas de distância. Como explicou Ziad, se o paciente fosse ficar bem, não era ideal enviá-lo numa viagem tão longa, longe da família e sem meios para voltar.

Cada decisão podia significar vida ou morte. Ziad muitas vezes sentia que deveria haver uma maneira mais objetiva e consistente de tomar essas decisões sem se limitar à avaliação individual de médicos. Sentia que a resposta poderia estar na inteligência artificial.

Pessoas como nós

Durante sua passagem por Tséhootsooí e pelas emergências de Boston, Ziad sentiu que a medicina ocidental falhava com aqueles à margem do sistema: pessoas não brancas, mulheres, pobres, desempregados e os sem acesso à educação. Viu de perto como a comunidade Navajo sofria com a ausência de uma assistência de saúde sofisticada.

Não se tratava, contudo, apenas de um problema social, disse-me ele. A desigualdade também está profundamente enraizada no *design* das tecnologias de saúde. Ele citou o exemplo do oxímetro de pulso, o aparelho que se prende ao dedo para medir o nível de oxigênio no sangue. Esse dispositivo, presente em consultórios médicos e nas casas de pacientes doentes ou idosos, é considerado uma ferramenta rápida e eficiente para monitorar alterações potencialmente fatais na química corporal. Funciona medindo variações na absorção de luz pela pele, o que permite estimar a saturação de oxigênio no sangue.

O problema, como explicou Ziad, é que o oxímetro não considera os diferentes níveis de melanina, e estudos demonstraram que o aparelho não funciona com a mesma precisão em pacientes de pele escura, cuja pele absorve mais luz do que a de pessoas de pele mais clara.[11] O dispositivo tem um viés na sua concepção. Em um estudo de 2020, pesquisadores da Universidade de Michigan demonstraram que o oxímetro indicou níveis seguros de oxigênio em 12% dos pacientes negros, quando na verdade eles estavam em níveis perigosamente baixos.[12] Esse aparelho, ainda muito usado no mundo em sua forma atual, ilustra como o design de tecnologias pode ser discriminatório e resultar em mortes evitáveis, sobretudo entre pessoas não brancas.

Foram essas desigualdades disseminadas na medicina que levaram Ziad a estudar a IA como possível solução. Ele desenvolveu um fascínio pelo modo como ferramentas orientadas por dados, como modelos de aprendizado de máquina, poderiam ajudar os médicos em suas decisões e a atender melhor a todos os pacientes. Quanto mais estudava, mais convicto Ziad ficava de que sistemas capazes de reconhecer padrões trariam às emergências hospitalares habilidades que os médicos humanos não dispunham: melhor compreensão das condições de saúde de minorias, capacidade de corrigir vieses cognitivos e fazer previsões mais bem fundamentadas sobre vida e morte. Ele acreditava não apenas que a IA poderia proporcionar um cuidado médico melhor, mas que também poderia reduzir desigualdades existentes, em vez de ampliá-las.

Ele também sabia que os sistemas de IA não são infalíveis. São projetados por humanos, e os dados que consomem refletem a sociedade de origem. Somos *nós* que escolhemos as variáveis a considerar, qual será o "padrão-ouro" de objetividade num diagnóstico de um radiologista por exemplo, e quais os pesos atribuídos a essas variáveis — muitas vezes, priorizando as interpretações médicas em detrimento das experiências dos pacientes.

Vieses profundamente arraigados — por exemplo, o modo como minorias raciais e mulheres são tratadas pela medicina — são incorporados a essas decisões. Logo aprendi que é pura fantasia acreditar que a IA fornece objetividade ou habilidades intrinsecamente superiores às dos humanos. A menos que sejamos capazes de tornar esses vieses visíveis e projetar os sistemas para evitá-los, eles deformarão as decisões algorítmicas da mesma forma que acontece com nossas decisões humanas.

Em 2019, Ziad decidiu auditar algoritmos médicos já em uso em instituições de saúde para avaliar sua precisão. O primeiro sistema acessado era criado pela Optum, uma grande operadora de saúde norte-americana, cujos algoritmos eram usados para recomendar suporte médico adicional a cerca de 70 milhões de pessoas por ano nos Estados Unidos.[13] O sistema de saúde confiava nesse algoritmo para encaminhar pacientes da atenção primária com problemas complexos de saúde a cuidados extras, como enfermeiros especializados ou consultas adicionais com clínicos. A meta era prevenir o agravamento de seus quadros e evitar, consequentemente, hospitalizações. Os modelos atribuíam escores de risco individuais, que serviam de base para determinar quem deveria ser incluído em programas de "gestão de alto risco".

Ao analisar as pontuações, Ziad percebeu algo de estranho nos dados: os pacientes negros pareciam receber pontuações mais baixas do que o esperado, considerando a gravidade do quadro que acabavam apresentando. Ao investigar mais a fundo, descobriu o motivo — os programadores do algoritmo haviam tomado uma decisão de design que, à primeira vista, parecia inofensiva: treinaram o sistema para estimar a saúde de uma pessoa com base em seus custos médicos totais no ano. Em outras palavras, o modelo usava os *custos* do atendimento de saúde como uma representação das *necessidades*.[14]

À primeira vista, parecia razoável: afinal, quando ficamos mais doentes, tendemos a gerar custos maiores para o sistema de saúde. Só que o problema dessa suposição — refletido no próprio design do modelo — é que nem todos os pacientes geram custos da mesma forma. Minorias e outros grupos historicamente negligenciados podem ter menos acesso a consultas, podem encontrar obstáculos como a dificuldade de tirar folgas no trabalho para ir ao médico ou sofrer discriminação num sistema que os desencoraja a buscar atendimento. Isso resulta em menos exames e menos tratamentos, o que os leva a constar, nos registros, como menos "onerosos". No entanto, suas necessidades médicas eram, em média, superiores àquelas de pacientes brancos com custos equivalentes.

Esse erro de concepção provocou um viés racial disseminado no sistema de IA: o modelo estava sistematicamente priorizando pacientes brancos mais saudáveis em detrimento dos pacientes negros mais enfermos que, de fato, precisavam de atenção e cuidado extras. Os pesquisadores calcularam que o viés do algoritmo reduzia para menos da metade o número de pacientes negros que deveriam ser encaminhados para serviços especializados. "Os custos podem ser mais baixos, mesmo que as necessidades sejam as mesmas. E essa era a raiz do viés que encontramos", explicou Ziad. Ele se ofereceu para ajudar a Optum a reformular seu modelo de IA com dados mais condizentes com a saúde real dos pacientes — o que foi feito —, e o viés racial foi reduzido de modo significativo.

Diferentemente do que aconteceria num caso de viés ou erro pontual de um médico específico, a falha induzida por IA afetava pacientes negros em vasta escala. O custo havia sido adotado como variável substituta para necessidades de saúde em vários sistemas semelhantes — uma decisão que, segundo Ziad, afetava cerca de 200 milhões de americanos. E os impactos iam além dos Estados Unidos.

"Era um erro sistêmico na forma como pensávamos no problema: como prever quem estaria sujeito a um agravamento em seus quadros", disse Ziad. "Esse erro se propagou por todo o setor, influenciando desde os programas de saúde pública dos Estados Unidos até sistemas estatais europeus. Todos nós estávamos cometendo o mesmo erro."

Médico versus *dados*

Apesar de ter revelado erros amplos da IA no setor da saúde, Ziad continuava otimista quanto ao seu potencial. Ele acreditava que algoritmos poderiam ser particularmente úteis não só para melhorar diagnósticos como também para expandir o conhecimento médico existente ao detectar novos padrões nos dados. A maioria das IAs atuais é treinada com base nos diagnósticos médicos — e, para Ziad, isso não bastava. "Se quisermos que os algoritmos nos ensinem coisas novas, não podemos treiná-los apenas para aprender com médicos, porque isso cria uma grande limitação: eles só poderiam nos ensinar o que já conhecemos, talvez de formas mais baratas e eficientes." Em vez de usar a IA para substituir os médicos humanos — cuja escassez não tende a ser tão problemática quanto na Índia rural —, Ziad queria usar a tecnologia para *ampliar* aquilo que os melhores profissionais poderiam fazer.

Ele decidiu enfrentar um enigma que confunde os médicos há décadas: por que pacientes afro-americanos relatam mais dor do que pessoas de outras etnias, com as mesmas idades e condições clínicas? Queria resolver esse mistério não apenas para o benefício dos pacientes, mas também para responder uma questão pessoal, mais filosófica:

poderia um modelo de IA superar as limitações humanas e ampliar o conhecimento médico existente?

Já se observava havia tempo que pacientes afro-americanos relatam níveis mais altos de dor do que outros em situações que os médicos identificavam como o mesmo trauma. Quando se comparam dois pacientes com artrite, com etnias diferentes e no mesmo grupo-controle de fatores biológicos, como a idade, os afro-americanos, na média, relatam mais dor em joelhos que parecem exatamente iguais numa chapa de raios X, aos olhos de um radiologista experiente.[15] Pesquisadores atribuíram isso a uma gama variada de hipóteses, como estresse e pobreza. Porém, todas essas explicações têm uma coisa em comum: o problema não estava no corpo. A hipótese de Ziad era que os médicos estavam ignorando algumas diferenças biológicas na forma como a dor é experimentada entre pacientes etnicamente diversos.

A dor é uma experiência universal — surda, latejante, ardente, visceral, incômoda, indescritível. É uma inevitabilidade humana, um escudo evolutivo. Estimar a dor de alguém é subjetivo e influenciado por cultura, linguagem, gênero, até a neurofisiologia individual — os sinais emitidos pelo cérebro. Medir a dor sempre foi um desafio cheio de vieses, o que não impede os cientistas de há décadas tentarem realizar a tarefa. O epidemiologista John Lawrence, por exemplo, resolveu em 1952 classificar a dor transformando a cidade de Leigh em seu laboratório.

Leigh, parte de Manchester, ficava no coração da região carbonífera na Inglaterra, cortada por pontes baixas e ferrovias de mineração que, nos anos 1950, transportavam milhões de toneladas de carvão para fábricas em todo o país. Lawrence passou dois anos estudando osteoartrite em mineiros locais, comparando e contrastando sua estrutura óssea e a química sanguínea com a dos funcionários administrativos da cidade. Os raios X que ele coletou e anotou manualmente com grande empenho formam a base do sistema global empregado hoje em dia por radiologistas para classificar a extensão fisiológica da osteoartrite. É conhecido como sistema de classificação Kellgren-Lawrence.

Lawrence desconsiderou um aspecto importante de seu conjunto de dados: os mineiros e funcionários de escritório de Leigh, nos anos 1950, eram quase todos homens e de ascendência europeia, como o próprio Lawrence. "Todos os sistemas de classificação e os conhecimentos sobre artrite utilizados na prática médica atual vêm de estudos feitos em um momento, um lugar e uma população muito específicos", disse Ziad. Isso significa que o sistema de classificação não reflete a realidade biológica daqueles que ficaram de fora do estudo de Lawrence — principalmente mulheres e pessoas de outras ancestralidades. O uso desse restrito conjunto de dados para fazer diagnósticos médicos generalizados levou Ziad a suspeitar de que havia algo mais na história da dor humana do que se pensava.

Para resolver esse mistério, Ziad teve que voltar aos princípios fundamentais. Queria criar um software capaz de prever os níveis de dor de um paciente com base em seus raios X. Mas, em vez de treinar os algoritmos de aprendizado de máquina com base nos médicos — e nos vieses e pontos cegos que carregam —, treinou-os com os relatos dos próprios pacientes. Para isso, obteve um conjunto de dados de treinamento do National Institutes of Health dos Estados Unidos, composto por raios X de joelhos, acompanhados das descrições de dor dos próprios pacientes, em vez da simples classificação de um radiologista. O modelo que construiu encontrou correlações entre as imagens de raios X e as descrições de dor. Em seguida, aplicou esse modelo para prever a severidade da dor no joelho de um novo paciente com base em seu raio X. Seu objetivo não era construir um aplicativo comercial, mas realizar um experimento científico.

Descobriu-se que os algoritmos treinados a partir de relatos dos próprios pacientes costumavam prever com mais precisão que joelhos doíam mais.

O resultado mais marcante foi que o modelo de dor de Ziad superava os radiologistas humanos ao ser aplicado em pacientes afro-americanos. "Os algoritmos estavam detectando sinais na radiografia do joelho que o radiologista não via, e esses sinais estavam presentes de forma desproporcional em pacientes negros, mas não nos brancos", disse ele. A pesquisa foi publicada em 2021 e concluía: "Como as medidas algorítmicas de gravidade capturam melhor a dor de pacientes desassistidos — e essas medidas influenciam decisões de tratamento —, as previsões algorítmicas poderiam potencialmente corrigir disparidades no acesso a tratamentos como a artroplastia."[16]

Ziad pretende se aprofundar e decodificar o que são esses sinais. Está usando técnicas de aprendizado de máquina para investigar o que causa o excesso de dor, a partir de imagens de ressonância magnética e amostras de cartilagem ou osso, em laboratório. Se encontrar explicações, a IA talvez tenha ajudado a descobrir algo novo sobre fisiologia e neurociência humanas que, do contrário, teria sido ignorado.

"A abordagem com IA abre caminho para muitas possibilidades interessantes de descoberta médica", disse ele. "Essa é a parte empolgante."

O mais novo colonialismo

As conversas que tive com Ziad e Ashita durante dois anos sempre me deixaram otimista. Em minha trajetória reportando os efeitos da IA sobre os seres humanos, a saúde era a única área em que a tecnologia parecia ter genuinamente um potencial transformador. Softwares de IA clinicamente testados já são capazes de analisar exames com a mesma precisão de radiologistas humanos, ajudando a diagnosticar doenças mortais precocemente e a encontrar novas curas. Nas circunstâncias vislumbradas por Ziad e Ashita — ferramentas capazes de reduzir desigualdades sociais existentes, voltadas para pacientes desassistidos pelo sistema atual —, os algoritmos tornaram-se um símbolo de veracidade e de esperança.

Urvashi Aneja, cientista política que vive a poucas horas de Chinchpada, passou os últimos seis anos estudando as aplicações da IA no sistema de saúde da Índia, tentando avaliar os benefícios e os riscos para os grupos mais vulneráveis da população. Ela não compartilha do meu otimismo.

Ao examinar os diversos protótipos e projetos de IA testados no país, encontrou um cenário repleto do que chama de "cemitério de pilotos". Embora o projeto-piloto de pequena escala da Qure, no Chinchpada Christian Hospital, com cinquenta leitos, possa ter mostrado potencial, ele ainda não foi expandido de maneira significativa na região. Aneja já viu dezenas de casos semelhantes: testes que nunca passaram de experimentos bem-sucedidos. Para beneficiar os pacientes das áreas rurais, a tecnologia teria que ser integrada ao sistema público de saúde, não apenas aos hospitais privados. E Aneja não enxerga formas sustentáveis de fazer isso sem um investimento estatal *muito* maior.

A ironia tornou-se evidente numa abafada tarde de setembro de 2020, quando ela visitava um parente em um grande hospital particular de Délhi. Um letreiro ao lado da recepção perguntava aos visitantes: "Você quer ser diagnosticado por IA para tuberculose? Siga por aqui → para um atendimento VIP."

"Diagnósticos assistidos por IA estavam sendo oferecidos como um serviço premium, um pacote adicional para quem quisesse pagar por isso. É o mercado hoje em dia", disse ela. "Não faz sentido para as empresas investirem nas regiões mais pobres e remotas, porque essa parcela da população não tem condições de pagar por cuidados de saúde baseados em IA, assim como não pode pagar por cuidados de saúde que não envolvem IA. Essa tensão básica persiste."

O desenvolvimento de diagnósticos por IA tem sido amplamente impulsionado sobretudo por investimentos de corporações privadas ocidentais, como Google e Amazon, e não por governos. O retorno, segundo estimativas, varia entre 4 e 7 bilhões de dólares até 2028.[17]

A coleta de dados por meio de parcerias locais é fundamental para o desenvolvimento de tecnologias de IA, pois o acesso a informações médicas sensíveis é altamente regulado e dificílimo de obter — e sem esses dados, não há IA.

Por exemplo, a Google se associou à cadeia de hospitais de baixo custo mais conhecida da Índia, o Aravind Eye Hospital, para testar um software capaz de diagnosticar a retinopatia diabética, uma condição grave que, sem tratamento, pode causar cegueira.[18] A Google treinou os modelos de IA com conjuntos de dados médicos anonimizados doados pelo Aravind. A gigante do Vale do Silício agora expande e implementa essa ferramenta em outros países, como Tailândia e Estados Unidos.

Enquanto isso, a Qure.ai expandiu-se para os lucrativos mercados ocidentais, incluindo o Serviço Nacional de Saúde do Reino Unido e hospitais nos Estados Unidos e na União Europeia. Aneja teme que os dados coletados de indianos pobres e rurais, por essas empresas, resultem em tecnologia cara que beneficiará clientes que podem pagar por ela — incluindo governos — e excluirá os pacientes marginalizados que ajudaram a construí-la.

Sua preocupação mais urgente diz respeito à mudança na dinâmica de poder, impulsionada pela propriedade dos dados. "O que estamos vendo acontecer na Índia, e no Sul Global de forma mais ampla, é um modo de colonialismo digital, onde muitos dados estão sendo coletados dos cidadãos, com pouco valor agregado localmente e extração máxima de valor feita pelas corporações de tecnologia", diz ela.

**

Em toda a Índia, a distribuição de cuidados de saúde nos confins rurais do país, como Chinchpada, é feita da forma mais humana possível: porta a porta, por trabalhadoras de linha de frente conhecidas como Agentes Sociais de Saúde Credenciadas, ou ASHAs [do inglês, Accredited Social Health Activists]. Em hindi, *Asha* significa esperança.

Essas trabalhadoras são, em sua maioria, mulheres da região, designadas pelo *panchayat* da vila — o conselho local — para atuarem dentro de suas comunidades. São o elo de confiança que conecta os lares ao sistema público de saúde. São recrutadas para promover campanhas de vacinação, oferecer cuidados pré e pós-natais, facilitar partos hospitalares, dar orientações sobre nutrição e monitorar a saúde das crianças em sua região.

Na prática, as trabalhadoras Asha cuidam de mães e bebês, distribuem informalmente conselhos médicos e medicamentos, funcionam como sistema de alerta precoce para surtos de doenças e servem como valiosas observadoras da realidade em um país vasto e populoso, com uma infraestrutura de saúde em colapso. Se uma médica como Ashita representa o ápice do atendimento possível em comunidades rurais, as Ashas são a linha de frente da rede pública da Índia.

No entanto, à medida que empresas de inteligência artificial entram no mercado da saúde, as trabalhadoras Asha também passaram a atuar como coletoras de dados. Cada vez mais, registram informações médicas em iPads fornecidos pelo governo, abrangendo todo tipo de dado, desde vacinação domiciliar até saúde da mulher, nutrição infantil e infecções sexualmente transmissíveis. As mulheres recebem uma pequena remuneração do Estado, mas com frequência são cooptadas e pagas por organizações privadas que precisam de volumes imensos de dados crus e confiáveis para treinar sistemas de IA. Contam com a confiança das famílias, que consentem em compartilhar suas informações. As Ashas se tornam, portanto, canais valiosos de extração de dados.

A Wadhwani AI, uma organização sem fins lucrativos indiana financiada por uma doação de 2 milhões de dólares da Google, entre outras fontes,[19] trabalhou com Ashas em quatro estados e cinquenta localidades para criar um conjunto de vídeos de recém-nascidos.[20] Esse banco de dados é hoje descrito como a base do trabalho da instituição em antropometria, a ciência das medidas corporais humanas, para o desenvolvimento de uma ferramenta de IA capaz de detectar o peso de bebês em áreas rurais.

Aneja conversou com dezenas de trabalhadoras Asha e médicos rurais para mapear como essas coletadoras de dados locais contribuíam para aprimorar algoritmos de IA desenvolvidos por empresas multinacionais. Descobriu que startups indianas que constroem esses modelos funcionam muitas vezes como bases de talento regionais para empresas ocidentais, que se beneficiam dos dados e da expertise por meio de parcerias e desenvolvem algoritmos especializados para outros mercados. A Qure.ai, por exemplo, firmou parceria com o Serviço Nacional de Saúde do Reino Unido (NHS) e com a AstraZeneca para oferecer seus algoritmos de rastreamento de câncer de pulmão em diversos países.

Se as próprias comunidades enxergassem uma clara utilidade no compartilhamento de seus dados, isso poderia ser interpretado como um modo positivo de avançar a compreensão científica e uma forma de melhorar o atendimento médico para todos. No entanto, as pessoas com quem Aneja conversou sentiam-se excluídas dos benefícios das novas tecnologias que ajudaram a construir.

Em um estudo etnográfico sobre o papel das Ashas, Meena, uma trabalhadora que vive em uma favela no sul de Délhi, perguntou: "Para onde vão os dados?" Ninguém parecia ser capaz de lhe dar uma resposta clara. Muitas das mulheres se queixaram de que raramente viam os produtos desenvolvidos com as informações fornecidas. Com frequência, nunca mais ouviam falar das empresas.

"Não se trata apenas dos dados. É também sobre a dependência do Estado em relação às grandes empresas de tecnologia", disse Aneja. Para ela, há uma dependência excessiva das empresas americanas. "A maioria dos sistemas públicos de saúde tem base na Amazon Web Services. Boa parte da infraestrutura e dos conhecimentos que moldam o pensamento do governo sobre IA vem das Big Techs. Elas estão preenchendo um vácuo de competência estatal."

Ashita também tem uma visão ponderada. Ela gosta do produto da Qure.ai e acredita que ele tem enorme potencial, mas para melhorar o acesso no mundo real, a tecnologia precisa sair de hospitais privados como o seu e chegar aos centros de saúde pública e móvel. No seu hospital, o app funcionava bem como uma segunda opinião rápida, mas era um recurso extra, não uma necessidade. Ashita era uma médica qualificada e experiente, que provavelmente faria os mesmos diagnósticos com ou sem o aplicativo. "Dizemos à empresa: ter sua ferramenta aqui não é uma questão de vida ou morte", afirmou.

Em 2022, Ashita apresentou a equipe da Qure.ai ao escritório distrital de tuberculose do governo e a representantes da Organização Mundial da Saúde em Nandurbar. Para implementar o aplicativo qTrack nas regiões mais precárias do país, seria necessário um investimento inicial considerável de tempo e dinheiro, explicou. A equipe da Qure apresentou a tecnologia na sede do distrito e impressionou os representantes. Apesar de concordarem com a implantação, em princípio, tudo empacou na burocracia, como Ashita temia. Mobilizar o Estado para implantar o qTrack em larga escala tem sido um processo tortuoso; as conversas entre a Qure e as autoridades distritais ainda estão em andamento.

Ashita enxergava com clareza o abismo entre seu sonho de implementar uma triagem nacional por IA para tuberculose e a realidade prática. O cerne do problema é que empresas movidas pelo lucro e comunidades marginalizadas, como a de seus pacientes, muitas vezes operam com propósitos opostos.

Conversei com Paola Ricaurte, estudiosa mexicana e ativista dos direitos civis, que pesquisa esse tipo de tensão. Seu trabalho ajuda a esclarecer o que Aneja chamou de "colonialismo de dados": o ato exploratório de gerar lucro a partir dos dados de pessoas marginalizadas e vulneráveis para construir sistemas de IA.

"As grandes empresas de tecnologia concentram dinheiro, concentram o valor gerado por meio da coleta de dados, mas também concentram conhecimento e, no meu entendimento, isso é o mais importante", disse Ricaurte. Durante a pandemia, em 2020, por exemplo, ficou claro que o governo mexicano precisava da ajuda da Google para formular sua própria política interna de saúde, afirmou ela.

Esse conhecimento vem dos dados que, segundo Ricaurte, funcionam como um espelho da sociedade, refletindo nossas experiências, comportamentos, a essência do que somos. "Como não temos acesso ao conhecimento que estão coletando de nós, ficamos para trás. É uma relação desigual, uma assimetria de poder."

Ashita compreende profundamente essas assimetrias sociais, pois convive com elas todos os dias em seu trabalho e em sua vida. É justamente por isso que sabe que comunidades como a dos Bhil jamais contarão com um número suficiente de médicos de carne e osso ou recursos acessíveis. Eu também acredito que a IA, se projetada e implementada adequadamente, pode ajudar a salvar vidas daqueles que mais precisam. Se ela chegar aos lugares certos, sou otimista: este avanço tecnológico tem o potencial de melhorar a vida de todos nós e ampliar o trabalho dos médicos humanos.

"Quando [...] os seres humanos estão ausentes [...], acho que a tecnologia é a melhor substituta", disse Ashita. "Ela revolucionaria o cuidado que somos capazes de oferecer."

CAPÍTULO 5

Sua liberdade

Diana

Às sete da manhã de um dia de semana em 2015, Diana Sardjoe foi despertada por punhos batendo à sua porta, no bairro de IJburg, na zona leste de Amsterdã, para onde ela e a família haviam se mudado recentemente. Sua filha de 7 anos dormia em seu quarto, e os dois filhos adolescentes estavam em seus próprios aposentos. Quando ela olhou pela janela, viu uma enxurrada de policiais no jardim e, ao abrir a porta, eles entraram em massa, vasculhando a casa, cômodo por cômodo, até encontrarem quem procuravam: Damien, de 14 anos. Eles o prenderam por ameaçar um garoto da mesma idade com uma faca.

Quando os policiais o levaram, o mundo de Diana se partiu em mil pedaços.

**

Durante o ano seguinte, Diana concentrou todos os seus esforços em colocar a vida de Damien de volta nos trilhos. Ela reconheceu que ele havia feito algo terrível, mas acreditava que nenhuma criança estava além da redenção. Lutou, com êxito, para que ele ficasse em prisão domiciliar, em vez de ir para uma penitenciária, onde ela temia que ele acabasse afundando na criminalidade. Assumiu o papel de guarda em tempo integral, para mantê-lo longe de encrencas. "Eu esperava que minha mãe me desse as costas, porque, sabe, eu me sentia como uma ovelha negra. Eu fiz uma coisa terrível e imperdoável, mas ela ficou do meu lado", lembrou Damien em uma entrevista, anos depois. "Minha mãe é uma guerreira."

Apesar de todo o esforço para mantê-lo no bom caminho, a polícia continuava a aparecer para interrogar Damien sobre outros crimes — um iPad roubado, um assalto do outro lado da cidade —, nos quais Damien e Diana insistiam que ele não tinha participação. Depois de semanas sob vigilância constante, Damien perdeu o controle. Assim que a prisão domiciliar chegou ao fim, cometeu um novo delito durante o período de condicional, o que prolongou a vigilância. Não demorou para ele voltar a andar com os mesmos colegas que o haviam colocado em apuros para começo de conversa.

A polícia, então, passou a bater à porta a qualquer hora do dia ou da noite, às vezes levando Damien e o irmão mais velho, Nafayo, para interrogatórios na delegacia. Outras vezes, simplesmente paravam Damien e pediam sua identificação, por estar andando na rua ou conversando com amigos. Tornou-se um círculo vicioso de vigilância constante e rebeldia adolescente. Cada incidente era registrado nos arquivos dos garotos como "passagem pela polícia" — dados que integrariam seus perfis por muitos anos. Diana tentava manter a união, uma família remendada à base de fita adesiva e orações.

Meses depois, no verão de 2016, chegou uma carta do então prefeito informando Diana de que Damien havia sido incluído na "Top600", uma lista de jovens criminosos violentos. Nafayo, na época com 16 anos, havia sido registrado na "Top400", uma segunda lista que incluía vários irmãos daqueles seiscentos "criminosos" e era composta por crianças de 12 a 18 anos que supostamente corriam alto risco de *se tornarem* criminosas no futuro, como acontecia no conto "Minority Report", de Philip K. Dick. Segundo relatos das mães, muitos dos meninos na lista dos quatrocentos não tinham qualquer registro criminal.

A atual prefeita de Amsterdã, Femke Halsema, escreveu em uma carta, em holandês, que as pontuações preditivas tinham como objetivo "impedir crimes, melhorar as oportunidades e a qualidade de vida dessas pessoas, [e] evitar a influência negativa sobre seus irmãos menores de idade [...] e filhos".

As famílias não podiam escolher sair das listas nem recusar a ajuda social oferecida.

Diana não foi consultada. Era ela quem respondia sozinha por seus filhos, mas não foi informada por que eles haviam sido identificados nem como — ou mesmo se — poderiam um dia remover os alvos de suas costas. Pelos três anos seguintes, sua família ficaria presa em uma rede de mais de duas dezenas de agências governamentais, entre polícia, assistência social, saúde pública, judiciário e funcionários da prefeitura — cada qual com metas e objetivos distintos — frequentemente em desacordo umas com as outras.

A lista Top600 reunia nomes de meninos com ficha criminal que já haviam sido condenados ao menos uma vez por um crime grave. A Top400 havia sido elaborada com a ajuda do ProKid, um sistema de aprendizado de máquina desenvolvido por acadêmicos, em conjunto com a polícia holandesa, para prever que jovens teriam "risco elevado de cometer crimes violentos e/ou contra a propriedade", com base em dados como contatos anteriores com a polícia, endereços, relações familiares e papéis desempenhados como testemunha ou vítima.[1]

"Ouvi falar dos algoritmos, dos dados utilizados neles, e soube que algo não estava certo", contou-me Diana. A maioria dos meninos identificados eram negros ou marroquinos, embora a metodologia supostamente não distinguisse raça. A carta não esclarecia mais nada às famílias. Dizia apenas que a ajuda estava a caminho, enviada pelo novo e reluzente estado de bem-estar digital de Amsterdã.

"O que eles deveriam ter escrito naquela carta", disse Diana, "era: Vamos ajudá-los a chegar ao inferno".

"Famílias com múltiplos problemas"

A situação dos Sardjoes e de outras famílias nas listas algorítmicas de Amsterdã evocava o trabalho de Achille Mbembe, historiador e filósofo camaronês, que estuda os efeitos pós-coloniais. Mbembe cunhou o termo *necropolítica*, que descreve o poder das instituições políticas de determinar quais cidadãos são os mais precários numa sociedade. Esses cidadãos vulneráveis vivem, de acordo com o autor, em chamados *mun-*

dos de morte, enclaves nos quais já não exercem controle nem mantêm autonomia sobre suas vidas.

Segundo Diana e outras mães com filhos nas listas, após receberem a carta, toda interação com o Estado se tornava um ponto contra a família.[2] Telefonemas de mães aos serviços sociais eram registrados. Crianças que haviam testemunhado violência doméstica ou crimes passavam a integrar o banco de dados do governo. Faltas frequentes à escola e participação em grupos especiais de jovens eram informações relevantes. Cada pedido de ajuda era interpretado como um indício de má parentalidade, o que fazia o sistema acionar uma bandeira vermelha, uma marca escarlate, junto ao nome das famílias. Esses dados eram compartilhados entre autoridades — polícia, assistentes sociais, escolas — e usados por vários anos. Parecia não haver maneira de apagar a mancha algorítmica. Mães como Diana perdiam qualquer autonomia sobre suas vidas.

Em 2016, poucos dias após receber a carta do prefeito, Diana viu funcionários do Estado começarem a aparecer em sua casa sem aviso prévio. Psicólogos, auxiliares de juventude e advogados vinham estudar sua "família com múltiplos problemas" como se fossem cobaias. Diana descreve a experiência como a de ter sua vida "sequestrada", sem consideração por seu trabalho, responsabilidades ou pelos outros filhos. Ela não estava desempregada nem tinha problemas com drogas ou alcoolismo, por isso se sentia injustamente alvo de perseguição.

Assistentes sociais entravam em sua casa e diziam que ela precisava limpar, se recompor, lavar a louça. Falavam com ela como se fosse uma criança, ou pior, como se fosse a escória.

Queriam que ela colocasse Damien em um abrigo, o que Diane recusou terminantemente. Ele já estava abaladíssimo pela invasão da vida familiar. "A casa era o santuário dele e, de repente, apareceu esse monte de gente. Como um garoto de 15 anos, não havia espaço para o perdão. Ele tinha que ser perfeito o tempo todo." Com toda essa intrusão, instabilidade e o esforço para proteger sua família, Diana perdeu o emprego no banco.

O efeito dominó das visitas também prejudicou seus outros filhos. Nafayo, por exemplo, não compreendia por que também havia sido estigmatizado. Ele não havia cometido crime algum, mas agora vivia com uma nuvem sobre a cabeça. Os irmãos começaram a brigar, a culpar um ao outro. Nafayo não via saída, e acabou fazendo exatamente o que fora antecipado: rendeu-se às previsões do algoritmo e passou a roubar scooters. Recolheu-se ao seu próprio mundo. "Aquilo virou a sua vida de cabeça para baixo", disse Diana. "Era um sistema maluco."

Diana está acostumada a lutar pelo que deseja. Nasceu no Suriname, filha de pai indiano e mãe negra. "Minha mãe lutou para chegar à Holanda. Sempre me ensinou: nunca desista, lute pelo que acredita. Se você não gosta de algo, mude." Por isso, quando a cidade se recusou a remarcar uma audiência de Damien no tribunal que não se ajustava à rotina dela, Diana levou consigo a filha de 7 anos. A menina teve que esperar do lado de fora, no corredor, observando o que acontecia. "Sinto falta da empatia no sistema. Não há humanidade, é isso que faz falta."

Apesar da resistência de Diana, o estresse afetou a todos. No fim, os pais dela se mudaram para ajudá-los. Ela parou de menstruar e foi hospitalizada com palpitações cardíacas. "Se eu não fizesse o que mandavam, eles usavam minha filha mais nova para fazer chantagem. Diziam que iam tirá-la de mim." A menina, segundo ela, era "a alegria, o sol de suas vidas".

"E aí ela parou de sorrir. Foi a gota d'água. No hospital, eu morri naquele momento, para renascer como uma fênix. Encontrei meu eu e recobrei meu fogo interior. Comecei a reagir."

Policiamento algorítmico

A teoria por trás dos algoritmos de policiamento preditivo é que eles seriam uma forma mais barata e eficiente de alocar recursos limitados, em vez de agir apenas nas consequências, depois que os crimes foram cometidos.

Sistemas de IA vêm sendo amplamente testados para validar essa teoria. Eles têm sido usados para prever violência de gangues no Reino Unido,[3] selecionar possíveis terroristas na Alemanha[4] e antecipar violência doméstica entre famílias nos Estados Unidos. Algoritmos de aprendizado de máquina também são utilizados para prever reincidência de criminosos condenados, orientar decisões judiciais e determinar quem deve ou não receber liberdade sob fiança. Ainda não há consenso sobre sua eficácia.

Ao mesmo tempo, há indícios de que esses sistemas podem ser racistas, propositalmente ou não. Mesmo quando a raça não é considerada no processo decisório dos algoritmos, variáveis indiretas — como prisões anteriores, exposição à violência, endereço residencial ou pobreza — são utilizadas como dados na IA e em outros sistemas estatísticos, perpetuando o racismo institucional. Isso foi evidenciado em uma reportagem do coletivo de jornalismo investigativo ProPublica, que analisou a ferramenta preditiva COMPAS, amplamente usada nos Estados Unidos para prever a probabilidade de reincidência de réus, e, com isso, decidir se deveriam ou não receber fiança. A ProPublica analisou as previsões do COMPAS para mais de 7 mil presos na Flórida e concluiu que era um algoritmo racista. As conclusões mostraram que "pessoas negras têm quase o dobro de chances de serem classificadas como de alto risco, sem realmente reincidir". Por outro lado, "pessoas brancas têm muito mais chances do que as negras de serem classificadas como de baixo risco e ainda assim cometerem novos crimes".[5]

As listas holandesas também incluíam majoritariamente meninos não brancos, o que, segundo críticos, pode ser explicado em parte pelo fato de que eles são alvo de mais vigilância do que seus pares brancos.

Na Holanda, tecnologias de avaliação de risco como as listas Top600 e Top400 fazem parte de uma política de segurança nacional mais ampla, que a antropóloga holandesa Anouk de Koning, da Universidade de Leiden, chama de "policiamento difuso".[6] Além dos algoritmos ProKid, há também o Crime Anticipation System (CAS), um software de IA desenvolvido em Amsterdã e implementado nacionalmente, que faz previsões sobre onde e quando crimes ocorrerão.

Parte da estratégia de policiamento difuso inclui o uso de modelos estatísticos — incluindo métodos de IA — para mirar grupos demográficos específicos: sobretudo jovens pobres e não brancos na zona urbana. O objetivo é prever e prevenir problemas. Juntas, essas políticas combinam "cuidado e coerção", capturados no slogan usado pela polícia para a Top600: "Tratado com cuidado."[7]

Depois de 18 meses de entrevistas com jovens e suas famílias no distrito de Diamantbuurt, em Amsterdã, e com assistentes sociais e policiais, Anouk descobriu que os jovens marroquino-holandeses do bairro representavam o maior subgrupo na lista Top600 — isso apesar de autoridades municipais afirmarem que raça, etnia ou nacionalidade não eram consideradas pelos sistemas computacionais. Ela revelou uma vasta teia de vigilância e punição que envolvia não apenas a polícia, mas também profissionais de assistência social, de educação e de apoio à juventude. Concluiu que as previsões algorítmicas e o policiamento orientado por dados não apenas eram discriminatórios, mas também criavam uma cultura de medo entre famílias imigrantes, minando a confiança nas instituições públicas.

Tudo isso acontecia tendo como pano de fundo uma explosão de câmeras de vigilância em Diamantbuurt, tal como ocorrera em Stratford, em Londres, nos últimos anos. Um dos meninos da lista, identificado pelo pseudônimo Mo, disse a Anouk que as câmeras faziam com que ele sentisse como se a polícia estivesse constantemente "olhando por cima do seu ombro", e que ele e os amigos eram monitorados e multados pelos atos mais inofensivos: se reunir, brincar ou passar o tempo no centro comunitário do bairro. Os policiais usavam o conhecimento das identidades dos meninos como forma de intimidação. "Quando a polícia passa e chama você pelo nome, você realmente se sente encurralado. [Quando dizem] 'Ei, Mo!', eu respondo: 'Ei, babaca.'"

E não era apenas uma lista que continha detalhes sobre as vidas desses jovens. Em uma delegacia de Amsterdã Oeste, a cerca de 5 quilômetros de Diamantbuurt, os policiais instalaram um mosaico colorido com oitenta fotos de fichamentos — os membros locais da Top600 —, um lembrete diário de quem eram os alvos dos agentes.

A Top600 havia sido criada pelo então prefeito de Amsterdã, Eberhard van der Laan, ex-advogado criminal, como tentativa de evitar a criminalização de jovens. Todos tinham sido condenados por pelo menos um crime considerado "grave", embora as condições para sua remoção da lista não fossem claramente definidas.[8] Esses garotos eram designados a um coordenador estatal principal — a família de Diana teve ao menos dois — que os ajudava a se "endireitar".

Para impulsionar essa iniciativa, a prefeitura baseou-se nas conclusões de Jacqueline Wientjes, cientista comportamental que prestava consultoria ao governo central; segundo ela, a maioria dos criminosos adultos começava a demonstrar sinais de comportamento delinquente — incêndios criminosos, drogas e fumo, evasão escolar, brigas — antes dos 12 anos. Ela e seus colegas receberam então autorização para desenvolver o ProKid, um conjunto de algoritmos de aprendizado de máquina que visava prever se uma pessoa, do nascimento aos 23 anos, cometeria crimes. O prefeito esperava usar essas previsões para intervir precocemente, de modo que esses crimes imaginados jamais ocorressem.

Em julho de 2016, mais de cem crianças em Amsterdã, com menos de 18 anos, foram notificadas sobre sua inclusão na lista Top400, populada por previsões geradas pelo modelo ProKid. A imprensa descreveu isso como um "experimento único": prever — e mudar — o curso de todo futuro de uma criança. O gabinete da prefeitura informou à população que a inclusão na lista não se baseava apenas em seu histórico de prisões, mas em dados relacionados ao risco, "por exemplo, um relatório de evasão escolar, ou [ser] vítima, testemunha ou suspeito de violência doméstica".[9] E, embora se chamasse Top400, a cidade nunca chegou a ter tantos membros no grupo. Em uma troca de e-mails internos no gabinete do prefeito, obtida por pesquisadores via Lei de Acesso à Informação, ficou claro que o número era insuficiente.[10] "A Top400 inclui duzentas pessoas", escreveu um agente. "Mas há dinheiro para quatrocentas. Os critérios poderiam ser ampliados?"

O modelo ProKid foi treinado com um conjunto de dados de prisões de 2011 a 2015, a fim de identificar padrões entre demografia e comportamentos. Os modelos então poderiam prever se uma pessoa seria presa no futuro. O mais importante é que não eram capazes de prever se ela de fato cometeria crimes, uma vez que os dados de treinamento continham prisões, não condenações. Quanto mais eu lia a respeito, mais aquilo me lembrava do antigo símbolo da serpente que devora a própria cauda, o *ouroboros*. Eis como funcionava: os recursos policiais eram concentrados em comunidades imigrantes, sobretudo entre jovens não brancos. Essas interações e intervenções, às vezes resultando em prisões, eram registradas como pontos de dados para um programa de computador projetado para prever interações futuras com a mesma força policial. A questão dos crimes reais e de quem os cometia seria irrelevante dentro desse modelo.

Para calcular o escore de risco de um indivíduo, os desenvolvedores do algoritmo incluíram variáveis como gênero da criança, idade e histórico policial, incluindo o fato de ter sido testemunha ou vítima de crimes. Descobriram que essas variáveis frequentemente se correlacionavam com aqueles que, mais tarde, seriam presos. Segundo o gabinete do prefeito, os indivíduos da Top400 precisavam ter sido presos ao menos uma vez, embora não necessariamente condenados.

O ProKid também incluía dados de interações policiais com membros da família e colegas do indivíduo, associando-o às pessoas com quem convivia ou com quem tinha laços biológicos. Os cientistas julgavam que esses dados eram importantes preditores de criminalidade, considerando o quanto uma criança podia ser influenciada por seu ambiente social.[11]

Depois que Diana e dezenas de outros pais receberam cartas informando a inclusão de seus filhos na lista Top400, administradores do conselho municipal de Amsterdã escreveram à prefeitura um e-mail obtido por pesquisadores por meio da Lei de Acesso à Informação.[12] Nele, sugeriam ter pouca ideia do motivo pelo qual o sistema algorítmico havia selecionado determinadas famílias em detrimento de outras; afinal, softwares de aprendizado de máquina eram as chamadas caixas-pretas: sistemas opacos cujos funcionamentos internos não eram plenamente compreendidos nem por seus próprios arquitetos.

Fonte do documento: E-mail ao prefeito
Quarta-feira, 3 de agosto de 2016
Assunto: ProKid+ informações aos pais

Agora que as cartas foram enviadas aos jovens e pais da triagem do ProKid, começaram a chegar as primeiras ligações de pais preocupados, como esperado. Naturalmente, ainda não podemos responder à pergunta mais importante que fazem: por que eu ou meu filho estamos nesta lista? Claro, queremos manter os pais o mais envolvidos possível. Por enquanto, vamos dar um jeito. Não devemos mencionar a palavra ProKid. E evitemos a palavra "prever".

**

As listas geradas por algoritmos eram mais do que previsões. Eram maldições. A inclusão em uma delas alterava em definitivo o curso da vida de muitos jovens. Fazia com que questionassem quem eram. Bastava terem sido incluídos para serem marcados, julgados por onde fossem. E, mesmo que saíssem da lista com o tempo, temiam que suas chances de ingressar numa faculdade, de conseguir um emprego ou de comprar uma casa estivessem permanentemente comprometidas. O software ProKid havia transformado eventos sobre os quais tinham pouco ou nenhum controle, como testemunhar violência ou ser filho em um lar desestruturado, em elementos capazes de condená-los a um fracasso vitalício.

Da mesma forma, estar na Top600 não apenas trazia todas essas preocupações para a vida dos jovens, como também se transformava em uma profecia autorrealizável, já que os membros se tornavam alvo ativo de recrutamento por gangues de traficantes. Diana me contou como muitos dos jovens eram aliciados para realizar tarefas para eles, considerando-os alvos fáceis e ameaçando-os caso não obedecessem.

Uma mãe disse que seu filho, incluído na lista de Top600, havia sido ameaçado de violência caso não ajudasse a cometer crimes, algo que ela tentou explicar à polícia e aos assistentes sociais. "Mas quem vai ouvir minha história? Ninguém. Ninguém", disse ela. "Eu não sabia que ele tinha sido rotulado. Entreguei todas as informações para a Top600. Agora são eles que mandam."[13]

Eline Groenendaal é advogada e representou vários jovens, em sua maioria de origem marroquino-holandesa, do bairro de Diamantbuurt.

Ela conhecia rapazes que haviam sido demitidos de empregos, proibidos de entrar em piscinas públicas, seguidos, assediados e até presos sem acusação formal por causa de seu status na Top600. Embora as listas não tivessem divulgação pública, a polícia e outras autoridades compartilhavam os nomes entre si e muitas vezes jogavam esse fato na cara dos jovens incluídos.

Cada prisão — mesmo sem fundamento — funcionava como mais um ponto de dado alimentando o algoritmo, que usava essas prisões como insumo para recolocá-los na lista. Isso significava também que era extremamente difícil sair dali. Para os que estavam na Top400, havia um sentimento generalizado de impotência, de estarem sendo rotulados por algo que não podiam controlar. Nafayo, um menino que nunca tinha "se metido em encrenca", começou a roubar scooters porque se sentia imprestável, segundo sua mãe.

No curta-metragem *Mothers*, lançado no fim de 2022, a cineasta Nirit Peled retratou um grupo de mães holandesas cujos filhos estavam nas listas da Top600 ou Top400, ilustrando o impacto disso sobre suas famílias. A ideia para o filme surgiu quando Peled ouviu algumas mães conversando sobre as listas em frente a um café perto de sua casa em Amsterdã. Ela conheceu Diana e participou de diversas reuniões comunitárias e eventos públicos nos quais essas mães se reuniam, o que resultou em horas de conversas sobre os efeitos sociais do software preditivo. Ela escolheu quatro mães anônimas para o filme. Para protegê-las, usou atrizes para representá-las, com diálogos baseados nas entrevistas reais.

No filme de Peled, as mães relatavam ter sido assediadas, descritas como "levemente retardadas" ou "emocionais" em relatórios internos de assistentes sociais, registros que não podiam contestar ou alterar. No entanto, esperava-se que abrissem seus lares para enxurradas de estranhos, sem jamais questionar o motivo.

Admissões de vulnerabilidade externadas às assistentes sociais eram usadas contra elas, como se tivessem feito algo errado. Ser rotulada como "mãe problemática" dava às autoridades licença para tratá-las com desprezo e insensibilidade. A ameaça de terem seus filhos retirados do lar estava sempre a apenas um passo em falso de distância. Uma mãe disse que, se reagisse, "você se torna a 'mãe difícil' e, como recebi esse rótulo, provavelmente estou em alguma lista das seiscentas mães mais difíceis".[14]

No filme *Mothers*, um menino negro de 14 anos, que havia sido preso por furtar uma lata de refrigerante, não teve permissão para retornar à escola. Em vez disso, foi convocado a participar de uma mesa-redonda com a presença da polícia, da escola, de conselheiros e de sua mãe. Mas não parecia que estavam do lado dele, disse a mãe. A polícia era uma adversária, e não aliada, contaminando todo o processo com a sensação de tratar-se de um julgamento.

Em 2021, a ONG Fair Trials, que monitora a justiça criminal na Europa, organizou um evento para jornalistas, analistas políticos e legisladores para discutir os programas Top600 e ProKid. Convidaram Diana para contar sua história. "Se você é uma mãe solteira", disse ela à plateia, "tem que caber em algum tipo de [...] caixinha. E se você está fora dela, vão empurrar você para dentro. Perdi meu dinheiro porque meu filho estava na Top600, perdi meu emprego. Então comecei a me enquadrar na caixinha. Eu não fazia ideia do que era aquilo, mas a gente acaba lá."

Diana só conseguiu romper esse ciclo quando assumiu o controle da narrativa, tornando sua história pública no jornal holandês *Het Parool* e escrevendo diretamente ao prefeito para pedir um novo coordenador. "Escrevi para o prefeito: [o algoritmo] parece bonito no papel, mas simplesmente não funciona." A atenção gerada pela matéria e pela carta resultou na designação de um novo conselheiro para a família, que ajudou Diana a dar a volta por cima.

O que o novo conselheiro fez foi focar em Diana: em reconstruir sua confiança e autoestima para que pudesse voltar a cuidar dos filhos. Em três meses, ela conseguiu se reerguer e percebeu que envolver as mães no cuidado com os filhos era essencial para enfrentar os problemas de comportamento. Passou a aceitar que a ajuda do Estado, quando criada em conjunto com as famílias, talvez pudesse, sim, ter um impacto positivo.

Numa noite, depois de conversar com Diana, peguei um exemplar antigo de *A letra escarlate*, romance americano de 1850, em que uma jovem, Hester Prynne, é rejeitada e isolada da sociedade puritana em que vive por ter concebido uma filha fora do casamento. O estigma de Prynne é visível, literalmente, na letra escarlate "A" [de *adúltera*] que carrega no peito. Não há escapatória, nem redenção, nem perdão. E ouvi ecoar na minha mente as palavras de Diana durante o evento da Fair Trials: "Famílias são destruídas e filhos são retirados das mães. Para nós, isso é vida real."

Sobre justiça e perdão

Para as autoridades públicas, a grande questão era se aquelas pontuações de risco e as subsequentes intervenções sociais funcionavam de fato como um fator de dissuasão ao crime. Para as famílias e grupos de direitos humanos, a preocupação mais urgente era saber se os fins justificavam os meios — a perturbação na vida de jovens, o sofrimento das famílias ou a aparente discriminação dirigida a comunidades imigrantes.

Primeiro, procurei evidências do sucesso desses sistemas. Numa tentativa de transparência, o governo holandês publicou relatórios por quatro anos sobre a eficácia da Top400. O documento mais recente, de 2017, mostrou que, ao final daquele ano, havia 231 jovens na lista da Top400, com idades entre 14 e 24 anos (o software ProKid era voltado para menores de 18 anos, mas outros jovens acabaram incluídos). No geral, houve uma queda de 33% no número total de prisões entre os integrantes do grupo desde que entraram no programa facilitado por algoritmos em 2015 — de um total de 123 prisões antes da entrada no programa para 82 prisões nos dois anos e meio seguintes. No entanto, não estava claro se essas prisões estavam distribuídas proporcionalmente por todo o grupo, ou se, por exemplo, os ganhos comportamentais se concentravam em poucos, enquanto outros continuavam a ser presos com a mesma frequência — ou até mais vezes

O relatório também mostrou que 13% dos jovens haviam subido para a lista mais séria, a Top600, o que significava que tinham sido presos por crimes mais numerosos e mais graves do que antes, e até mesmo condenados. Nesse grupo, o número total de prisões caiu apenas 9% em três anos. Novamente, permanecia a dúvida se o software havia previsto corretamente esse comportamento e as intervenções haviam falhado, ou se estar nessas listas havia, por si só, tornado esses jovens mais expostos e vulneráveis a uma vida de criminalidade.

De modo geral, os resultados pareciam modestos, na melhor das hipóteses, especialmente se comparados ao impacto sobre os indivíduos e as famílias obrigados a participar do experimento. O antropólogo holandês Paul Mutsaers passou anos estudando o impacto de vários softwares de policiamento, inclusive de ferramentas de IA, em uso no país. Durante suas pesquisas, Mutsaers acompanhou policiais em patrulhas por bairros, como Amsterdã Oeste. Em uma entrevista com o chefe da delegacia, ele ouviu que todos os jovens da Top600 no distrito pertenciam a grupos étnicos minoritários. "Claro que eles têm muito mais chance de serem pegos", disse o delegado a Mutsaers, "porque nós os monitoramos o tempo todo".[15]

Mutsaers também ouviu piadas racistas feitas por policiais, dirigidas aos marroquinos, chamados por eles de *naffers* ou norte-africanos. "Eu entrava com os policiais em apartamentos minúsculos, sem mobília adequada", contou. "Havia uma pobreza gritante ao nosso redor, mas eles nem percebiam o que se passava. Aquilo simplesmente se alinhava ao perfilamento étnico."

As famílias eram alvo por causa da inclusão de seus filhos nas listas da Top600, "fazendo com que se sentissem impotentes diante de uma força tão avassaladora como esse algoritmo". O equilíbrio, acrescentou ele, havia "saído do cuidado e passado para a coerção".

Mutsaers lembrou que os algoritmos preditivos e as abordagens baseadas em *big data* começaram como uma solução de reabilitação. "Se o objetivo era levar justiça restaurativa a famílias em dificuldade, então [os algoritmos] não estão funcionando. Eles assustam as pessoas, usando suas famílias para mantê-las sob controle", disse. "Se há sofrimento social mesmo sem reincidência, dá para chamar isso de sucesso? Se der, trata-se de uma história muito triste para a sociedade."

Além das consequências inesperadas de sistemas como o ProKid, há também um debate mais amplo sobre se as decisões tomadas por

IA — como prever a criminalidade ou o risco de reincidência de alguém — são *mais justas* do que aquelas tomadas por humanos. Uma análise do *Washington Post* sobre o sistema COMPAS concluiu que as acusações de racismo feitas pela ProPublica contra o software se deviam, em parte, a expectativas diferentes sobre o que é justiça do ponto de vista da Northpointe, proprietária do COMPAS.[16] A definição de justiça da Northpointe era de que suas pontuações indicavam essencialmente o mesmo risco de reincidência, independentemente da raça do réu. Mas, como réus negros reincidiam em taxas mais altas no geral, isso fazia com que mais réus negros fossem classificados como de alto risco. Já a ProPublica considerava injusto que réus negros que não voltavam a delinquir fossem submetidos a tratamentos mais severos do que seus pares brancos por parte do sistema legal. Em outras palavras, era impossível criar um sistema estatístico que atendesse a todas as definições de justiça. Talvez, sugeriu o *Washington Post*, a solução exigisse algo mais radical — como substituir a fiança em dinheiro por "monitoramento eletrônico, para que ninguém fosse preso desnecessariamente".

No fim das contas, tudo se resume aos humanos no centro do processo — a IA não pode substituir o direito das pessoas de escolher os desfechos mais justos. Conversei com Richard Berk, criminologista e estatístico norte-americano que projetou várias ferramentas de IA para o sistema de justiça criminal dos Estados Unidos. "Esses são problemas políticos e éticos, e não tenho expertise nisso", disse ele. Em vez disso, Richard reúne os tomadores de decisão — funcionários da condicional, advogados, juízes e policiais — e apresenta alternativas. Mostra como os algoritmos funcionam para diferentes populações e oferece escolhas sobre o que maximizar, quais resultados priorizar. Segundo ele, "essas escolhas são julgamentos puramente humanos".

**

Três anos após ser incluído na Top600 de Amsterdã, Damien finalmente saiu da lista. Em uma entrevista para a TV, o apresentador perguntou se ele achava que mereceu estar naquele rol por causa dos crimes cometidos. "Acho que já paguei o preço quando fui sentenciado pelas coisas que fiz", disse Damien. "Cumpri prisão domiciliar, toque de recolher, sabe, até paguei algumas multas. Sei que já aprendi minha lição."

As palavras de Damien, sobre já ter pagado o preço, me fizeram pensar a respeito da misericórdia. Quando é hora de uma sociedade perdoar alguém? É justo que uma pessoa, uma vez punida, deva continuar sendo vigiada e colocada sob suspeita para evitar futuras infrações? E será que o instrumento bruto da intervenção estatal, mesmo bem-intencionado, não se torna um castigo?

A ideia do perdão é central na psicologia comportamental, especialmente no desenvolvimento infantil. Dizemos às crianças que as perdoamos, aconteça o que acontecer, que continuaremos a amá-las mesmo quando estamos zangados, e que, aos nossos olhos, elas sempre serão dignas de redenção. Pesquisas mostram que o perdão ajuda as crianças a desenvolverem autoestima, autoaceitação e uma atitude saudável frente aos erros. Isso as ajuda a crescerem como adultos ajustados e compassivos.[17]

Ferramentas de IA e outros softwares estatísticos que buscam prever os rumos da vida de alguém são punitivos, não compassivos. O policiamento preditivo não é uma abordagem de cuidado e perdão. É apenas um cálculo do risco de fracassar. Cada ação, cada observação, cada aspecto de quem você é passa a ser correlacionado com o crime, porque é através dessa lente que sua vida é analisada. Os erros cometidos por seus pais, a cor da sua pele, a língua que você fala, a música que você ouve, a brutalidade mais ampla dos preconceitos institucionais e sociais — tudo isso se transforma em variáveis dentro de um algoritmo que calcula seu risco para a sociedade. A polícia passa a ser parte do seu cotidiano, reforçando a ideia de que você não é digno.

Enquanto eu refletia sobre o valor da compaixão, deparei-me com um artigo acadêmico sobre o papel do perdão na perfilação criminal feita pelos governos e mediada por IA por parte dos governos. Sua autora, Karolina La Fors, uma pesquisadora que estuda o perfilamento de grupos vulneráveis pelo governo holandês, argumenta que crianças deveriam ser isentas de sistemas de criação de perfis estatais e criminais, como os das listas Top600,

Top400 e do ProKid, pela simples virtude de sua inocência. Essa ideia está parcialmente refletida em regulações europeias de proteção de dados, como o Direito ao Esquecimento, que permite que você solicite a uma empresa que apague seus dados pessoais, ou o direito de apelar contra uma decisão automatizada e pedir uma intervenção humana. Da mesma forma, La Fors afirma que essas crianças deveriam ter o direito de permanecer não quantificadas por um algoritmo. Seus dados deveriam ser esquecidos.[18]

A empatia nos ensina que todos têm falhas, mas ainda assim merecem misericórdia. Uma pontuação de risco diz o contrário: esta é sua realidade fixada digitalmente, a criminalidade está dentro de você, prestes a emergir. Suas circunstâncias significam que você não merece perdão. Como Damien disse a um apresentador da TV holandesa durante o tempo em que esteve na lista Top600: "Eu simplesmente não vejo uma saída."

Quando perguntei a La Fors se ela conseguia imaginar uma solução melhor para lidar com crimes e delinquência juvenil, ela se mostrou esperançosa. "Acho que a perspectiva das crianças faz muita falta nessa história toda", disse. Ela explora atualmente se é possível cocriar soluções com as crianças e seus pais, em vez de rotulá-las com pontuações derivadas de algoritmos. Sua outra sugestão é incluir, nos próprios algoritmos, todas as variáveis relacionadas a melhorias na vida de um jovem — como a frequência a serviços de assistência juvenil ou o fato de fazerem terapia —, pontos positivos que poderiam equilibrar a negatividade de um perfil criminal. "Volto ao princípio do perdão", ela disse. "Essas listas deveriam ter uma porta de saída. Ao lado de listas negras, por que não criar uma 'lista branca' também?"

Enquanto conversávamos, caiu a ficha: de algum modo, no debate sobre "ética" da IA — sobre como os sistemas automatizados funcionam, quais critérios e dados são utilizados, e o quão transparentes seus projetos devem ser —, os responsáveis perderam de vista o que realmente importa. No centro desse sistema punitivo havia uma criança ou jovem que cometeu erros. De que valeria uma tecnologia se ela estivesse prejudicando aqueles que supostamente deveria ajudar?

Acontece que a cidade de Amsterdã continua com os programas de policiamento preditivo, acreditando terem tido impacto positivo nas taxas de criminalidade. Alegam, porém, que pararam de usar métodos de aprendizado de máquina para fazer as previsões. Pouco mais de um ano antes do processo de escrita deste livro, o gabinete da prefeita de Amsterdã respondeu a críticas do público e de membros de seu próprio conselho municipal, após o lançamento do documentário *Mothers*. A prefeita Femke Halsema confirmou que ambas as listas ainda estavam em operação.

No entanto, ela afirmou que a ferramenta ProKid, que utilizava técnicas de IA, não estava mais sendo usada para identificar crianças para a lista Top400. Em vez disso, a cidade passou a usar um método estatístico simples baseado em critérios fixos, como faltas escolares, prisões, suspeitas de delitos e venda de drogas falsas. "Embora o ProKid+ tenha sido cientificamente validado, a ponderação complexa de vários fatores de risco acabou sendo bastante técnica e, portanto, difícil de compreender para os envolvidos", escreveu ela. "Levamos a sério essa sinalização dos pais e dos jovens, e por isso paramos de usar o ProKid+."

Halsema contestou as alegações de viés e discriminação, insistindo que os critérios de inclusão eram transparentes e que "nenhum dado pessoal sobre raça, etnia, nacionalidade, religião, preferência política, gênero ou sexualidade é usado de qualquer forma para inclusão na lista [400]".

Ela também reconheceu as críticas das mães retratadas no documentário de Peled, e de outras como Diana, dizendo que a experiência "nos ensinou que precisamos fazer ainda mais para envolver e informar os pais", acrescentando que agora os responsáveis são convidados a participar de uma reunião especial imediatamente após seus filhos serem incluídos em uma das listas.

Escondida na carta havia uma admissão final — pesquisadores estavam trabalhando em uma nova versão do ProKid, voltada para identificar jovens de até 23 anos "que possam estar escorregando (ainda mais) para o crime". O gabinete alegava que ela ainda não havia sido implementada, mas é evidente que o capítulo do policiamento impulsionado por IA permanece em aberto.

Em um memorando enviado ao prefeito em 2016, obtido por acadêmicos por meio da Lei de Acesso à Informação, funcionários da cidade expressaram preocupação sobre os danos causados aos jovens que se tentava ajudar. Apesar de isso ter ocorrido quase oito anos antes do momento em que escrevo este livro, exatamente as mesmas perguntas continuam sem resposta.

Prefeito: A partir de 1º de julho, 125 pessoas entraram na Top400 com base no ProKid+. Percebemos que essa história continua levantando muitas questões. O ProKid+ é baseado em risco e não em componentes do sistema de justiça criminal. Portanto, isso não significa necessariamente que a própria pessoa tenha feito algo. Pode ser também o comportamento de terceiros que leve [...] alguém a entrar no sistema. Além disso, há pessoas [na lista] que recebem um rótulo através do ProKid sem ter antecedentes criminais. Estamos agora criminalizando os jovens em risco que queremos ajudar?

**

De volta a Londres, enquanto continuamos nossa conversa, Diana falava animadamente sobre o futuro. Pela primeira vez em muito tempo, ela estava empolgada com o que estava por vir. Sua cruzada não era mais contra o Estado, mas por maior transparência dos algoritmos e controle sobre suas consequências. "O algoritmo é criado por pessoas que veem números, é isso que um algoritmo é. Não veem pessoas, veem números", afirma.

Após as entrevistas que deu ao jornal *Het Parool* e sua correspondência com a prefeita de Amsterdã, a campanha pública de Diana resultou na criação de uma fundação que conecta mães cujos filhos ainda estão nas listas Top400 ou Top600. Até agora, ela já formou uma rede com cem mães em Amsterdã e começou a expandir para outras cidades, incluindo Haia. O espaço físico que alugou é, espera ela, um lugar onde as mães possam desabafar, compartilhar histórias, medos e trocar informações. Diana o batizou de De Moeder Is De Sleutel, ou A Mãe é a Chave.

"Gentileza não significa fraqueza", ela diz. "Tudo do que nos acusam, quando dizem que somos emotivas demais, que choramos... é exatamente disso que essas crianças precisam. Precisamos criar nossos meninos de forma diferente, mas também precisamos [...] nos perdoar."

CAPÍTULO 6

Sua rede de segurança

Norma Gutiarraz, assim como Diana, é mãe de quatro filhos adultos, que dizem que sua maior qualidade é a gentileza. Tem por volta de 60 anos, uma loura oxigenada com calças azul-celeste e grandes brincos de pérola. É calorosa e maternal. Seus olhos líquidos cor de avelã penetram direto na alma, cheios de uma empatia que convida você a fazer suas confidências mais íntimas.

Norma vive nos arredores de Salta, cidadezinha aninhada aos pés dos Andes, no noroeste da Argentina, no *barrio* de Norte Grande. Passou a maior parte da vida em assentamentos de baixa renda, mudando-se para lá quando não havia nada além de matas espinhentas e trilhas de terra batida. Ajudou a planejar onde ficariam as casas, onde o posto de saúde seria instalado, quais famílias se mudariam para lá e em que momento. Hoje em dia é *puntera*, uma espécie de ligação cidadã com o governo local, responsável por comunicar as necessidades da comunidade. Também trabalha como assistente terapêutica em uma clínica da região e, segundo seu filho Matias, cuida dos moradores de Norte Grande como se fossem da própria família. "Ela dá camas, organiza funerais, compra caixões. O que precisarem."

Rumo ao bairro de Norma, ao cruzar o rio Arenales, que divide Salta, a grandiosidade neocolonial do centro da cidade se dissolve num tom sépia. No lugar das praças amplas, aglomerados de *carnicerías* (açougues) e pequenos quiosques vendendo frango, cigarros e refrigerantes vão surgindo aos poucos.

As casas são baixas, de cimento ou tijolo aparente, com telhados de zinco ondulado, cobertas por lonas e plásticos pendurados. No coração do bairro, as residências ficam coladas umas às outras, separadas apenas por valas de esgoto a céu aberto.

Magui, uma vizinha de Norma, de 15 anos, está do lado de fora, abanando-se na sombra da porta de entrada. Foi para a calçada para vender roupas de bebê usadas, dispostas numa mesinha dobrável. Sentada numa cadeira, mantém uma das mãos pousada de forma protetora sobre a barriga grávida, lançando olhares desafiadores aos passantes. Dá para ouvir os trinados de seu filho de 3 anos dentro de casa.

O trabalho de Norma envolve conversas regulares com agentes do governo sobre os problemas do bairro. Eles vêm batendo de porta em porta por onde quer que ela tenha vivido há pelo menos três décadas, em geral para arrancar informações, embora, segundo Norma, provavelmente já saibam tudo de que precisam. São agentes da limpeza urbana, da saúde, da assistência social — ela já nem consegue distingui-los. "Anotam dados sobre com quem você mora, quantas pessoas há na casa, onde estudou, se já ficou grávida. Vêm perguntar sobre nossas necessidades, nossa pobreza e quem está em situação de risco. Perguntam a respeito de gravidez precoce e de planejamento familiar."

O problema da gravidez na adolescência tem sido um dos maiores desafios para essa comunidade. "Elas não conseguem trabalhar direito se já são mães", diz Norma, "e por aqui todo mundo precisa trabalhar para sobreviver".

Ela mesma engravidou na adolescência. "Eu nem tinha completado 17", lembra, apertando os olhos para puxar a memória. Passou 42 anos num casamento infeliz, tudo para evitar que seus filhos seguissem o mesmo caminho, que hoje ela encara como um equívoco. Criou os filhos com pulso firme, mandando-os estudar no centro da cidade, e ela ou o marido sempre os esperavam na porta da escola. Tinham de ficar em casa e fazer os deveres. Agora, sua filha caçula, com 25 anos, trabalha na Marinha. É solteira e sem filhos.

"Norma tem muito orgulho dela", diz Matias. "É uma ótima filha."

"A menina lá fora, a Magui, engravidou pela primeira vez aos 12 anos. Agora tem 15 e está grávida de novo", diz Norma.

"Ela não vê futuro nenhum para si mesma", acrescenta Matias.

Alguns anos antes, Norma estava no posto de saúde local quando ouviu falar de um novo sistema de computador que seria implementado na comunidade. Contaram que era um programa para acompanhar e oferecer cuidados especiais a meninas e mulheres grávidas. Norma encarou a ideia com muito otimismo. Pelo menos aquele programa parecia tentar fazer algo com todos aqueles dados coletados ao longo de tantos anos.

O programa estava sendo implantado por um ministro de Salta chamado Carlos Abeleira, conhecido por todos como Charlie. Ela já o tinha visto por aí, achava que era um sujeito decente. "Pensei que podia ter um impacto positivo no bairro, *sí*", disse, assentindo com a cabeça.

Governar com dados

É um dia abafado de outubro e estou à espera de Pablo Abeleira do lado de fora do meu hotel no centro de Salta. O inverno se desmanchou abruptamente em verão austral, pulando a primavera por completo. Nesta estação, a cidade prende o fôlego, esperando o alívio que vem do céu. Terraços de pedra trançada lançam sombras em forma de losangos sobre os pátios banhados de sol, como aquele onde estou sentada. Os moradores chamam de *Salta La Linda*.

Pablo Abeleira é engenheiro de software e um discípulo ardoroso dos dados, alguém que se sentiria em casa tanto no Vale do Silício quanto em Estocolmo ou Salta. É também irmão de Charlie Abeleira, o político local que Norma conhece. "Eu sou o cara da tecnologia", diz, com um sorriso largo, seus dentes quadrados tão reluzentes quanto sua caminhonete. "Penso em como fazer as coisas melhor, usando dados, painéis de controle e inteligência artificial. Não sou o sujeito que está no campo, em contato direto com as famílias."

Depois de se formar, Pablo morou na Argentina, na Costa Rica, no México e na República Dominicana, trabalhando na SAP, uma multinacional de software, prestando consultoria para empresas como Coca-Cola, Budweiser e DaimlerChrysler, analisando dados para ampliar seus negócios e lucros. Foi em 2013, quando o jornalista Jorge Lanata realizou uma série de reportagens investigativas sobre as províncias do norte, na fronteira com Salta, que Pablo passou a prestar atenção na pobreza extrema de sua terra natal. Lá, famílias — especialmente aquelas descendentes de povos indígenas — viviam sem acesso a saneamento básico ou água potável. Uma cena em particular ficou gravada na memória dos espectadores de todo o país: uma criança pequena dizendo "estou com sede".

As revelações abalaram Pablo, assim como o resto da Argentina, um país que, apesar de seus desafios econômicos, é um dos mais ricos da América Latina. Sua frustração vinha da crença de que os governos não dispunham de dados suficientes sobre o que realmente acontecia e, quando tinham, não os usavam em benefício da população. Os conjuntos de dados eram fragmentados ou mal formatados, e não podiam ser analisados de forma útil. Ao contrário da maioria das empresas de sucesso com as quais trabalhou, Pablo estava convencido de que os governos não sabiam como priorizar as necessidades de seus "clientes" nem suas próprias ações. Estavam estruturados para o fracasso.

Isso coincidiu com um momento em que Pablo se sentia à deriva. Não sabia exatamente o que procurava, mas estava insatisfeito. "Eu poderia ter continuado a trabalhar na SAP e ganhar muito dinheiro. Pagavam muito bem. Mas eu queria fazer algo mais significativo", disse ele. "Essa pergunta sempre me rondava: por que estamos aqui? Sempre acreditei que há um motivo para existirmos, que temos um destino."

Tendo crescido em Salta, Pablo decidiu que era hora de dar uma guinada e voltar para casa com a família.

Enquanto isso, as denúncias de Jorge Lanata inspiraram o governador de Salta, Juan Manuel Urtubey, a se comprometer com uma reforma profunda. Com ambições presidenciais, Urtubey uniu forças com a Conin, uma organização católica dedicada ao combate à desnutrição e ao aborto, prometendo reduzir a pobreza infantil na província. Para cumprir essas promessas, nomeou o irmão de Pablo, Charlie, como secretário da Primeira Infância de Salta, à frente de uma pasta criada especialmente para enfrentar as raízes da pobreza familiar.

Charlie já havia ocupado vários cargos em secretarias do governo local ao longo de mais de uma década. Durante esses anos, viu a pobreza de perto, trabalhando com famílias como a de Norma Gutiarraz nos bairros mais precários de Salta: jovens sem emprego, gravidez na adolescência, evasão escolar. Um ciclo que por vezes se repetia geração após geração.

Ele sabia quais eram os problemas, mas não era cientista de dados nem engenheiro. Precisava de alguém com conhecimentos técnicos para ajudá-lo a construir soluções em larga escala. Alguém em quem confiasse — como seu irmão mais novo, Pablo.

"Resolver" a gravidez na adolescência

Pablo e Charlie foram criados em uma família de classe média muito unida, vivendo no antigo centro colonial de Salta, com sua arquitetura clássica e praças verdejantes. Os Abeleiras fazem parte de uma elite local: um pequeno grupo de proprietários de terras, em sua maioria descendentes de europeus, todos católicos, instruídos e conservadores, cujos filhos ocupam agora cargos de poder como autoridades públicas, advogados, empresários, professores e generais das Forças Armadas. Os homens dessa comunidade frequentam clubes sociais exclusivamente masculinos nos morros que circundam a cidade — alguns dos poucos lugares na Argentina onde isso ainda existe. Mulheres só entram em festas oficiais, e as filhas são apresentadas à sociedade em um baile anual de debutantes. É um mundo muito distante da Salta dos bairros pobres e das ruas de terra batida que eu visitara. Aquele mundo é habitado por *criollos*, descendentes de europeus e povos indígenas que em sua maioria exercem trabalhos manuais.

A capital da província também serve de porta de entrada para a Puna Salteña, um vasto planalto desértico entre os picos andinos, repleto de formações vulcânicas, salares e lagoas coloridas. Nas fronteiras com a Bolívia e o Chile, a Puna é lar dos povos originários da Argentina, como os Wichí e os Kolla, que com frequência vivem como refugiados dentro do seu próprio país, deslocados por colonos europeus. A enorme desigualdade entre as zonas urbanas e rurais de Salta mapeia essa divisão étnica. É a Salta da pobreza e da desilusão, uma parte do país e de sua história que envergonha muitos argentinos.

Nas províncias do norte, incluindo Salta, cerca de 40% da população vive abaixo da linha da pobreza.[1] Ali, um em cada quatro bebês, ou 25%, nasce de meninas entre 10 e 19 anos, contra 14% na média nacional.[2] Esse era o problema que Norma e seu filho Matias haviam descrito para mim. A incidência relativamente alta de gravidez na adolescência no norte da Argentina se explica, em parte, por fatores socioeconômicos como pobreza, desemprego, falta de acesso à educação e oportunidades limitadas de vida. Para muitas jovens como Magui, a vizinha de Norma, nesse contexto, ter filhos pode parecer o único caminho possível para obter propósito e reconhecimento social.

Mas o problema vai além. Muitas mulheres e meninas, em especial adolescentes indígenas, são vítimas de uma prática colonial racista enraizada há décadas, conhecida como *el chineo*: estupros coletivos, geralmente cometidos por homens brancos, contra meninas e jovens indígenas. É raro que os autores assumam responsabilidade pelas crianças geradas nesses atos. Poucas semanas depois da minha visita a Salta, uma menina Wichí de 12 anos foi estuprada e deixada para morrer na rodovia que sai da cidade. Nos últimos anos, movimentos de mulheres se organizaram em protesto, lançando a campanha "*Basta de chineo*" — "Chega de chineo". O grupo vem pressionando o governo argentino a classificar a prática como crime de ódio contra mulheres, independentemente da idade, com penas máximas e sem direito a fiança para os agressores.

O tempo passado longe de Salta permitiu a Pablo enxergar com clareza uma desigualdade profunda que jamais notara quando criança. A pobreza nos assentamentos informais da cidade era especialmente angustiante. Em relação à população indígena, Salta tinha o triplo da média nacional, e essas famílias estavam desproporcionalmente concentradas nas favelas locais.[3] "Amigos médicos me dizem que há muitos abortos [na cidade]. Todo mundo faz. As comunidades indígenas, por sua vez, não fazem abortos então acabam tendo, tipo, 12 filhos. É muita gente amontoada", contou Pablo.

Pablo não se opunha ao aborto em princípio, mas acreditava que os jovens deveriam estar preparados para planejar o futuro e não ser empurrados para decisões que mudam suas vidas. "Eu pensava: e se meus filhos fossem um deles? Eu queria que tivessem as mesmas oportunidades que todos os outros. Quando você tem filhos, começa a ver as coisas de forma diferente."

Por isso, ao voltar, decidiu ajudar seu irmão Charlie a desenvolver um novo modelo de assistência social, inspirado em sua experiência como consultor da SAP: usar dados para analisar comunidades, melhorando a forma como os governos tomam decisões e alocam recursos.

Para isso, Pablo contou com a ajuda da gigante de tecnologia Microsoft, que já vinha doando dinheiro à Conin, a organização católica de combate à desnutrição em Salta. A Microsoft disponibilizou gratuitamente três analistas de dados para o projeto. Após reunir grupos de especialistas locais, como funcionários públicos, representantes de ONGs e assistentes sociais, a equipe decidiu focar seus projetos-piloto em torno de dois temas: gravidez na adolescência e evasão escolar.

Os desenvolvedores da Microsoft apresentaram aos irmãos Abeleira o potencial da inteligência artificial, afirmando que poderiam usar o software Azure para construir algoritmos capazes de prever quais meninas tinham maior probabilidade de engravidar durante a adolescência. Assim, o governo local poderia direcionar recursos públicos a essas famílias e tentar prevenir os casos.

A ideia de usar IA para resolver um problema humano complexo como a gravidez na adolescência encantou Pablo. "Tínhamos centenas, milhares de variáveis. É muito difícil analisar pessoa por pessoa. Por isso a inteligência artificial nos foi de grande ajuda", disse ele. "Podíamos projetar políticas públicas 1:1, ou melhor, intervenções específicas para cada família, com algoritmos inteligentes vindos da indústria tecnológica."

A equipe começou com foco nos bairros mais pobres de Salta. A proposta era gerar, a partir do modelo de IA, uma lista de famílias cujas filhas tivessem risco de gravidez acima de 60% — algo semelhante aos modelos ProKid/Top400 de Amsterdã, que previam prisões futuras.

Ter adolescentes como foco do modelo de IA era problemático por diversos motivos. A idade mínima de consentimento na Argentina é 13 anos, mas o código penal oferece proteções especiais para meninas entre 13 e 16 anos, especialmente contra exploração sexual. O modelo de IA, no entanto, partia do princípio de que todas as meninas tinham mais de 16 anos, inclusive quando eram mais jovens. Mesmo para aquelas com mais de 16 anos, o algoritmo não considerava que algumas gestações poderiam ser resultado de estupro.

Urtubey, então governador de Salta, viu na iniciativa uma forma de se apresentar como um tecnófilo arrojado. Ele autorizou a fase de testes do sistema de IA com famílias do sul e sudeste da capital, assinando um acordo entre o governo provincial e a Microsoft. A empresa seguiria colaborando gratuitamente em troca do uso de dados de cidadãos para o desenvolvimento de ferramentas de inteligência artificial. O objetivo da Microsoft teria sido recrutar clientes do governo para testar sua tecnologia de computação na nuvem, que é hoje o negócio de bilhões de dólares no coração da empresa. Além disso, o governo pagaria uma taxa anual de aproximadamente 50 mil dólares para o uso da plataforma Azure, da Microsoft, que permitia aos desenvolvedores construírem as ferramentas de IA.

O governo de Salta não planejava tornar pública a lista de famílias, mas sim agir de forma preventiva sobre elas. Assim como acontecera com os Sardjoe em Amsterdã, essas famílias também receberiam assistência vinda de diferentes agências governamentais — habitação, educação, emprego, saúde.

O estado de bem-estar digital

Em 2019, o relator especial da ONU para pobreza extrema e direitos humanos publicou um documento contundente sobre o surgimento do chamado "estado de bem-estar digital" — ou seja, a *dataficação* das funções públicas. O texto era direto: as tecnologias digitais, incluindo IA, usadas para decidir quem deve receber assistência social, basicamente "preveem, identificam, vigiam, detectam, categorizam e punem os pobres".[4]

O relatório também alertava para a crescente influência de empresas ocidentais sobre governos ao redor do mundo, a própria definição de colonialismo de dados. O Estado moderno se entrelaça com corporações privadas que projetam e operam os sistemas digitais dos quais cidadãos vulneráveis dependem — assim como acontece com os sistemas de saúde, como apontou a cientista política indiana Urvashi Aneja no caso das tecnologias de IA na Índia.

A ONU apontava diretamente para as "Big Techs", como a Microsoft, que fornecem boa parte da infraestrutura digital dos sistemas estatais e, em troca, coletam dados sensíveis da população enquanto operam "numa zona onde quase não existem direitos humanos".

Perguntei a Pablo como a Microsoft, uma corporação norte-americana de tecnologia, havia se envolvido em decisões de política pública tão sensíveis em uma província do interior argentina. Para ele, não se tratava de dinheiro. A empresa se interessava pela experiência de trabalhar com dados individuais de cidadãos, ainda que anonimizados, a que, em geral, apenas os governos têm acesso, de modo a angariar novos clientes para a tecnologia de nuvem e desenvolver ferramentas de IA para uso em políticas públicas.

Eles não eram pagos diretamente pelo tempo investido, mas podiam empregar a experiência adquirida ao construir um sistema de assistência social com IA e vendê-la para outros governos. Além disso, saíam da história como os mocinhos, que ajudavam a tirar mulheres da pobreza. Para a Microsoft, afirma Pablo, era uma situação "ganha-ganha".

Para o projeto funcionar, a equipe de Pablo precisava do combustível que propele todos os motores de IA: uma base de dados em grande escala. Neste caso, dados íntimos e abrangentes como as informações sobre a saúde de jovens mulheres em situações vulneráveis e precárias.

Pablo sabia que jamais poderia bater à porta de seus vizinhos ou amigos. Jamais ousaria entrar nas escolas católicas particulares do centro para coletar dados sobre meninas. Os médicos que haviam se queixado do excesso de abortos a Pablo nunca permitiriam pesquisadores em suas casas, interrogando suas filhas sobre gestações indesejadas.

Já nas comunidades periféricas, famílias como a de Norma estavam acostumadas com a presença de agentes do governo ou de ONGs batendo à porta, com pranchetas na mão, fazendo perguntas sobre seus corpos, suas famílias, suas vidas. E, segundo Pablo, elas não só abriam as portas, como convidavam os agentes a entrar. Queriam ser ouvidas. Queriam ajuda.

Inevitavelmente, comunidades pobres e indígenas — assim como as famílias imigrantes excessivamente policiadas na Holanda — dependem mais do governo para acesso à saúde, à educação, ao trabalho e às necessidades básicas, como água potável, eletricidade e moradia. Esse contato constante as torna muito mais visíveis nos bancos de dados do governo, quando comparadas a famílias ricas como os próprios Abeleiras. Assim, as decisões sobre quais bairros mapear e quais dados coletar eram puramente políticas e enviesadas.

Pablo visitou algumas famílias nas fases iniciais do projeto, mas não lembra bem o lugar. De modo algum ia de porta em porta coletar dados. Ele era apenas "o cara do computador", que processava números e construía um modelo que cuspia listas.

Os responsáveis pela coleta de dados precisavam ter rostos familiares — como as agentes Asha nos vilarejos indianos que levantavam dados sobre gravidez e saúde. Em Salta, esses rostos pertencem a estudantes de sociologia ou enfermagem da universidade, membros da Conin e representantes do governo local já conhecidos daquelas famílias.

Cada menina da comunidade foi entrevistada sobre sua condição socioeconômica, sua educação, seu histórico reprodutivo. Os agentes coletavam informações sobre deficiências físicas e mentais. Anotavam a situação da família, perguntavam sobre gestações e filhos vivos ou mortos, sobre a mãe, irmãs e primas. Registravam os tipos de trabalho que a família realizava para sobreviver. Perguntavam como ela vivia: detalhes de miséria, precariedade, suas lutas diárias, o tipo de banheiro usado pela família, se o telhado era de zinco e se havia goteiras.

Para prever se uma menina poderia engravidar aos 12, 15 ou 18 anos, os desenvolvedores construíram um modelo baseado em detalhes sobre sua posição socioeconômica e o histórico familiar — fatores que, segundo eles, seriam suficientes para explicar uma gravidez e seriam transmissíveis às futuras gerações. Ninguém questionava as meninas sobre como se sentiam em relação à sua segurança na comunidade, sobre sua autonomia ou seus sonhos para o futuro. Ninguém perguntava se queriam ter filhos ou se tinham medo de não ter escolha. Não havia qualquer pergunta sobre os homens envolvidos. O processo de coleta de dados tratava essas jovens como passivas.

Mesmo nos bairros onde os moradores colaboravam, a equipe do governo vinculada à Primeira Infância não podia ser explícita quanto aos seus objetivos. Muitas dessas famílias eram católicas praticantes. Embora os pais fossem realistas e compreendessem que os adolescentes poderiam ser sexualmente ativos, quem iria querer ouvir que sua filha engravidaria em breve? Um destino selado, um futuro inevitável determinado por uma pontuação probabilística. Era como ouvir que um software havia previsto que seu filho cometeria um crime grave. Uma letra escarlate.

Pablo dizia que o algoritmo era complexo demais para ser explicado. Em vez disso, as pessoas eram informadas de que as pesquisas estavam sendo realizadas para levantar informações sobre suas dificuldades, a fim de que o governo pudesse encontrar soluções. Sugeriam que poderiam ajudar a consertar as casas, colocar telhados novos, pisos adequados, instalar saneamento básico ou fornecer acesso à saúde e mesmo oferecer capacitação em áreas como carpintaria ou encanamento, permitindo que as famílias alcançassem independência financeira.

"Podemos dizer: Certo, você existe, nos importamos com você, podemos fazer algo para melhorar sua vida", disse Pablo. "Pelo menos com isso, trazemos à luz o que está invisível..."

O mistério da IA desaparecida

Norma concordava com essa visão generosa de Pablo sobre o programa de IA — que ele daria visibilidade às necessidades e aos desafios do bairro. Mas era difícil confirmar se o software realmente cumpria o que prometia. Pouquíssimas pessoas sabiam da existência de um sistema de aprendizado de máquina que selecionava famílias. Nem Norma, que tinha ouvido falar de um programa de apoio a mães adolescentes, sabia que ele era sustentado por um sistema preditivo. A única vez em que o software foi reconhecido publicamente ocorreu em 2018, alguns anos após seu desenvolvimento, quando o governador Urtubey declarou: "Com tecnologia [...] é possível prever, com cinco ou seis anos de antecedência, que menina ou futura adolescente tem 86% de chance de engravidar na adolescência."[5]

A declaração provocou indignação entre ativistas pelos direitos das mulheres na região. O momento era crítico: Urtubey havia feito o anúncio no auge de uma campanha nacional pela legalização do aborto na Argentina, em 2018. Paz Peña, ativista de tecnologia e direitos humanos, comentou: "Segundo a narrativa deles, se tiverem informações suficientes sobre famílias pobres, políticas públicas conservadoras podem ser aplicadas para prever e evitar abortos em mulheres pobres. E ainda existe essa crença de que 'se é o algoritmo que está recomendando, então é matemática, é verdadeiro e irrefutável'."[6]

Para os críticos, o algoritmo era uma ferramenta mal planejada tentando "consertar" as meninas, em vez de atacar as fraturas sociais que levavam àquela situação. A coleta de dados excluía completamente os homens. "Esse foco específico em apenas um sexo reforça papéis de gênero patriarcais e, no fim das contas, culpa adolescentes do sexo feminino por gestações indesejadas, como se uma criança pudesse ser concebida sem esperma", escreveu Peña. "E se considerarmos que o banco de dados incluía meninas a partir de 10 anos, cujas gestações só poderiam ser resultado de violência sexual [...] como uma máquina pode prever que você tem probabilidade de ser vítima de estupro? E quão brutal é conceber tal coisa?"

Paula Cattaneo, assistente social da região de Salta, soube do sistema de IA quando viu Urtubey falar sobre ele na TV. "Eu assisti e pensei: O quê?! Perguntei por aí e [meus colegas] disseram: 'É como sempre trabalhamos, filtrando famílias conforme achamos necessário, mas agora o governo está chamando isso de algoritmo.'"

Paula trabalha como assistente social em Salta há 22 anos e se ofereceu para me guiar pelo labirinto da burocracia local. Ela é direta e bem-humorada, com uma empatia que faz você se sentir acolhido na hora. Deixou de ser católica praticante há anos e raramente julga as pessoas — a menos que sejam entidades como a Conin, a organização católica que prega contra o aborto nas famílias com que ela trabalha. Nesse caso, Paula não hesita: "Isso é comigo, não com vocês", diz, arqueando as sobrancelhas. Imagino que os adolescentes a adorem.

Filha de médicos do interior, com um irmão adotivo, Paula cresceu cercada por profissionais de assistência social. Especializada em saúde pública, ela atua com pacientes de alto risco, como desempregados, famílias pobres e mães adolescentes, ajudando-os a planejar o futuro. Não visita apenas suas casas, como vai também aos lugares onde os jovens se reúnem — centros esportivos, praças e clubes juvenis — para conversar com eles em espaços seguros. Há mais de uma década, coordena também os serviços de aborto no hospital em que trabalha, atendendo mulheres e meninas de uma dúzia de cidades vizinhas. Como o aborto era ilegal na Argentina até dezembro de 2020, esse trabalho exigia enorme coragem.

"É um trabalho intenso, mas faço por convicção profunda", disse ela enquanto caminhávamos juntas. "Para mim, é uma questão de saúde pública e de autonomia pessoal."

Quando nos encontramos, nós duas tentávamos desvendar o mistério da IA desaparecida. Sabíamos, por Pablo, que os dados haviam sido coletados e o algoritmo, desenvolvido entre 2016 e 2017. Depois, em 2019, houve uma mudança de governo. O governador Urtubey saiu, e o Ministério da Primeira Infância, no qual Charlie e Pablo trabalhavam, foi rebaixado a "Secretariado". A equipe dos Abeleiras foi demitida e o sistema algorítmico, abandonado.

Queríamos saber o que havia acontecido com os dados e com o software. Aquilo havia feito alguma diferença? Quando Paula conversou com colegas — assistentes sociais, enfermeiros, médicos e funcionários do governo que trabalharam com a administração Abeleira em 2018 — ninguém parecia ter visto efeitos concretos do algoritmo. Nem as famílias envolvidas no experimento, nem os trabalhadores comunitários, nem mesmo Pablo Abeleira sabiam dizer o que havia acontecido com o projeto desde 2019.

Esperávamos que a nova secretária da Primeira Infância, Carina Iradi — que substituíra Charlie Abeleira no governo — pudesse lançar alguma luz sobre o destino do programa nos anos em que supostamente estava em operação.

Enquanto andávamos pelas ruas de paralelepípedo de Salta, Paula refletia sobre os perigos de tentar prever o futuro. Ela não rejeitava completamente a ideia de um algoritmo que selecionasse famílias em situação de risco, mas questionava seu propósito. “É meio estranho”, disse. “Será que vão bater à porta e dizer ‘Olá, sua filha pode engravidar, então vamos construir um banheiro para vocês’? Não consigo nem imaginar!”

Paula sempre acreditou que estatísticas e dados podem captar tendências sobre o comportamento humano, mas jamais contam a história de um indivíduo. Como assistente social, dizia ela, era preciso avaliar cada família individualmente. Não se pode rotular ou estigmatizar pessoas. “É invasivo demais. Transforma a menina num objeto, e não numa agente da própria vida. Tipo... ela pode mudar sua história ou não?”

Talvez a gestão Abeleira de fato tivesse colaborado com as famílias e identificado áreas onde poderiam ajudar, afirma Paula. Mas, nesse caso, para que serviam as previsões? Por que não simplesmente deixar os assistentes sociais experientes fazerem seu trabalho no território?

Chegamos ao Secretariado da Primeira Infância e Família, em busca de respostas. Era um prédio alegre, laranja, com uma grande porta de madeira. Jovens mães, carrinhos de bebê e adolescentes entravam e saíam. A construção era estreita, com pequenas salas ao longo de um corredor comprido. Conduzidas ao escritório da secretária Iradi, encontramos uma mulher sentada à escrivaninha, diante de uma foto emoldurada do atual governador de Salta e da bandeira regional grená e preta. Iradi disse que sua secretaria ainda guardava os dados coletados durante a era Abeleira em 2016, e que eles ajudavam a orientar novas políticas e intervenções. Mas garantiu que os dados não estavam mais sendo usados para fazer previsões comportamentais sobre gravidez.

Ela expressou certo desdém por toda a questão, em sintonia com Paula. “Nosso software não é preditivo, porque achamos que a tecnologia tem limitações”, afirmou. “Existe um abismo entre a experiência humana e a inteligência artificial. Se você não conhece a realidade social de um lugar, fracassará ao tentar prever ou planejar. Compreendemos que a IA pode ser uma força positiva, mas não na tomada de decisões como essas."

Para entender essas famílias, insistiu, era preciso visitá-las em seus bairros, ver o que faltava e construir soluções junto com elas — como Paula já fazia. Na verdade, segundo Iradi, o governo anterior havia iniciado outros projetos, algo mais tangível que um software de aprendizado de máquina. Sua equipe, agora, estava se dedicando a expandir esses programas. "Acompanhe a nossa conselheira local e veja o que fizemos", disse Iradi. "Ela pode te mostrar tudo."

A solução humana

Paula e eu estacionamos em frente a um prédio caiado de branco, iluminado pelo sol, numa confluência de vários bairros densamente povoados. O edifício era embelezado por um mural colorido e uma placa alegre do lado de fora — "CPI Libertad", batizado assim devido a um assentamento próximo. Havíamos viajado numa van emprestada pela secretária Iradi, acompanhadas por uma de suas auxiliares, que também é nutricionista infantil. Estávamos a pouco mais de 1 quilômetro da casa de Norma, no Barrio Norte.

Era hora do almoço, e isso significava barulho, pratos batendo e muitos dedinhos lambuzados. A sobremesa do dia era *anchi,* um pudim típico da região de Salta: uma deliciosa papa de farinha de milho adoçada, com generosas doses de suco de limão. "*Anchi!*", gritam as crianças quando as cuidadoras colocam as tigelinhas rasas à sua frente. Todas estavam bem-vestidas, com os cabelos presos ou trançados com capricho. As menores, de nove meses a um ano e meio, sorviam felizes nas cadeiras altas; as mais velhas, de até 5 anos, vestiam aventais coloridos e disputavam quem comia *anchi* mais depressa em longas mesas.

As salas de aula espaçosas recebiam o sol da primavera filtrado por cortinas finas e em tons suaves. Prateleiras com livros, brinquedos de madeira e massinha colorida se alinhavam com cuidado ao longo das paredes. Os desenhos de bonequinhos e recortes em cores primárias que pendiam dos murais davam uma sensação familiar e reconfortante.

Dinossauros, monstros de um olho só, flores e borboletas: tudo que povoa a imaginação infantil.

O CPI Libertad é um jardim de infância gratuito no sudeste da cidade, um dos cerca de sessenta centros de Primeira Infância criados na região de Salta. Eles foram originalmente financiados por Charlie Abeleira, mas vinham sendo ampliados pelo departamento de Iradi desde 2019. As crianças desse centro em particular têm algo em comum: mais de 70% delas são filhas de pais adolescentes. Quem me guia é Julia, a coordenadora do local, que insiste para que eu prove o *anchi*. Enquanto saboreio minha tigela, ela me conta que a maioria das crianças vem de famílias monoparentais, algumas das mais pobres da cidade, e que normalmente são cuidadas pelas *abuelas* porque, de muitas formas, as mães ainda são crianças. Segundo ela, quase não há pais presentes. Os homens nem sempre reconhecem os filhos como sua responsabilidade, então a criação recai sobre as mulheres e as meninas.

Para crianças pequenas em situações vulneráveis e frágeis, esses são os únicos espaços gratuitos disponíveis. Assim como o CPI Libertad, os demais centros da região também atendem, em grande parte, famílias com mães adolescentes ou muito jovens. A maioria dos genitores exerce trabalhos informais como de faxineira, ambulante, pedreiro ou na lavoura, quando conseguem serviço. Enquanto trabalham, os centros cuidam das crianças e funcionam como núcleos comunitários para famílias ampliadas e misturadas — avós, tios, primos — que dividem os cuidados parentais. Julia e suas colegas tentam empoderar as mães o máximo possível, não só em relação aos parceiros, mas até mesmo diante das próprias mães — as *abuelas* de seus filhos — para lembrá-las de que *elas* são as mães das crianças.

Quando as tigelas de *anchi* são recolhidas, os responsáveis começam a chegar para buscar os filhos do turno da manhã. Carla, uma jovem na casa dos 20 anos, espera no corredor com sua filha de três semanas, Paulina, nos braços. Ela está ali para buscar a outra filha, de 4 anos. Sempre gostou de vir ao centro só para observar as crianças brincando livres e felizes. O bebê dorme, e Carla aproveita um momento de paz, sorrindo ao olhar em volta para as guirlandas de flores de papel e os desenhos que retratam os direitos das crianças — visões cartunescas de "segurança", "saúde" e "educação".

Carla é solteira e mora com os pais e o irmão. O centro infantil foi de enorme ajuda para ela, conta. Trabalhava como faxineira até pouco tempo, e o acesso à creche gratuita permitiu que tivesse uma renda decente, sem estresse nem culpa. Se precisasse trabalhar até mais tarde, o irmão ou o pai de sua filha buscavam a menina no centro, que era próximo e de fácil acesso. Isso deu estabilidade à família e um lugar seguro e alegre para a filha passar o dia.

O objetivo do sistema preditivo Microsoft-Salta era semelhante: oferecer a mulheres como Carla ferramentas para tomar decisões conscientes sobre a maternidade e romper os ciclos de pobreza. Pergunto a ela o que poderia ser feito para apoiar melhor as mulheres jovens, especialmente as novas mães da comunidade. "Trabalho", diz ela, rindo. "Se ajudarem com isso, é tudo de que preciso."

Enquanto conversamos, ouve-se um grito: "Mamá!" Uma menina de trancinhas corre em disparada até Carla, tagarelando sobre sua manhã. O rosto de Carla se ilumina. As risadas das duas ecoam por toda a sala.

Vencedores e perdedores

De volta ao escritório de Pablo, no centro de Salta, ele me mostra as proezas estatísticas que seu software de mineração de dados personalizado pode realizar com dados demográficos individuais, e como os governos podem usar esses números para tomar decisões específicas para determinadas populações. "Precisam de um poço, de uma escola? Onde? Quantos são deficientes? Quantos têm filhos? Dá para visualizar tudo", diz ele.

O abandono do projeto-piloto de IA jamais chegou a desacelerar Pablo. Na verdade, o projeto impulsionou sua nova carreira como consultor de tecnologia. Após saírem do governo, Pablo e seu irmão fundaram uma organização sem fim lucrativos chamada Fundación Horus, que presta serviços para vários clientes grandes do setor público e privado. O projeto de IA virou um cartão de visitas para governos interessados em serviços digitais e, mais recentemente, para empresas que atuam em parceria com governos da África e da América Latina.

Desde 2019, Pablo tem trabalhado em projetos nacionais na Argentina e no Brasil para mapear assentamentos informais, ajudando os governos a fornecer melhores serviços públicos às comunidades que vivem neles. Também participou de projetos público-privados em Camarões, onde seu cliente é uma empresa francesa de mineração que desloca comunidades. Pablo coletou dados demográficos e de saúde dessas populações para desenvolver modelos que recomendam serviços públicos de saneamento e saúde para as aldeias afetadas pelos mineradores.

Esses novos projetos parecem promissores, e Pablo quer falar sobre o futuro. No entanto, pergunto se o algoritmo de Salta chegou a ser usado, de fato, para intervir junto a famílias em risco. E, em caso afirmativo, se teve o efeito desejado de reduzir gestações na adolescência.

As respostas são profundamente frustrantes, tanto para mim quanto para Pablo. Embora o modelo tenha sido usado para identificar ao menos 250 famílias, diversos acadêmicos questionaram a validade do piloto. Em uma das áreas de teste, quase três quartos das famílias foram classificados como propensos a ter uma gravidez adolescente em casa — o que tornava inútil um sistema preditivo individual. Estava claro que eram necessárias intervenções amplas, em nível comunitário, o que é uma responsabilidade dos atores governamentais, e não de engenheiros de software ou funcionários da Microsoft.

Havia também dúvidas em relação a questões técnicas. Pesquisadores de IA da Universidade de Buenos Aires identificaram diversas falhas no código do algoritmo, publicado no GitHub, uma plataforma de código aberto pertencente à Microsoft.[7] Como o número de gestações na adolescência na comunidade estudada era muito pequeno — na casa das centenas —, os dados precisaram ser inflados artificialmente para treinar o algoritmo. Embora isso seja uma prática aceitável em termos técnicos, aparentemente foi feito de forma inadequada. Significa que os mesmos pontos de dados ou pontos muito similares foram usados tanto para treinar quanto para testar o modelo. Ou seja, o algoritmo parecia prever corretamente o risco de gravidez em novas famílias, quando na verdade só estava sendo testado com dados que já conhecia.

Os críticos não tiveram acesso ao banco de dados completo, mas, se isso fosse verdade, invalidaria os 86% de precisão alegados. O cientista que publicou a crítica comentou que esse é o tipo de erro que só um aluno de graduação cometeria.

O outro problema, mais sutil, era saber a verdade. Diante da natureza sensível dos dados, não havia como garantir que as meninas ou suas famílias tnão mentissem sobre gestações passadas ou atuais, especialmente se estivessem considerando um aborto. Na realidade, era bastante provável que tivessem mentido, pois o aborto ainda era ilegal na Argentina na época. Isso significava que o conjunto de dados usado para treinar o modelo já era enviesado, sem que uma correção fosse possível. Como, então, confiar em suas previsões?

Perguntei a Pablo se ele considerava legítimas essas preocupações. Ele respondeu que o projeto-piloto mal havia começado e fora encerrado antes que pudesse ser refinado, testado e melhorado. Mas insisti: houve alguma redução nas taxas de gravidez?

Pablo ficou visivelmente frustrado. "Intervimos junto às famílias, sim. Contamos a elas sobre os riscos que identificamos e começamos a fortalecer suas habilidades em diferentes áreas. Às vezes, era uma questão de educar os pais ou de ajudar mães solteiras ou outros parentes a conseguirem emprego. Numa casa, o piso era de terra batida, então instalamos um piso de cerâmica. Em outras, fornecemos cursos de bombeiro hidráulico ou carpintaria, para que tivessem ferramentas e encontrassem trabalho. Ficaram felizes em receber ajuda do governo."

Mas além dessas melhorias pontuais, o projeto foi encerrado cedo demais — apenas alguns meses após o início das intervenções — para que fosse possível avaliar se os algoritmos tiveram algum impacto na taxa de gravidez precoce na região. A nova gestão, em 2019, veio com suas próprias prioridades, e tudo que era associado aos antigos governantes foi descartado.

Pablo ficou decepcionado por não ter conseguido levar o projeto de IA adiante — tanto do ponto de vista profissional quanto pessoal.

Continuava, no entanto, a ser um tecnocrata que acreditava no poder da tecnologia. Não achava que o sistema fosse mal projetado ou ineficaz, mas sim uma iniciativa em desenvolvimento que nunca teve uma chance de fato. Também achava que os objetivos do algoritmo foram mal explicados pelo governador anterior, e que disputas políticas acabaram minando seu sucesso.

Enquanto isso, a Microsoft saiu da experiência com uma boa bagagem local e um campo de testes para seus sistemas de aprendizado de máquina da plataforma Azure no setor público, além de uma receita de 50 mil dólares por ano, paga pela licença da nuvem durante três anos. Ganhou mais que experiência comercial. Há quase uma década, a gigante norte-americana da tecnologia tenta estender sua influência para além do mundo corporativo, buscando posicionamento como um ator político e diplomático global, com influência sobre estados e legislações. Começou redefinindo seu papel no campo da cibersegurança ao propor uma Convenção de Genebra Digital entre empresas e países, em 2017, e assinando acordos com o governo francês.[8]

Desde então, a empresa tenta fazer o mesmo com a inteligência artificial, garantindo um lugar nas mesas onde se define a política global sobre IA — assim como fizera na área de cibersegurança.[9] O papel da Microsoft no projeto preditivo de gravidez na adolescência em Salta, embora aparentemente secundário, encaixa-se em sua estratégia mais ampla de ganho de influência política. Como as megacorporações coloniais de séculos passados — a Companhia das Índias Orientais ou a Anglo-Iranian Oil Company — as empresas de tecnologia de hoje começam a operar como quase-Estados monopolistas.

No fim de 2020, o aborto foi legalizado na Argentina, alguns anos após a criação e o abandono do software preditivo. Embora o contexto político tenha mudado para todas as mulheres e meninas graças à mobilização dos movimentos feministas, o contexto social não mudou tanto. O aborto ainda era malvisto, e os dados das famílias — detalhes íntimos sobre saúde reprodutiva, herança familiar, empregos — continuavam em um banco de dados central, que seria repassado de governo a governo. Havia o risco de que esses dados pudessem ser manipulados por mãos erradas?

Não seria a primeira vez que um governo utilizaria dados sensíveis para prejudicar sua população. Afinal, a partir de 1976, a Argentina viveu sete anos sob uma ditadura militar que coletou extensos dados por meio de pesquisas e censos, os quais foram usados para produzir propaganda e influenciar os cidadãos.[10]

Na mesma época, os dados serviram de base para a notória Operação Condor, uma campanha de terror e repressão apoiada pelos Estados Unidos e executada em conjunto por várias ditaduras do Cone Sul: Chile, Argentina, Brasil e Bolívia. Esses países compartilhavam informações sobre cidadãos considerados uma ameaça aos regimes autoritários, entre eles políticos e intelectuais de esquerda, sindicalistas, religiosos. As informações eram armazenadas em um sistema computadorizado compartilhado, usado para planejar sequestros, desaparecimentos, torturas e até assassinatos.[11] Os dados do povo foram transformados em arma contra ele próprio.

Na minha última noite em Salta, caminhei do hotel até o parque San Martín, no sul da cidade, para ver um marco local: o Portal da Memória, um arco comemorativo que homenageia as vidas perdidas durante os anos da ditadura argentina. De um lado do arco pintado, lia-se um poema do poeta chileno Pablo Neruda, impresso em preto. Descobri depois que era "Los Enemigos", um poderoso chamado à justiça em memória dos cidadãos massacrados pelas ditaduras latino-americanas. O poema bate como tambor ao repetir a frase *pido castigo*, "exijo castigo", não apenas para os que deram as ordens de execução, mas também para aqueles que defenderam e acobertaram os crimes. Neruda queria que todos fossem julgados ali, naquele parque em Salta.

Perguntei a Pablo se achava que a história poderia se repetir. Ele assentiu. Entendia o risco. Mas lembrou que os dados já existiam nos departamentos governamentais. Se quiserem deturpar ou usar isso como arma, serão capazes de fazê-lo com o que já têm, com ou sem a ajuda da IA. "Trabalhamos com governos porque acreditamos que eles querem fazer o bem."

Acreditei nas intenções de Pablo e nos objetivos da tecnologia de IA: identificar famílias que precisavam de ajuda adicional e apoiá-las antes que chegassem a situações precárias, como uma gravidez não planejada.

No entanto, percebi que ninguém assumia a responsabilidade pelos resultados do sistema. Em última instância, o projeto piloto de IA não tinha donos nem supervisores. Assim que a equipe foi desfeita e os funcionários da Microsoft seguiram em frente, o código foi relegado ao reino dos espectros; os dados permanecem enterrados em planilhas governamentais, um fantasma do algoritmo que alimentaram — mas o modelo em si havia desaparecido.

Na melhor das hipóteses, o projeto foi um desperdício de dinheiro e recursos públicos — e, na pior, um abuso da confiança de famílias, em sua maioria indígenas e *criollas*, que compartilharam seus dados na esperança de encontrar uma solução para seus problemas financeiros.

O único grupo que se beneficiou foi aquele que havia concebido e brevemente controlado a tecnologia: a Microsoft, que talvez tenha feito alguns contatos governamentais, e os irmãos Abeleira, que usaram o que aprenderam e as conexões obtidas para fortalecer sua reputação e empregabilidade.

Para as mulheres e meninas dos bairros periféricos de Salta, as supostas beneficiárias, pouca coisa mudou. Seguiram com suas vidas como sempre, lidando com as mesmas necessidades e desafios que suas mães enfrentaram antes delas. Para essas famílias, o sistema de IA não fez absolutamente nenhuma diferença no dia a dia.

**

O calor da tarde em Norte Grande é implacável. Suga a energia de todos nós. Até os cães de rua, acostumados a uma vida dura, deslizam pelas calçadas de língua para fora, buscando fiapos de sombra. Norma grita para duas mulheres do outro lado da rua: Maripi Juncosa, uma vereadora local vestida de vermelho flamejante, e sua assistente Myla, estudante de enfermagem, encarregada das anotações. Maripi responde com um "olá" e pergunta: "Vamos nessa?"

Maripi e Norma trocam algumas palavras e seguem juntas pela rua escaldante. Myla vem logo atrás. Norma fala em voz baixa e urgente. "Os buracos", diz ela, apontando. "Precisam ser consertados antes das chuvas. Só vão piorar." A assistente a acompanha, tirando fotos com um velho celular Nokia.

Norma vai apontando o que precisa de reparo: ruas sem calçamento, montes de entulho, casas com telhados quebrados, esgoto a céu aberto. O clique da câmera segue constante. "Não vamos por ali", diz Norma, apontando para um beco sem saída com duas ou três casas. "Perigoso."

Agora, serpenteamos por vielas estreitas, desviando de cães adormecidos e velhos Ford Fiesta e Peugeot 504, cobertos da poeira dos morros. Os compassos abafados da cúmbia escapam das casas. Norma avança determinada por um trecho sem sombra ao lado de um campo ressecado. A grama morta e o arame farpado mancham o azul intenso do céu. "Não jogue lixo", adverte uma placa. Um broto verde surge de dentro de um pneu abandonado.

"Aquilo ali deveria ser uma praça, com brinquedos para as crianças", diz Norma, diminuindo o passo e balançando a cabeça diante do terreno árido. "Precisamos de uma praça. Imagina o que uma praça faria aqui."

Por fim, ela para diante de uma construção de aparência abandonada, com janelas gradeadas e uma porta verde. Parece um pouco com uma prisão. "É o novo centro comunitário", diz Norma com satisfação. "Agora tem até internet." Mas não basta. Ela quer um espaço para jovens, como os centros que já existem para os idosos. Um lugar onde mães adolescentes se sintam seguras e os jovens possam praticar esportes juntos. Um lugar onde possam ser crianças e esquecer, por um instante, o peso das enormes responsabilidades que carregam. Sem esses espaços, eles permanecem escondidos em casa, esquecidos e ignorados.

"Eles precisam de um espaço", diz Norma. "Um lugar para chamar de seu."

CAPÍTULO 7

Seu patrão

Armin

Na manhã de 12 de agosto de 2020, o dia em que decidiu enfrentar o algoritmo do UberEats, Armin Samii acordou mais cedo do que de costume, tendo programado um alarme depois de ter tido a ideia no meio da noite.

Vestiu-se, preparou um café e sentou-se diante do computador, onde permaneceu por 16 horas seguidas, codificando um aplicativo web e gravando vídeos para mostrar aos entregadores do UberEats como usá-lo. Chamou a ferramenta de UberCheats e publicou à meia-noite.

UberCheats era uma ferramenta de auditoria algorítmica. Armin, que na época trabalhava como entregador do UberEats, havia perdido a confiança no sistema de IA que, na prática, funcionava como seu chefe. Construiu a ferramenta porque sentia que não tinha outra opção, depois de semanas tentando — e fracassando — em conseguir que alguém na Uber explicasse as discrepâncias em seus pagamentos.

A discrepância salarial era difícil de provar. Não há uma tarifa fixa para entregadores, pois a Uber precifica os serviços de forma dinâmica — os valores podem mudar de hora em hora e variar conforme a localização ou o indivíduo. Há influência de fatores como demanda e até mesmo o clima. Como a Uber costuma ocultar os endereços exatos das entregas após sua conclusão (supostamente para garantir a segurança da clientela), é difícil confirmar também a distância percorrida. Então, quando um entregador recebe o comprovante, tudo o que ele vê é uma rota anônima, do ponto A ao ponto B, junto com a quilometragem rodada e o valor obtido. Isso significa que não é possível verificar discrepâncias. O UberCheats de Armin era capaz de extrair coordenadas de GPS dos recibos, calcular a quilometragem que *realmente* tinha sido percorrida e comparar com o que a Uber *alegava*. Ele liberou o aplicativo gratuitamente.

Assim como os trabalhadores de rotulagem de dados, Hiba Daoud e Ian Koli, Armin fazia parte de uma força de trabalho humana crescente a serviço dos algoritmos. Mas, ao contrário de quem treina ou rotula sistemas de IA, trabalhadores como Armin — mais de um bilhão no mundo todo — movem coisas físicas: pessoas, comida, mantimentos, remédios, móveis e livros. Eles se deslocam de carro, caminhão, moto e bicicleta, em grandes cidades e pequenos povoados, de Nairóbi a Jacarta, Seul, Pittsburgh e Londres. E fazem isso a mando de um aplicativo.

Esses apps utilizam sistemas de IA, chefes sem rosto que emitem ordens por meio do celular: softwares de aprendizado de máquina distribuem os trabalhos, verificam identidades, definem os pagamentos dinâmicos por tarefa, concedem bônus, detectam fraudes e também tomam decisões sobre contratações e demissões. As regras que regem o trabalho desses profissionais são voláteis, reescritas constantemente com base num fluxo contínuo de novos dados. E, nesse jogo arriscado entre empregador e empregado, é o algoritmo mutante quem detém todas as cartas.

Armin é o filho mais novo de imigrantes iranianos que se mudaram para a Califórnia nos anos 1960. Os pais são engenheiros civis. A mãe trabalhava no governo local, analisando como o tráfego era afetado por obras nas ruas. O pai projetava pontes e linhas férreas para a cidade de San Diego, onde a família se estabeleceu. Armin se lembra claramente do pai estudando plantas arquitetônicas para resolver problemas de engenharia, de forma visual. Quando estava particularmente estressado, ele pegava um antigo livro de cálculo e resolvia problemas até acalmar a mente. Armin herdou esse traço. Embora, como cientista da computação, seu calmante seja depurar códigos.

Com 28 anos, Armin tem cachos escuros e desgrenhados que caem sobre seu rosto anguloso e gosta de usar cores néon. Sua maior paixão é pedalar. Tem cinco bicicletas e seu emprego ideal seria passar o dia em uma delas, se possível. Quando se mudou para Pittsburgh, ele começou a frequentar reuniões comunitárias com representantes eleitos, tentando tornar a cidade mais segura para ciclistas. Hoje, comanda uma startup chamada Dashcam For Your Bike, que criou um aplicativo para ciclistas urbanos registrarem e destacarem vídeos em tempo real, em busca de maior segurança. Armin é, na essência, um ativista e acredita, por princípio, que qualquer sistema pode ser mudado, desde que as pessoas tenham ânimo para agir. Já fotografou comícios políticos e fez campanha para candidatos na Califórnia. Criou um site que explica, de forma visual, um sistema alternativo de votação chamado *rank-choice voting*, que ele considera mais democrático. Mas sua dedicação à justiça social vai além das grandes causas. Ele se define, com orgulho, como um guerreiro da justiça microssocial.

Certa vez, comprou um curry congelado no setor vegano da rede de supermercados Target e descobriu que o produto levava *ghee*, um derivado do leite. Tentou conversar com o gerente da loja sobre os riscos de rotulagem incorreta, mas não teve sucesso. Então, registrou uma queixa formal no departamento de saúde do condado. Quatro semanas e uma dúzia de e-mails depois, um fiscal foi até a loja, e o gerente foi obrigado a rebatizar a seção como "vegetariana".

Poucos meses antes, em outro supermercado, ele tentou resgatar um brinde: um litro de leite gratuito como parte de uma promoção. Mas o sistema automatizado não conseguiu processar a foto do seu recibo e rejeitou o pedido. Ele iniciou uma troca de mensagens com os donos da loja que durou semanas, até ser ressarcido em 4 dólares.

Em um antigo emprego como programador, percebeu que o CEO usava repetidamente uma estatística sem fundamento para motivar os funcionários. Primeiro, Armin tentou alertá-lo em particular. Quando isso não surtiu efeito, confrontou o chefe durante uma reunião de equipe. O CEO nunca mais mencionou aquele número — embora Armin, no fim das contas, tenha sido afastado da empresa.

Quando resolveu trabalhar como entregador do UberEats durante o verão, não fazia ideia de que suas suposições usuais já não se aplicavam. Logo descobriu que estava num mundo em que os humanos eram peões e o algoritmo, soberano. As regras eram invisíveis e caprichosas, o chefe era inumano, e a voz de Armin, impotente. Era um ciclo surreal.

Armin havia se mudado de Berkeley para a acidentada Pittsburgh em 2019, para trabalhar na empresa de carros autônomos Argo.ai, start-up financiada pela Ford e pela Volkswagen. Liderava a equipe que projetava a interface entre os passageiros humanos e o veículo autônomo. Passava horas com motoristas dentro dos carros, observando seus comportamentos, queixas, decisões e usava esse conhecimento psicológico para projetar as respostas do sistema de IA. Era um tradutor entre humanos e máquinas.

À medida que desenvolvia o software, Armin se deu conta de que estava ajudando a construir uma máquina de duas toneladas, potencialmente letal, sendo testada em vias públicas e que, se tivesse uma linha errada no código, poderia, de fato, matar alguém. No ano anterior, em 2018, um protótipo da Uber havia atropelado e matado uma pedestre no Arizona quando o copiloto humano ou o motorista de segurança se distraíra, possivelmente assistindo a *The Voice* no celular.[1] O código, ao contrário das vigas físicas de uma ponte, não é neutro. No mundo da tecnologia, profissionais como Armin estavam começando a entender que escrever código remotamente não os isentava das consequências concretas do que construíam. Como muitos colegas, ele passou a questionar se o que fazia era ético e se contribuía para o bem comum. No verão de 2020, pediu demissão da Argo: percebeu que carros autônomos poderiam até tornar o trânsito mais seguro, mas não tornariam as *cidades* mais habitáveis — o que era sua verdadeira preocupação.

Enquanto tirava algum tempo para descobrir o que queria fazer a seguir, ele ponderou suas opções naquele momento. Queria explorar Pittsburgh de bicicleta. Foi quando teve a ideia de trabalhar como entregador do UberEats. Não havia forma melhor de passar o verão do que pedalar o dia todo, explorar sua nova cidade e ainda ser pago por isso. Um plano ideal para aquele momento.

O problema das ladeiras de Pittsburgh

Armin gosta de contar histórias, transformando pequenos detalhes em pontos-chave da trama. Ele descreve como é ter uma caixa-preta como chefe: desumanizante, esmagador, frustrante. É um trabalho com uma falsa sensação de autonomia.

"Veja a minha primeira experiência", contou. Em julho de 2020, quando tentou se cadastrar no UberEats, o aplicativo exigiu que Armin passasse por uma verificação algorítmica de identidade. Ele teve que tirar uma selfie, que seria validada por um sistema de reconhecimento facial desenvolvido pela Microsoft. Mas não funcionou. Ele tirava foto atrás de foto, e o app recusava, dizendo que não conseguia verificar sua identidade. "Eu sei que isso é um grande problema para pessoas não brancas. Não sei se foi o cabelo mais volumoso ou a barba cheia que eu usava, mas houve algum tipo de erro algorítmico ali", disse. "Isso aconteceu três vezes."

Na quarta tentativa, ele lavou o cabelo, alisou-o, abriu a boca para que o algoritmo conseguisse identificá-la em meio à barba escura — e, enfim, foi reconhecido. Foi aprovado para começar a trabalhar, mas já sentia aquele incômodo conhecido, aquela sensação de injustiça que lhe era familiar.

No dia seguinte, sua estreia no trabalho, os aborrecimentos começaram a se acumular rapidamente. Ele recebeu ordens repetidas para buscar hambúrgueres e McLanches Felizes em um McDonald's que havia fechado meses antes. Os clientes não sabiam — a Uber simplesmente não tinha removido o local de sua base de dados. "Acho que todos os outros entregadores já tinham descoberto que precisavam recusar pedidos desse McDonald's, mas eu passei 45 minutos tentando convencer a Uber a removê-lo da base de dados. Eles disseram: 'Não podemos mudar os dados do sistema, mas podemos te oferecer 2 dólares porque você foi até lá.' Eu pedalei vinte minutos até o lugar e passei 45 minutos no telefone com eles, e me deram 2 dólares por isso."

Armin custava a aceitar que não havia um ser humano com quem pudesse falar e que estivesse autorizado a fazer mudanças simples. Seu desapontamento vinha de sua formação como cientista da computação: ele sabia como seria fácil corrigir o erro. Mas ninguém se importava, porque acreditavam que o software do app não recompensava a honestidade ou o comportamento responsável. O que o aplicativo valorizava era velocidade e maximização de tempo. Então, ele teve que começar a cancelar os pedidos daquele McDonald's, como todos os outros já haviam aprendido a fazer, para contornar o algoritmo de alocação.

Trabalhar para um sistema ilógico, sem canais de reclamação e sem um chefe com quem pudesse conversar, parecia antiético para Armin. Decidiu sair depois de apenas três semanas e 21 entregas. Não precisava do dinheiro, depois de seis anos no setor de tecnologia, e a experiência estava longe de ser prazerosa. Ele não dependia da renda do aplicativo e tinha plena consciência do seu privilégio. "Se você depende daquilo para sobreviver e precisa gastar uma hora no telefone para resolver algo, você simplesmente não tem incentivo nenhum para combater", disse.

Armin também percebeu que os trabalhadores de aplicativo mais vulneráveis — imigrantes sem domínio do idioma ou documentação, mulheres, pessoas sustentando famílias inteiras com aquela renda — eram forçados a sacrificar sua autonomia no altar do algoritmo. "Tem gente como eu que fica muito frustrada e acaba desistindo. Aguentam talvez seis semanas. E tem os veteranos, que são bem mais tranquilos do que eu. São os que deixam as coisas rolarem, tipo: o sistema é uma merda, mas estamos dentro dele e precisamos aceitar a pancada porque queremos ser pagos", explicou. "Eu não sou desse time zen."

A última experiência de Armin como entregador foi num dia escaldante de verão. Ele voltava para casa por volta das duas da tarde quando recebeu um alerta do aplicativo com uma nova entrega a cerca de seis minutos do seu caminho. Ele sabia que, de bicicleta, aquilo significava uns 15 minutos (o app calculava o tempo como se ele estivesse de carro, mesmo sabendo que usava bicicleta). Mesmo assim, aceitou o trabalho, que o mandou retirar um pedido em um restaurante de comida do Oriente Médio.

Enquanto esperava, recebeu outro alerta: outra pessoa tinha feito pedido no mesmo restaurante, e ele foi designado também para aquela entrega. Como o algoritmo da Uber esconde os destinos dos motoristas até que coletem a comida, Armin tinha pouquíssima informação para decidir. O app também não mostra a elevação do trajeto no mapa, então ele não sabia se os percursos seriam íngremes. Apesar disso, aceitou o segundo destino.

Assim como a Uber não ajustava o tempo estimado de viagem nem exibia elevações para ciclistas, também não filtrava os pedidos por esforço físico. Seu primeiro destino era no topo de Pig Hill, uma das ladeiras mais íngremes de Pittsburgh. Enquanto ele suava para subir, motoristas de carro abaixavam os vidros para encorajá-lo: "Está mandando bem!" Cinquenta minutos depois, ele finalmente chegou ao primeiro cliente, que comentou que não acreditava que tinham enviado um ciclista até ali. Ainda suado, sedento e exausto, Armin levou mais quarenta minutos até completar a segunda entrega. O segundo cliente já estava esperando havia uma hora e meia. E foi bem menos simpático que o primeiro. "Tentei explicar, mas ele só resmungou e pegou a comida. Acho que me deu uns 50 centavos ou 1 dólar de gorjeta."

O algoritmo dizia que toda a entrega levaria seis minutos, mas Armin demorou noventa.

A princípio, ele achou que a estimativa fosse apenas um erro ou um cálculo feito para motoristas de carro. Mas logo percebeu que nem mesmo um carro teria feito aquele trajeto em seis minutos, como o software previra. Ele também calculou que havia pedalado 3,3 quilômetros naquele dia, mas estava sendo pago por apenas 1,7 quilômetro, segundo o recibo. "Não era uma diferença entre carro e bicicleta", disse ele. "Era um bug muito mais relevante."

O problema de tentar auditar os próprios ganhos como trabalhador de aplicativo é que a maioria das plataformas de entrega não oferece um pagamento padrão nem sequer uma fórmula para calculá-lo. O entregador vê quanto vai receber antes de aceitar o serviço, mas o valor não é previsível. Os algoritmos calculam o preço de cada entrega com base numa fórmula secreta, que leva em conta variáveis como sua nota como entregador, a frequência com que você recusa pedidos, a oferta e demanda por corridas, e a cidade onde trabalha.

Como esses aplicativos registram dados do trabalhador mesmo fora do expediente — captando toda informação digital possível, desde as rotas preferidas até a frequência com que entra em contato com o suporte da Uber, quanto tempo permanece fora do sistema, quantas vezes trabalha, que pedidos aceita ou recusa — qualquer uma dessas variáveis pode interferir no cálculo do pagamento. O entregador não tem como saber. A única certeza é a quilometragem pela qual está sendo pago.

Armin enviou mais de uma dúzia de mensagens à Uber nas semanas seguintes, apontando a discrepância na distância paga. Recebeu apenas respostas automáticas. As mensagens variavam entre: "saia do app", "reinicie o app", "reinicie o dispositivo", "baixe o app de novo", "atualize o app", "restaure as configurações de rede" ou "se a espera for maior que dez minutos, cancele o pedido".

É óbvio que nenhuma dessas respostas resolvia o problema do pagamento incorreto. Em uma planilha em que registrava cuidadosamente todos os contatos com o atendimento da Uber, Armin anotou 14 e-mails e 126 minutos ao telefone.

"Enfim consegui falar com alguém, uma pessoa, que pôde abrir o Google Maps e dizer: 'Foi um bug', e ela me pagou 4,25 dólares a mais. Então recebi 16,43 dólares, incluindo 4 dólares de gorjeta, e depois corrigiram com mais 4 dólares."

Depois disso, não havia mais nada a fazer, mais nada que ele *pudesse* fazer. Mas no meio da noite, teve um estalo. O problema era que ele tinha recebido menos do que deveria. Quantas outras vezes isso teria acontecido? Quantas outras pessoas estavam recebendo menos do que o devido? E em que proporção?

"É complicado porque eu presumo que o valor pago não tem tanto a ver com a distância, mas sim com um algoritmo de aprendizado de máquina que decide qual é o mínimo absoluto que podem pagar a alguém", ele me disse.

Como o sistema da Uber não revela as localizações exatas das entregas depois que elas são concluídas, os entregadores não conseguem mapear o trajeto por conta própria. Isso torna mais difícil auditar o algoritmo, obrigando-os a depender da própria empresa para corrigir seus erros. "Eu me perguntei se dava pra descobrir os endereços a partir do recibo, jogar no Google e verificar se estava certo", disse Armin.

A Uber é desonesta?

Ao analisar seus próprios recibos, Armin encontrou várias discrepâncias: uma viagem de 12 quilômetros, segundo o Google Maps, que aumentava para 14,8 quilômetros por causa de bloqueios nas vias públicas, aparecia como uma corrida de 9,6 quilômetros no cálculo do pagamento feito pela Uber. Outros recibos mostravam pagamentos por 2,4 quilômetros em vez de 3, ou 9,6 quilômetros em vez de 12, e assim por diante.

Ele publicou o aplicativo na Chrome Store do Google para que outros pudessem usar. Quase imediatamente, Armin começou a receber mensagens de entregadores do UberEats de vários lugares do mundo: dos Estados Unidos, Japão, Brasil e Austrália a Índia e Taiwan. No total, cerca de 6 mil entregas foram registradas no UberCheats, das quais 17% haviam sido subfaturadas. Independentemente da cidade, a empresa parecia, em média, pagar por 2,2 quilômetros a menos por corrida, segundo os dados coletados com o UberCheats.[2]

Um dos e-mails recebidos por Armin dizia: "Acabei de usar sua extensão e descobri que 8,31% das minhas entregas foram afetadas... pelo menos uma por dia. Se você for reunir dados suficientes para abrir um processo coletivo, eu participo com prazer. Obrigado pelo seu trabalho."

Muitas das mensagens vinham de trabalhadores de minorias étnicas, migrantes em situações instáveis ou de arrimos de família.

"Se você observar, os mais prejudicados são justamente as pessoas que já são prejudicadas pelos sistemas existentes. E isso só piora a desigualdade", afirma.

O UberCheats oferecia uma janela para as vísceras dos algoritmos do trabalho por aplicativo, um sistema do qual os trabalhadores estão completamente alijados. Os aparentes erros de cálculo nas distâncias pagas reforçavam uma suspeita antiga: os algoritmos ignoram fatores humanos como atrasos inesperados, desvios de rota causados por engarrafamentos, obras, mau tempo ou restaurantes lotados que deixam os trabalhadores à espera.

Esses atrasos não afetam materialmente ninguém além do próprio entregador, interferindo em suas avaliações e na velocidade das entregas, e, com o tempo, afetam a chance de conseguir tarefas ou receber mais. Mas Armin nunca chegou a entender a lógica por trás desse erro específico. "Todas as minhas teorias sobre o porquê de isso acontecer foram derrubadas", disse ele. "Então começou a parecer simplesmente aleatório e injusto." Era exatamente como todo o sistema de IA parecia aos trabalhadores humanos: arbitrário, autoritário e não passível de responsabilização.

Em fevereiro de 2021, poucos meses após o lançamento do app de Armin, os advogados da Uber fizeram uma queixa, pedindo à Google que bloqueasse o UberCheats na Chrome Store, alegando que as pessoas poderiam confundir com um produto oficial da Uber.[3] Quando a Google acatou, Armin enviou uma série de e-mails apelando à gigante das buscas, que controlava os aplicativos publicados em seu navegador — e conseguiu reverter o bloqueio. Mas em fevereiro de 2022, ele retirou o UberCheats do ar. Apesar da utilidade evidente para centenas de motoristas que o baixaram e usaram para verificar se haviam sido subpagos, Armin percebeu que a manutenção técnica do app se tornara pesada, especialmente enquanto ele tocava outros projetos. Cada vez que a Uber alterava seu código — o que fazia com frequência e sem aviso — ele precisava investir horas para atualizar a ferramenta. Alguns entregadores relataram que usaram os dados para pressionar a Uber e conseguiram ganhos financeiros, mas Armin não tinha nem os recursos nem o interesse em processar a empresa. Para ele, o real objetivo da ferramenta sempre foi jogar luz sobre a imprevisibilidade do algoritmo e sobre a falta de responsabilidade da Uber por suas ações. A história de Armin foi amplamente divulgada pela imprensa, da *Wired* à *Salon* e ao *Daily Mail*. Ela ajudou o público a entender como são opacas essas plataformas de trabalho baseadas em inteligência artificial.

"Em toda empresa onde trabalhei, eu encontrei um jeito de ser ouvido. Podia não ser bonito, mas sempre tentei consertar as coisas. Com a Uber, eu me sinto impotente, porque não posso fazer isso", disse ele. "Quando eles usam esses padrões obscuros, quando pagam 25 centavos a menos por entrega, não há nada que eu possa fazer para descobrir o porquê. E não tem ninguém com quem eu possa reclamar além da imprensa, certo? O UberCheats foi uma forma de agir. Sem isso, seria apenas desmoralizante."

A história de Armin mostra como pode se sentir um ser humano dentro de um sistema de trabalho automatizado: a frustração e a paranoia, a perda de companheirismo e de senso de comunidade, a ausência de mecanismos de reparação. É a ironia de uma estrutura que depende inteiramente do trabalho humano, mas que trata seus trabalhadores como autômatos.

Ele está longe de ser um caso isolado. Enquanto trabalhava para a Uber, Armin fazia parte de um precariado global, uma classe emergente de pessoas cujos meios de sobrevivência são inseguros e instáveis, cujos empregadores exercem controle sobre suas vidas mesmo fora do expediente.[4] Eles pertencem à mesma fraternidade que os trabalhadores autônomos de dados em Nairóbi e na Bulgária, que ganham um salário mínimo para treinar sistemas de IA que gerarão bilhões de dólares de receita para as empresas que os projetam. Ou as trabalhadoras comunitárias Asha, na Índia, que coletam dados de saúde para corporações ocidentais.

Um labirinto kafkiano

Em *O processo,* um dos romances mais famosos de Franz Kafka, um homem chamado Joseph K. é acusado e preso por agentes misteriosos que não lhe dizem qual foi seu crime. Ele não é encarcerado. Em vez disso, é condenado a continuar com sua existência mundana, enquanto lida com a paranoia e a confusão sobre a natureza de sua suposta culpa. Após uma série de eventos angustiantes em que tenta investigar o que pode ter feito, ele desiste. Acaba sendo executado pelos mesmos agentes misteriosos na porta de casa.

O processo, uma comédia sombria distópica, é uma crítica afiada ao caráter absurdo da burocracia. Mas poderia muito bem ser sobre trabalhadores da era algorítmica atual, sobre um homem suspenso do trabalho a qualquer momento, à mercê de um sistema de IA.

Alexandru Iftimie é um imigrante romeno em um subúrbio do sudoeste de Londres. Motorista da Uber há muito tempo, ele nunca leu Kafka, mas quando lhe conto o enredo, identifica-se com Joseph K. Ele sente que a frase que melhor descreve o trabalho via aplicativos é *divide et impera*, dividir para conquistar, a tática de controle usada por soberanos e colonialistas, como o Império Britânico na Índia do século XIX. É assim, segundo ele, que empresas como a Uber garantem que não tenham de enfrentar dezenas de milhares de motoristas protestando juntos em frente aos seus escritórios.

Alexandru nem sempre foi cínico. Depois de trabalhar em horário noturno para uma empresa de entregas — onde, se tirasse um único dia de folga em sua semana de seis dias, corria o risco de perder a rota —, ele deixou esse emprego e passou a dirigir para a Uber. A promessa da empresa de que ele poderia recuperar a flexibilidade e o controle sobre seus horários era sedutora. E, no início, ele achou libertador. Ao longo das quase 7 mil corridas, conseguiu ganhar bem e manter uma avaliação de cinco estrelas, uma conquista que atribui aos anos como vendedor de varejo em Bucareste. Quando ouvia outros motoristas reclamando de como a Uber os tratava injustamente, dizendo por exemplo que haviam sido dispensados ou que sua licença fora revogada sem explicação, ele ficava com a impressão de que não estavam contando a história inteira. Tinha certeza de que deviam ter feito algo errado.

Mas depois de alguns anos, Alexandru começou a perceber como o algoritmo tratava os motoristas de formas diferentes. Ele tinha um bom amigo que também dirigia para a Uber nas mesmas áreas, e às vezes, quando estavam próximos, tomavam um café e conversavam ao sol. Frequentemente, seu amigo recebia várias solicitações de corrida seguidas, e ele nenhuma. Às vezes era o contrário. Supostamente, as corridas eram alocadas ao motorista mais próximo disponível, mas não parecia ser o caso. Eles descobriram que o software automatizado usava perfis de motoristas, construídos a partir de uma nuvem de variáveis desconhecidas, para conectá-los a passageiros em tempo real. Alexandru achava perturbador ser mantido no escuro dessa forma. Gostaria de saber como estava sendo avaliado, para poder ao menos maximizar essas variáveis e conseguir mais trabalho. Por que a Uber podia usar seus dados para melhorar *seus* negócios, mas ele não podia usá-los para melhorar o próprio desempenho?

Meses depois, Alexandru recebeu um aviso automatizado da Uber, informando que havia sido sinalizado por atividade fraudulenta. Ele ignorou, supondo que fosse um erro. Duas semanas depois, recebeu um segundo aviso. Na terceira notificação, seria desligado da plataforma. Essas decisões eram comunicadas inteiramente por mensagens automatizadas. Ele não foi informado sobre a quem poderia recorrer para apelar ou esclarecer a situação.

Ele não fazia ideia do que poderia ter feito de errado. Sabia que a Uber, como muitas outras empresas da economia sob demanda, utilizava softwares de inteligência artificial — desde algoritmos de detecção de fraude até reconhecimento facial e outros métodos de perfil comportamental — para alocar corridas e checar, avaliar e punir seus motoristas. Mas Alexandru não sabia quais aspectos de seu trabalho eram definidos ou geridos por algoritmos nem que ações ou dados poderiam ser considerados fraudulentos. Como o software definia fraude?

Restava a ele o fardo de tentar adivinhar o funcionamento de um sistema computacional insondável. Teria sido naquela vez em que uma passageira estava atrasada e pediu para ser deixada num destino um pouco diferente? Ele concordou, por pena, mas talvez o algoritmo tenha interpretado como fraude? Ou teria sido quando houve um acidente na rodovia e ele precisou de mais de uma hora para contornar? Ele simplesmente não sabia.

Alexandru ligou para o suporte da Uber, mas o atendente estava tão desinformado quanto ele. "Diziam repetidamente: 'O sistema não pode estar errado, o que você fez?' E eu respondia: 'Bem, é por isso que estou ligando para vocês.'"

Suas opções eram esperar, aterrorizado, pela mensagem de desligamento ou procurar ajuda em um sindicato. O método do algoritmo de personalizar trabalho e salários colocava os trabalhadores uns contra os outros, convencendo-os de que eram células isoladas, em vez de parte de um corpo coletivo de seres humanos lutando conjuntamente contra um sistema computacional. Isso fazia Alexandru sentir-se impotente, como se não tivesse chance alguma. Ele não tinha uma comunidade em quem se apoiar.

Ele decidiu recorrer ao App Drivers and Couriers Union, sediado no Reino Unido, um coletivo de trabalhadores de aplicativos como ele, fundado por um ex-motorista da Uber chamado James Farrar. O sindicato assumiu seu caso, escrevendo para a empresa para explicar a situação e pedir que retirasse os alertas de fraude. Enquanto isso era resolvido, Alexandru parou de aceitar corridas. Manteve a conta aberta, mas tinha medo de perdê-la permanentemente. Em vez disso, voltou para seu antigo empregador, a empresa de entregas noturnas, assumindo turnos extras por lá.

Em outubro — três meses após a primeira alegação de fraude —, ele recebeu um pedido de desculpas da Uber, que alegou que seu sistema automatizado havia cometido um erro.[5] Sua conta foi liberada, mas ele não recebeu nenhuma explicação adicional. A Uber afirmou que, embora use processos automatizados para detectar fraudes, decisões de desligamento só são tomadas após revisão humana feita por funcionários da empresa. Para Alexandru, essa resolução oferecia pouco conforto porque ele ainda temia o dia em que tudo poderia se repetir.

"Eles usam software de inteligência artificial como se fosse um departamento de RH para motoristas. O sistema pode fazer você parar de trabalhar, pode encerrar seu contrato com a Uber, pode te custar a carteira de motorista", disse ele. "Isso é perigoso."

A forma como Alexandru decidiu reagir foi mais tradicional do que a de Armin: ele entrou na justiça contra a Uber, exigindo acesso aos seus dados pessoais e transparência sobre os algoritmos de cálculo de pagamento. Queria entender claramente como o algoritmo havia falhado em seu caso e o que havia sido feito para evitar que isso ocorresse novamente no futuro. Ele fazia parte de um grupo de cinco demandantes representados pelo sindicato, processando a Uber e outro aplicativo de transporte, a Ola Cabs, pelo acesso aos seus dados pessoais — especialmente aqueles usados como base para suspensões e penalidades salariais.

A decisão do tribunal de Amsterdã, onde está localizada a sede europeia da Uber, foi pioneira ao tratar dos direitos de trabalhadores submetidos à gestão algorítmica.

No processo contra a Ola Cabs, o tribunal concluiu que o aplicativo havia usado um sistema inteiramente automatizado para fazer deduções dos ganhos de um motorista, o que contraria as leis de proteção de dados que garantem às pessoas o direito à revisão humana de decisões automatizadas.[6]

Em uma decisão separada, o tribunal ordenou que a Uber fornecesse aos requerentes os dados pessoais que detinha sobre eles, especificamente as informações usadas para bloqueá-los do aplicativo. Também exigiu que a Uber desse aos motoristas acesso às avaliações individuais anonimizadas de seu desempenho, em vez de apenas fornecer a média das notas ao longo de várias corridas.

O tribunal, no entanto, deu razão à empresa quanto à transparência algorítmica. Não exigiu que a Uber divulgasse mais informações sobre como os preços são calculados ou como os motoristas são sinalizados por fraude, e também rejeitou as alegações dos motoristas de que a Uber não exercia supervisão humana significativa em seus processos de alocação de trabalho e suspensões.

Essa foi uma das primeiras interpretações legais da zona cinzenta entre decisões humanas e decisões de IA, um passo crucial na tentativa de esclarecer os direitos dos trabalhadores de aplicativo. Mas, para mim, a decisão ainda ficou aquém no quesito empoderamento dos trabalhadores. Sem acesso aos cálculos feitos pelos sistemas de aprendizado de máquina da Uber, trabalhadores inocentes continuariam sem ter como evitar cair novamente nas armadilhas de uma computação falha.

As razões por trás do que aconteceu continuam sendo um mistério para Alexandru. "É como se você encontrasse um aviso deixado sobre sua mesa pelo seu chefe, mas ele é inacessível e, se você bate à porta dele para esclarecer... ele não te diz o que é. Você se sente visado, discriminado", disse.

Atualmente, Alexandru continua trabalhando para a empresa, sob os termos dela, ao mesmo tempo em que segue apelando por seus direitos de acesso a dados por meio do sindicato e nos tribunais — incluindo o pedido por dados mais detalhados sobre seu trabalho. Esse é o sustento principal de sua família, que agora inclui uma filha recém-nascida, enquanto ele conclui um curso de direito.

Até lá, ele diz: "A vida continua. Você tem que seguir trabalhando. Você é apenas uma pessoa sentada em um carro, esperando o aviso sonoro no celular que diz para onde ir."

**

David Mwangi Thuo foi atraído para a Uber porque, em sua cidade natal, Nairóbi, parecia ser um trabalho urbano e sofisticado, um degrau acima de dirigir um *matatu* (vans de transporte coletivo) ou uma moto, como fazia anteriormente como faz-tudo.

Ele gostava do fato de haver uma tarifa fixa e de não precisar negociar com os clientes, e de que o aplicativo, em vez de um patrão, lhe dava mais controle sobre quando trabalhar. Também estava de olho no futuro. "A Uber é internacional", disse-me. "Se eu sair do país e for para algum lugar como o Canadá, para pastos mais verdes, posso trabalhar para a Uber."

Quatro anos depois, David sente que precisa sair. "Você pode dizer que sou autônomo, que não tenho patrão. Mas, a não ser que eu trabalhe o tempo todo, dia e noite, não consigo ganhar dinheiro. Pelo menos, com uma empresa em que você é empregado, dá para saber o que esperar. Pode planejar seu futuro", disse.

"O que mudou?", perguntei.

"As tarifas estão muito baixas. Eles reduziram os preços por causa da concorrência com a Bolt", explicou, referindo-se a uma concorrente da Uber que entrou recentemente no mercado queniano. "Tenho que pagar seguro, manutenção, combustível e ainda tenho as minhas contas." Desde a escalada da guerra entre Ucrânia e Rússia no início de 2022, David afirma que os preços do combustível subiram de cerca de 96 para 180 xelins por litro. Quando entrou para a Uber, a empresa ficava com cerca de

15% de comissão por corrida, segundo ele. Agora, de acordo com vários motoristas com quem conversei em Nairóbi, a empresa fica com cerca de 25% dos rendimentos dos motoristas, em média.[7]

"O que está permitindo que a gente continue trabalhando agora é uma tecnologia polonesa, que gera gás mais barato. É gás de cozinha, GLP", diz David. Custa cerca de 100 xelins por litro, o que torna dirigir para a Uber mais viável.

David às vezes aluga seu carro para outros motoristas de aplicativo, cobrando uma taxa fixa de 10 mil xelins (cerca de 67 libras esterlinas) por semana. Ele assume os custos de manutenção, mas os motoristas pagam pelo combustível. "Mas [o motorista] tem que trabalhar muitas horas. Em um bom dia, pode ganhar 1.500 xelins, mas, em um dia ruim, apenas mil", diz. "Você não pode dizer que tem um salário; está apenas dirigindo para sobreviver. Não quero pedir dinheiro emprestado para pagar o aluguel ou comprar comida."

Segundo ele, pelo menos cinquenta amigos já deixaram a atividade porque simplesmente não dava para viver com o que ganhavam.

"Estamos todos passando por dificuldades."

Indo para Karura

Os sistemas de trabalho baseados em IA são projetados para manter os motoristas separados, incentivando-os a competir de forma agressiva. Muitos aplicativos — incluindo Instacart, Lyft e Uber nos Estados Unidos, Deliveroo na Europa e Meituan e Ele.me na China — transformam a vida dos trabalhadores em jogos, com softwares que os empurram para certas áreas ou tipos de corrida e concedem pontos e medalhas por pontualidade ou por manter uma alta nota nas avaliações. À medida que o trabalho se transforma em competição, o sustento vira o prêmio.

Para expressar o descontentamento com essa situação, os trabalhadores começaram a inventar um vocabulário criativo para descrever o trabalho mediado por IA. Entregadores de comida mexicanos e guatemaltecos em Nova York, por exemplo, chamam o algoritmo do aplicativo de *patrón fantasma* — um patrão fantasma que espiona e calcula constantemente formas de extrair mais deles.

Na Indonésia, motociclistas usam aplicativos de terceiros conhecidos como *tuyul* — pequenos truques e artimanhas como falsificação de GPS ou até versões do UberCheats que ajudam a contornar as regras arbitrárias do algoritmo e a recuperar um pouco de controle. A palavra *tuyul* refere-se a um espírito infantil mítico do folclore indonésio que rouba em nome de seu dono humano. Na China, os trabalhadores de aplicativo chamam de "cláusulas despóticas" ou 霸王条款 as regras impostas unilateralmente pelas plataformas, como por exemplo os cálculos salariais.

Os efeitos debilitantes da gestão por IA geraram um efeito colateral inesperado: em alguns lugares, fortaleceram a agência humana, a colaboração e a resistência.

Em Pittsburgh, motoristas às vezes trocam informações em um grande estacionamento nos arredores do aeroporto ou em frente a restaurantes movimentados como McDonald's ou KFC, onde o tempo de espera é longo, elaborando estratégias empreendedoras para fazer os algoritmos trabalharem a seu favor, como Armin.

Em Nairóbi, motoristas costumam ser vistos conversando em lava-rápidos e estacionamentos de shoppings nas áreas mais nobres da cidade. Em Jacarta, motoristas do Gojek, aplicativo de entregas por motocicleta, descansam em bases informais: barracas de macarrão de rua com tomadas para carregar o celular.[8] Motoristas bem avaliados do Gojek não apenas compartilham dicas para maximizar ganhos: eles as vendem como negócio. Conhecidos como "serviços de terapia", esses trabalhadores assumem as contas de outros usuários e supostamente "treinam" os algoritmos, passando alguns dias aceitando e recusando corridas de acordo com as preferências de seus clientes, para que o motorista consiga imprimir seus próprios desejos na memória opaca do aplicativo.[9]

Quem não pode se reunir fisicamente encontra-se on-line: páginas no Facebook, grupos de WhatsApp e fóruns no Reddit se tornaram verdadeiras rádios-corredores, em que os trabalhadores compartilham queixas, truques para manipular algoritmos e outras formas de retomar o controle. Em Manchester, um grupo de motoristas do Deliveroo no WhatsApp compartilhava informações sobre restaurantes com longas esperas e áreas perigosas, além de coordenar protestos em toda a cidade.[10] Na China, grupos de WeChat se tornaram sindicatos informais e terapêuticos.[11]

Num fórum do Reddit voltado principalmente para trabalhadores de aplicativos nos Estados Unidos, as postagens ilustram as maneiras pelas quais esses trabalhadores vêm encontrando caminhos para resistir.

"Oi, pessoal", escreveu uma pessoa. "Obrigado a todos pelas contribuições, isso me animou e me ajudou a desenvolver o produto viável mínimo. Chamei de *Driverside*. Construí isso com um amigo da Microsoft, então ainda há muito o que melhorar! Gostaria bastante de receber o feedback de vocês!"

Esse trabalhador havia criado um protótipo de aplicativo para iPhone que automatiza a aceitação de ofertas de entrega com base nas preferências do motorista, evitando que ele precise calcular o tempo todo se cada oferta vale a pena.

"Acredito que isso pode trazer mais controle para os entregadores. É só o começo! Me digam o que acharam!"

Um usuário respondeu: "Eu pagaria centenas de dólares por um app que recusasse consistentemente os pedidos em todos os principais aplicativos de entrega, com filtros que eu pudesse personalizar (tipo recusar todos os pedidos da GrubHub a mais de 60 quilômetros de distância ou recusar todos os da Uber no Walmart ou todos os da DoorDash por menos de 6,50 dólares)."

Outros reclamaram de falhas algorítmicas, como as tecnologias de reconhecimento facial com viés racial.

"Basicamente, como muitos antes de mim, minha conta foi desativada porque... o sistema não conseguiu verificar que era eu. É muito, muito idiota. Tentei perguntar por que minha foto não era boa o suficiente e recebi uma resposta automática dizendo que meu recurso foi negado", compartilhou um usuário queixoso. "Olhei no Reddit e, aparentemente, centenas de pessoas tiveram o mesmo problema. Então, perdi uma parte significativa da minha renda só porque tirei uma foto ruim de mim mesmo e não há ninguém que possa me ajudar com um problema tão simples de verificação."

Outros ainda compartilharam estratégias para manipular o algoritmo de alocação de tarefas:

"Só se certifique de recusar antes de aceitar a oferta. Se você aceitar e depois aparecer uma melhor em outro app, e você desistir da entrega da DoorDash, isso prejudica sua taxa de conclusão. Acho que precisa manter pelo menos 80% de conclusão."

A forma de resistir, eles estavam descobrindo, era enfrentar os algoritmos coletivamente.

**

Uma nova linguagem também tem surgido em torno dos movimentos de resistência. No Reino Unido, entregadores da Deliveroo cunharam o termo composto *slaveroo* (mistura de "slave", escravo, com Deliveroo), que usavam junto a um emoji customizado no qual o canguru, mascote da Deliveroo, podia ser visto acorrentado por um dos pés a uma bola de ferro.[12] Nos Estados Unidos, motoristas adotaram a hashtag #DeclineNow durante um protesto digital que incentivava os trabalhadores a rejeitar, no atacado, as corridas oferecidas.[13] Em Nairóbi, trabalhadores de aplicativos lançaram em 2018 um movimento de protesto chamado *going Karura* [indo para Karura], em que ficavam totalmente desconectados dos apps por um dia inteiro, tornando-se digitalmente invisíveis.[14] "Karura" fazia referência a um esconderijo florestal em Nairóbi onde insurgentes Mau Mau se abrigaram durante uma rebelião contra o domínio britânico nos anos 1950. A expressão era um grito de resistência anticolonial.

O aumento da adoção de sistemas de IA no trabalho tem obrigado os trabalhadores a se unirem. Jogar uns contra os outros, em adição aos sistemas opacos que controlam a alocação de tarefas e a remuneração, aliena-os.[15] Os sistemas de IA deixam pouco espaço para negociação. Trabalhadores de aplicativos — assim como anotadores de dados e moderadores de conteúdo — estão se preparando para retomar sua autonomia.

Na última década, a comunidade de trabalhadores de aplicativos deixou de ser formada principalmente por estudantes ou pessoas com empregos de meio período buscando uma renda extra, e passou a incluir imigrantes, migrantes rurais, mulheres e idosos que dependem desses trabalhos para sustentar a si mesmos e às suas famílias.

Em Londres, por exemplo, nove em cada dez motoristas da Uber não são brancos, e a maioria depende do app como fonte principal de renda.[16] Nas duas maiores plataformas de entrega de comida da China, 70% dos entregadores são migrantes, ex-trabalhadores fabris.[17] E nas maiores plataformas de entrega da Argentina, Rappi e Glovo, 67% dos trabalhadores são venezuelanos chegados recentemente, com status de residência não permanente.[18]

Para esses trabalhadores, o custo de se rebelar é muito alto. Como Armin percebeu, quanto mais seus colegas dependiam das plataformas para viver, mais provável era que permanecessem em silêncio. Por serem mantidos em isolamento pelas próprias plataformas — tanto fisicamente, em seus veículos, quanto simbolicamente —, seu poder de negociação coletiva é bastante reduzido.

No entanto, à medida que a força de trabalho se torna mais precária, cresce a necessidade de mais proteções trabalhistas.

Coletivos de trabalhadores como a Driver's Seat Cooperative, sediada em Portland, Oregon, têm tentado unificar e ampliar o que Armin fez da sua própria cozinha. Seu objetivo é ajudar a reequilibrar o poder das corporações com o maior ativo dos trabalhadores: seus dados pessoais.

Esse é um filão garimpado pelas empresas de aplicativos, mas negado aos trabalhadores. "O ponto de partida foi ouvir os motoristas falando sobre a sensação de estarem sendo manipulados pelo algoritmo", disse Hays Witt, diretor executivo da cooperativa, em entrevista.[19]

Até agora, mais de 40 mil trabalhadores, principalmente em Los Angeles, Portland e Denver, se inscreveram e compartilharam dados sobre seus rendimentos, quilometragem percorrida, horas de atividade e outras informações coletadas de aplicativos como Uber, Lyft, DoorDash e Instacart.[20] Esses dados abrem uma janela para o funcionamento interno dos sistemas dos apps e ajudam a treinar os próprios algoritmos da cooperativa, que podem então analisar padrões e orientar os trabalhadores sobre como lucrar mais e se estão sendo compensados de forma justa.

Em Londres, James Farrar liderou um movimento de resistência contra os aplicativos de entrega baseados em IA, que se espalhou do Reino Unido para o resto do mundo. Fui encontrá-lo em seu escritório em Aldgate East. Foi ali, numa noite de sexta-feira, alguns anos antes, que Farrar — então recém-iniciado como motorista de fim de semana da Uber — teve um desentendimento com passageiros bêbados. O episódio o abalou e, ao reclamar com a Uber, ele percebeu que não tinha proteção legal.

A razão, segundo a empresa, era que ele não era um empregado, mas sim um autônomo. Farrar, no entanto, não se sentia assim — era a Uber quem decidia quais corridas ele faria, quanto ganharia e se seria ou não desligado. Foi assim que iniciou uma campanha legal que já dura uma década em defesa dos direitos dos trabalhadores de aplicativo.

"Toda essa área é simbólica... este é um parque histórico, o Altab Ali Park", disse Farrar, apontando para o gramado visível da janela do escritório que ele aluga num espaço de coworking. O parque leva o nome de Altab Ali, um trabalhador bengalês da indústria têxtil assassinado nas proximidades em um ataque racista nos anos 1970.[21] A morte de Ali tornou-se um marco, provocando protestos por toda a cidade. Seu caixão foi levado em cortejo até Westminster. "Este parque é dedicado a ele, carrega a história do movimento trabalhista", disse Farrar.

Foi também no Altab Ali Park que o coorganizador de Farrar, Yaseen Aslam, reuniu os primeiros protestos de motoristas da Uber, alguns verões antes. "Ninguém tinha dinheiro para alugar uma sala. E, depois das seis da tarde, o estacionamento aqui é gratuito. Então, nas noites de verão, Yaseen organizava reuniões sindicais neste parque", contou Farrar. "E o mais irônico é que o escritório da Uber fica logo ali, naquela esquina."

Acomodei-me para ouvir a história de Farrar, olhando para o prédio da Uber. Irlandês, ex-engenheiro de software da SAP, Farrar decidiu que era hora de mudar o setor. Fundou o App Drivers and Couriers Union, que apoiou Alexandru Iftimie em sua denúncia contra os sistemas automatizados de detecção de fraude. Mais tarde, fundou a organização sem fins lucrativos Worker Info Exchange, que luta por maior posse dos dados dos trabalhadores e por transparência nas decisões algorítmicas que afetam suas vidas, incluindo quanto ganham e se continuam empregados. Farrar ajudou a reunir membros de sindicatos e trabalhadores de aplicativos de 23 países, que juntos criaram um manifesto global de reivindicações, incluindo o pedido por mais transparência nas decisões tomadas por algoritmos.

"Os algoritmos são a principal ferramenta para o controle dos trabalhadores", disse-me Farrar. Ele havia acabado de sair do julgamento de Iftimie no Tribunal Superior de Amsterdã, que obrigou a Uber e a Ola a divulgar parte dos dados usados por seus algoritmos para reduzir salários e dispensar trabalhadores.

Farrar tem estado à frente de uma série de disputas judiciais em prol dos direitos dos trabalhadores de aplicativos na Europa, incluindo o Reino Unido. Em fevereiro de 2021, seis anos após o conflito original ocorrido dentro de seu carro, sua mobilização finalmente deu resultado: em uma decisão histórica, a Suprema Corte do Reino Unido determinou que os motoristas da Uber deveriam ser tratados como empregados, com direito a salário mínimo, licença médica e aposentadoria — em vez de trabalhadores autônomos, como a Uber alega que são em todo o mundo.[22] Pela primeira vez, os trabalhadores puderam acessar direitos trabalhistas válidos para qualquer outro setor, como licenças médicas e férias, em vez de se sentirem excluídos ou impotentes. Essa decisão inspirou sentenças semelhantes no Canadá, na Suíça e na França.[23]

"Quando começamos a contestar decisões automatizadas com base em reconhecimento facial, verificação de localização e acusações de fraude, houve muito trabalho jurídico em torno disso", disse Farrar. O debate central agora é mais amplo: essas decisões são completamente automatizadas? E, se não são, qual é o grau de intervenção humana que empresas como a Uber aplicam? "Mas onde elas ficam encurraladas é nas decisões [de IA] sobre alocação de trabalho e pagamento, porque aí não pode haver intervenção humana. Tudo acontece em tempo real", ele explicou. "E é aí onde mora a luta agora."

O trabalho de Farrar no Reino Unido inspirou ecos de rebelião ao redor do mundo. Cerca de metade dos trabalhadores de aplicativos em escala global agora pertence a algum grupo ou sindicato formal, ou já participou de alguma ação coletiva por seus direitos, segundo uma pesquisa recente com quase 5 mil trabalhadores.[24] Entre os entregadores de comida, esse número subiu para 59%.[25]

Esses sindicatos têm natureza hiperlocal. No Brasil, trabalhadores formaram os Entregadores Antifascistas; no México, o grupo Ni un Repartidor Menos ("Nem um entregador a menos"); na África do Sul, existe o coletivo The Movement; e, na Nigéria, o Sindicato Nacional de Profissionais de Transportes por Aplicativo, que já conta com 10 mil membros da Uber e da Bolt.

Na China, onde sindicatos independentes são ilegais, os trabalhadores têm se organizado informalmente por meio de grandes grupos no WeChat, como a Knights League, nos quais também compartilham dicas, como áreas de entrega difíceis ou zonas de proibição.[26]

O que une todos esses movimentos é a rejeição coletiva à tirania do trabalho controlado por IA. Os protestos contra a Uber, em Nairóbi, e contra a Meituan, em Shenzhen, foram ambos motivados por mudanças arbitrárias na forma como os softwares dos aplicativos calculavam a remuneração.[27]

"Essa é toda a questão da 'invisibilidade' da gestão algorítmica. Quais são as regras? O que estamos infringindo? Como podemos saber?", disse Farrar. "A questão é a seguinte: eles não dizem quais são as regras, porque isso significaria admitir que estamos sendo geridos pelo algoritmo."

**

Minhas entrevistas com cerca de uma dúzia de trabalhadores de aplicativos em quatro países são uma gota no oceano de investigações sobre algoritmos e direitos trabalhistas. Mas, por trás desses relatos isolados, foi possível vislumbrar alguns padrões sombrios: primeiro, os efeitos de codependência entre os sistemas de IA e nossas vidas — como moldamos os algoritmos e como eles nos moldam. Armin, por exemplo, observou que os algoritmos de alocação da Uber o incentivavam a aceitar corridas de bairros mais ricos e a recusar pedidos menores, para que ele (e, consequentemente, a Uber) maximizassem a receita. Assim, comunidades abastadas recebiam suas entregas em até vinte minutos, enquanto comunidades mais pobres ficavam esperando por mais tempo.

Ainda mais evidentes eram os efeitos coloniais do trabalho mediado por IA. Mesmo nessa indústria diversa e fragmentada, havia uma hegemonia digital: um pequeno grupo de grandes empresas controlando uma força de trabalho global, composta por pessoas muitas vezes desesperadas, longe de casa e praticamente sem poder.

E, embora essas histórias sejam específicas dos trabalhadores de entrega por aplicativo, suas implicações vão muito além. Sistemas de IA estão sendo cada vez mais integrados a todos os tipos de locais de trabalho, de hospitais a centros de distribuição da Amazon, escolas, lojas e casas de repouso.

Conversei com Jess Hornig, terapeuta hospitalar e assistente social em Rhode Island, que descreveu como seu empregador, uma grande seguradora de saúde dos Estados Unidos, passou a usar software de IA para monitorar e tomar decisões sobre aumentos salariais e bônus de desempenho dos profissionais, com base em índices estatísticos de produtividade. "É 100% perverso", disse ela. "Houve imensa ansiedade e medo quanto ao modo como os trabalhadores da linha de frente seriam avaliados e se estavam à altura."

A ascensão da IA generativa — softwares capazes de criar textos e imagens semelhantes àqueles feitos pelos humanos — normalizou o uso de inteligência artificial nos ambientes de trabalho modernos. Estudantes têm usado ferramentas como o ChatGPT para redigir currículos e cartas de apresentação, enquanto advogados a utilizam para rascunhar contratos. Ao mesmo tempo, a IA começa a *substituir* empregos tradicionalmente humanos como dublagem, design gráfico e atendimento ao cliente.

Com essa transição rumo à automação, as questões sobre os direitos dos trabalhadores tornam-se ainda mais cruciais. A dubladora Laurence Bouvard contou que empresas de IA vêm sistematicamente roubando vozes, interpretações e aparências dela e de seus colegas, "treinando seus algoritmos com os nossos dados para criar um produto feito para nos substituir".

Ela acrescentou: "Pelas leis atuais, nós, artistas, não podemos fazer nada a respeito."

Como me disse Alexandru Iftimie: "Todo mundo se sente seguro, acha que tem um bom emprego e que isso não vai afetá-lo... Só os pobres motoristas da Uber é que sofrem. Mas essa inteligência artificial vai se espalhar. E ela vai atropelar todos nós."

CAPÍTULO 8
Seus direitos

À medida que decisões baseadas em algoritmos e inteligência artificial generativa se entrelaçam de maneira cada vez mais profunda em nossas vidas cotidianas, pessoas que se viram prejudicadas por esses sistemas começam, enfim, a exigir reparação. Ainda hoje, esses mecanismos automatizados são, em grande parte, invisíveis e opacos. Na maioria das vezes, aqueles que são afetados por eles não compreendem como estão sendo impactados. Quando entendem, raramente conseguem descobrir como essas tecnologias operam, pois continuam não regulamentadas e escondidas. Em muitos casos, a vulnerabilidade de comunidades formadas por trabalhadores de baixa renda, imigrantes, pacientes médicos ou pessoas não brancas dificulta ainda mais que se encontrem caminhos para contestar o uso desses sistemas fechados.

Por essas mesmas razões, também é raro encontrar reportagens que investiguem os efeitos dos sistemas de IA. Indivíduos prejudicados por decisões algorítmicas frequentemente hesitam em relatar suas experiências. Helen Mort, a poetisa que descobriu pornografia deepfake com sua imagem; Diana Sardjoe, a mãe de jovens avaliados por um algoritmo de predição criminal; e Alexandru Iftimie, o motorista da Uber, foram das primeiras pessoas que encontrei dispostas a se manifestar para promover mudanças em relação a esses sistemas opacos, muitas vezes em prejuízo próprio.

Com o tempo, conheci mais desses combatentes. Estive com Sarah Meredith, uma britânica de 32 anos — receptora de um transplante de fígado —, que, com sua família, luta contra o que considera ser um algoritmo injusto de alocação de órgãos. Conversei com Rick Burgess, membro da Coalizão de Pessoas com Deficiência de Manchester, que entrou com uma ação judicial contra o Departamento de Trabalho e Pensões do governo britânico — órgão responsável pelo pagamento de benefícios — para obter mais informações sobre um algoritmo que identificava suspeitas de fraude no recebimento desses auxílios. Ele acreditava que o sistema era discriminatório e carecia de supervisão humana significativa.

Em todos esses casos, o cerne da questão não era simplesmente que os algoritmos fossem enviesados ou prejudiciais para minorias (essas coisas são mais difíceis de provar), e sim como expunham como esses sistemas eram velados e obscuros para as próprias pessoas sobre as quais eram aplicados. A maneira como esses algoritmos são implementados e regulados tornou-se, cada vez mais, uma questão de direitos humanos.

Foi exatamente por isso que Cori Crider, advogada de direitos humanos com longa trajetória, acabou se envolvendo nessa luta, muitos anos depois de uma carreira dedicada à defesa de prisioneiros políticos em Guantánamo.

Cori, uma texana de fala rápida radicada em Londres, sempre acreditou que não havia desequilíbrio de poder maior do que o existente entre um detento de Guantánamo e o Departamento de Defesa dos Estados Unidos, que o mantinha preso sem acusação formal nem julgamento.

Em 2019, no entanto, esbarrou numa comunidade oculta: moderadores de conteúdo que trabalhavam para gigantes das redes sociais como a Meta. E encontrou ali paralelos surpreendentes e perturbadores.

Cori entrevistou mais de uma centena de moderadores do Facebook, Instagram e TikTok — incluindo Daniel Motaung, da Sama, empresa terceirizada no Quênia — cuja função era limpar o esgoto tóxico das redes sociais e treinar sistemas de inteligência artificial para automatizar esse trabalho. Ela viajou a Varsóvia, Cracóvia, Nairóbi e Dublin, cidades onde a Meta terceirizava esses serviços, e conversou com trabalhadores sob a condição de anonimato.

Por meio dessas entrevistas, Cori conheceu o fluxo de conteúdo que esses moderadores precisavam consumir regularmente: imagens de decapitações, massacres, terrorismo, violência sexual e abuso infantil.

Cori conhecia bem o Transtorno de Estresse Pós-Traumático. Estava acostumada a falar com cativos políticos sequestrados, espancados ou alimentados à força. Quando conversou com moderadores que demonstravam traumas visíveis, aquilo a remeteu ao tempo em que se sentava diante dos prisioneiros de Guantánamo. Claro que ela sabia que não era exatamente a mesma coisa, mas havia uma ressonância — os tipos de flashbacks que descreviam, os episódios de violência que se repetiam em suas mentes e que não conseguiam apagar. Nunca lhe ocorrera, antes de descobrir esse ramo, que bastaria ver imagens violentas na tela, analisá-las detalhadamente por horas, para se desenvolver TEPT. Depois das conversas que teve, contudo, isso lhe pareceu absolutamente evidente.

Ela testemunhou como os elementos mais lucrativos dos produtos do Vale do Silício — como os algoritmos de recomendação no feed principal do Instagram, do TikTok ou na aba "Para Você" do X — são muitas vezes construídos sobre os ombros dos mais vulneráveis: jovens pobres, mulheres e trabalhadores migrantes cuja permanência no país depende do emprego. Sem o trabalho dos moderadores de conteúdo terceirizados, esses feeds seriam simplesmente inviáveis, tóxicos demais para que a sociedade pudesse consumi-los com a mesma voracidade.

Não era apenas a natureza do conteúdo que causava problemas — eram as condições de trabalho, essa reconfiguração do trabalhador humano como um autômato que, ao mesmo tempo, treina a IA para substituí-lo. Os moderadores eram obrigados a processar centenas de conteúdos por dia, independentemente do grau de toxicidade. Precisavam assistir aos vídeos com atenção a detalhes para determinar intenção e contexto, ampliando imagens desagradáveis de ferimentos ou partes do corpo para classificá-las. Supostamente, recebiam uma avaliação a cada 15 ou trinta minutos, que deveria manter-se constante em um índice arbitrário de 98%. O volume, a velocidade e a pressão sob os quais precisavam operar eram esmagadores.

Sobre tudo isso pairava uma cultura de sigilo e um clima de medo, muito semelhantes ao ambiente da segurança nacional com o qual Cori lidara no passado. Clientes como a Meta exigem, com frequência, que os trabalhadores assinem acordos de confidencialidade que os proíbem de falar com qualquer um, inclusive parentes ou advogados. Cori já estava acostumada ao fato de o governo dos Estados Unidos considerar "sigiloso" tudo que se relacionava aos seus clientes de Guantánamo —

até o que comiam no almoço —, como parte de uma estratégia de desumanização. Só que, também nesse caso, os moderadores do Facebook estavam presos a acordos rigorosos de silêncio que os impediam de se manifestar. Alguns acordos, elaborados pela empresa Accenture em nome do Facebook, exigiam que os trabalhadores reconhecessem que o trabalho poderia causar TEPT — e isentassem tanto a Accenture quanto o Facebook de qualquer responsabilidade por danos à saúde mental.[1]

Esses contratos faziam com que as pessoas tivessem medo até de confiar umas nas outras, impedindo a formação de vínculos e de núcleos de negociação coletiva. "Eles tinham dificuldade até para falar comigo, enquanto advogada. Isso é simplesmente errado", disse Cori.

Uma flor silvestre que pode curar ou matar

Em seu antigo trabalho como advogada de litígios públicos na ONG Reprieve, Cori tinha se acostumado a enfrentar um inimigo claro e tangível: o Estado. Em Guantánamo, sua tarefa era clara: descobrir como tirar seu cliente da cela onde estava confinado. As situações-limite dali eram resultado de uma brutalidade "visível e de peito estufado", como ela chamou.

Como parte de sua atuação, também conheceu sobreviventes de ataques de drones no Iêmen e no Paquistão, além de funcionários do governo norte-americano, e descobriu que a forma do oponente estava em mutação. A partir de suas histórias, ela reparou no crescimento da coleta de dados clandestina e dos algoritmos de direcionamento na segurança e na defesa nacionais. A análise de dados se tornava cada vez mais central para a vigilância e a ação militar. Com o tempo, descobriu que não conseguia parar de pensar nesses algoritmos vorazes por dados e baseados em aprendizado de máquina e em seus criadores, atores corporativos que pareciam operar de forma antitética em relação aos ideais liberais ocidentais da autodeterminação e liberdade. Como alguém de fora do mundo da tecnologia, Cori começou a se perguntar se as ferramentas preditivas baseadas em dados massivos, incluindo a IA, representavam um risco existencial à democracia e uma ameaça às nossas liberdades civis.

Assim que passou a enxergar o problema sob esse ângulo, começou a vê-lo em toda parte. Em sua forma mais extrema, havia algoritmos a serviço do Estado dirigindo remotamente atividades de espionagem, vigilância e até assassinatos. Mas a presença deles era muito mais ampla do que isso. Nos Estados Unidos, na Ásia e na Europa, os governos testavam sistemas automatizados no judiciário, na educação, na saúde e no controle de fronteiras. No Reino Unido, onde Cori vive, o Ministério do Interior utiliza drones equipados com tecnologia de IA para patrulhar a costa em busca de botes infláveis transportando migrantes sem documentação.[2] Órgãos públicos com recursos limitados, como o Departamento de Trabalho e Pensões, procuram adotar softwares de reconhecimento de padrões para tomar decisões a respeito de benefícios sociais,[3] assim como a Microsoft e o governo local haviam feito em Salta, na Argentina.

No setor privado, Cori observava os efeitos esmagadores e desumanizantes da gestão por dados e inteligência artificial sobre entregadores de aplicativos e trabalhadores dos armazéns da Amazon.

Apesar das evidências de danos generalizados, Cori encontrava pouca mobilização por parte da comunidade dos direitos humanos na época. Frequentava debates e eventos públicos sobre como enfrentar o poder das Big Techs ou como mitigar os danos causados pela IA, mas percebia que esses espaços eram ocupados, majoritariamente, por tecnólogos propondo soluções de software.

E ela se perguntava: onde estavam os ativistas e os advogados de direitos humanos lutando pelas pessoas feridas ou violadas pela tecnologia orientada por dados? Quem estava processando corporações pelo abuso de dados pessoais, pelos danos às comunidades causados por algoritmos de recomendação, ou pelo tratamento conferido a legiões de trabalhadores invisíveis envolvidos na produção desses produtos de IA — gente como Ian Koli, Daniel Motaung e Alexandru Iftimie?

Na experiência de Cori, o conflito é o motor da mudança social e ela via pouquíssimo disso no mundo da tecnologia. "O Jeff Bezos não vai ser acometido pela culpa entre suas séries de flexão de braço e seu pudim de chia matinal", disse ela. "É como Frederick Douglass dizia: o poder não cede nada sem ser exigido."

Assim, no verão de 2019, ela e duas colegas, Martha Dark e Rosa Curling, passaram algumas semanas num canto do escritório de outra amiga concebendo a ideia de uma nova organização de justiça legal, a Foxglove. O nome foi inspirado na dedaleira, uma flor silvestre que pode curar ou matar, dependendo da dose. A missão era usar ferramentas jurídicas para exigir responsabilização por tecnologias como big data e inteligência artificial — e recuperar a autonomia dos indivíduos.

Hoje, a Foxglove representa moderadores de conteúdo de redes sociais, trabalhadores de armazéns da Amazon e motoristas da Uber. A equipe de Cori processou a Meta em nome de vítimas de violência étnica na Etiópia, que culpam os algoritmos das redes sociais por contribuírem para os assassinatos. Ela também atua contra a automação do sistema de bem-estar social no Reino Unido e em defesa da transparência no uso de dados pelo sistema de saúde pública britânico, o NHS.

Cori não está sozinha — ela faz parte de uma corrente crescente de pessoas que, em todo o mundo, lutam para recuperar sua agência coletiva diante de sistemas opacos de IA, defendendo o uso ético de tecnologias baseadas em grandes volumes de dados. Sua história oferece um vislumbre do que significa ser um neoludita: alguém corajoso o suficiente para enfrentar algumas das entidades mais poderosas da história da civilização.

**

Quando fundaram a Foxglove, em 2019, Cori e as colegas eram declaradamente idealistas quanto a seus objetivos. A Foxglove lutaria pelos direitos das "pessoas comuns" aprisionadas por sistemas automatizados. E usariam os mecanismos democráticos e judiciais com este fim. Até o momento, todos os seus casos se concentraram em pessoas prejudicadas por tecnologias orientadas por dados.

Em 2020, por exemplo, ganharam notoriedade com duas ações judiciais contra o uso injusto de algoritmos pelo governo britânico. A primeira foi contra o Ministério do Interior, por conta de um algoritmo secreto de concessão de vistos, que elas acreditavam discriminar candidatos com base na nacionalidade.[4] O software era usado para classificar pedidos de visto em diferentes níveis de prioridade, de acordo com graus de risco. Pela maneira como separava as nacionalidades, a Foxglove o apelidou de "embarque prioritário para brancos".[5] O Ministério do Interior preferiu não divulgar detalhes sobre o funcionamento do sistema nem enfrentar o processo. Decidiu suspender o algoritmo e concordou em reformular o modelo.

Meses depois, em agosto de 2020, a Foxglove desafiou o uso de um algoritmo amplamente criticado, empregado para atribuir notas aos estudantes britânicos no fim da escola secundária, após o cancelamento das provas nacionais por causa da pandemia de covid-19.[6]

O sistema, implementado pela Ofqual — órgão nacional que supervisiona os exames na Inglaterra —, usava dados dos históricos de cada escola para calcular a distribuição das notas com base em desempenhos passados. Depois, ajustava os resultados para cima ou para baixo se os estudantes daquele ano parecessem melhores ou piores que os de anos anteriores, com base nos resultados do seu Certificado de Conclusão do Segundo Grau (GCSE).

Devido à forma como o sistema foi concebido, ele não levava em conta discrepâncias nem se ajustava às avaliações dos professores, inflando notas de disciplinas cursadas por poucos alunos, geralmente em escolas particulares. O resultado geral rebaixava milhares de alunos, em particular aqueles de escolas com histórico de desempenho inferior, por conta de distorções nos dados anteriores.

A combinação de ameaças jurídicas feitas pela Foxglove e de protestos generalizados por parte dos estudantes — que cunharam o slogan "Fuck the algorithm" — obrigaram o governo a abandonar o algoritmo e adotar as avaliações dos professores como critério.[7]

Mas não se trata apenas de governos. Paralelamente, a Foxglove vem se preparando para um embate com o Vale do Silício. De Mianmar a Mumbai e Melbourne, as plataformas de tecnologia tomam diariamente decisões políticas, éticas e culturais em nome de bilhões de usuários ao redor do mundo. E, na maioria das vezes, fazem isso a partir de sua posição privilegiada nos Estados Unidos. Nos países em desenvolvimento, em particular, essas plataformas mediadas por algoritmos criaram suas próprias bolhas de trabalho, definiram os limites da internet, confrontaram leis locais, estabeleceram regras para a liberdade de expressão e, em alguns casos, facilitaram violência política, guerras e genocídios.

À medida que mergulhava mais fundo no universo da tecnologia, Cori passou a compreender melhor quem estava enfrentando. Ela constatou que um complexo industrial onipotente formado por corporações americanas, conhecido genericamente como Big Tech, havia acumulado poder e informações que fariam inveja a muitos Estados. "Sociedades de responsabilidade limitada: o truque está no nome", disse ela. Havia tão poucos limites sobre esse poder que, para ela, enfrentá-las parecia uma tarefa mais difícil do que responsabilizar governos democráticos.

Recentemente, ela havia lido dois livros que ajudaram a colocar tudo em perspectiva histórica: *The Anarchy*, de William Dalrymple, sobre a ascensão da Companhia das Índias Orientais, e *All the Shah's Men*, do jornalista Stephen Kinzer, sobre o papel da Anglo-Iranian Oil Company no golpe iraniano de 1953. "Era quase impossível saber onde terminava o Estado e começava a empresa", disse Cori. "É fascinante como o Estado simplesmente se alinha às políticas das companhias."

Ela sentia que os cidadãos contemporâneos vinham sendo explorados de forma semelhante, dentro de um sistema extrativista comandado por aqueles com maior domínio tecnológico. E achava que os mais marginalizados entre nós eram os mais expostos aos danos causados pelas novas configurações do poder global.

Quando os algoritmos provocam violência

Em dezembro de 2022, a Foxglove — junto a outras seis organizações de direitos humanos — apoiou o primeiro conjunto de ações judiciais alegando que algoritmos podem amplificar discursos de ódio e contribuir diretamente para episódios reais de violência e morte. O primeiro requerente foi Abraham Meareg, pesquisador etíope da Anistia Internacional. A família de Abraham é de origem tigrínia, uma minoria étnica da região de Amhara, na Etiópia, onde os dois grupos estão envolvidos em um sangrento conflito civil. O pai de Abraham, Meareg Amare, professor de química, foi assassinado a tiros em novembro de 2021, em frente à sua casa, por uma turba que o perseguia por causa de sua etnia.

No mês anterior, ele havia sido alvo de uma série de publicações falsas no Facebook, acusando-o de ter vendido bens roubados da universidade onde trabalhava. Abraham, seu filho, chegou a solicitar à plataforma que removesse os posts virais, temendo pela segurança do pai, mas não obteve resposta. Um mês após o assassinato, foi notificado pelo Facebook de que uma das publicações, compartilhada com até 50 mil pessoas, havia sido removida. Solicitante de asilo nos Estados Unidos, Abraham mais tarde declarou que responsabilizava o Facebook pela morte do pai, de motivação étnica, tanto pela forma como seus algoritmos ajudaram a disseminar o discurso de ódio e a desinformação quanto pela lentidão da empresa em remover os conteúdos prejudiciais.

O segundo requerente foi o ex-pesquisador da Anistia Internacional Fisseha Tekle, que havia reunido outros exemplos de posts no Facebook diretamente ligados a assassinatos com motivação étnica. Tekle também afirmou que ele e sua família sofreram abusos por causa do trabalho que desenvolvia relacionado à plataforma. Ele se mudou para o Quênia e disse que não poderia retornar à Etiópia, pois temia por sua vida.[8]

Embora o cerne do problema estivesse nos algoritmos do Facebook, que fomentavam um frenesi de ódio on-line, Cori acreditava que as consequências violentas também estavam ligadas às condições de trabalho nas operações da Meta em Nairóbi, onde moderadores como Daniel eram obrigados a consumir conteúdo gráfico e tóxico enquanto trabalhavam para a empresa terceirizada Sama, responsável também por moderar o discurso de ódio etíope. A falta de investimento na moderação de conteúdo em idiomas africanos e as péssimas condições de trabalho também contribuíam, em sua visão. Conteúdo de ódio permanece mais tempo on-line em países não ocidentais do que em mercados de língua inglesa, o que ajuda a incitar multidões em lugares como a Índia e Mianmar.[9]

Os requerentes exigiam que a Meta modificasse seus algoritmos para deixar de recomendar conteúdo que incitasse à violência e que criasse um fundo de indenização para vítimas no valor de 1,6 bilhão de dólares.

"Se vencermos, será o primeiro caso a enfrentar diretamente os algoritmos de recomendação e a discriminação sistêmica contra mercados não anglófonos", disse Cori na véspera do anúncio do caso de Abraham, que ainda está em andamento.

A batalha que ela trava é inédita: será possível obrigar empresas de tecnologia a reescrever seus algoritmos multibilionários em nome do bem coletivo?

Inteligência artificial sem freios

Para a maioria das pessoas que a conhecem, Cori parece dona de uma confiança inabalável em si mesma. Quem está no meio de uma briga com certeza gostaria de contar com ela a seu lado. Mas no decorrer dos meses em que nos encontramos, às vezes a máscara caía. Quando um caso era encerrado sem embate, eu vislumbrava momentos de dúvida. Ela está ansiosa para ter seu dia no tribunal, para ver mudanças reais, o que frequentemente resulta em expectativas irreais e sentimentos de exaustão e frustração — algo que ela aborda em sessões com sua terapeuta.

Numa tarde recente, sentadas no café movimentado sob seu escritório, Cori refletiu sobre os quatro anos da Foxglove. Estava satisfeita com o que haviam realizado, mas também se sentia apequenada diante da dimensão do desafio. Levaram quase um ano apenas para protocolar o processo etíope em Nairóbi, quando ingenuamente imaginaram que conseguiriam fazê-lo em seis meses. "Protocolar um processo nunca pareceu tanto uma vitória", disse ela. "Quando as corporações projetam seu poder além-fronteiras, como essas empresas gigantes têm feito, é preciso elaborar argumentos... sobre *onde* elas devem ser responsabilizadas e por quê." As próprias leis precisam ser reinterpretadas antes que os casos possam sequer ser ouvidos. "Tem sido difícil."

No fim das contas, Cori quer ir além dos casos individuais e atacar o que enxerga como o problema estrutural: um poder desmedido que não presta contas a ninguém. E, segundo ela, o caminho para isso é a lei antitruste. As empresas gostam de pintar um falso dilema, segundo ela. Dizem: "Se você tentar regular nosso poder usando o Legislativo ou o Estado, então está num caminho sem volta rumo a se tornar a China." Mas ela está cansada da descarada tentativa de distração de tal argumento, a ideia de que reequilibrar o poder é o mesmo que criar uma internet censurada. Seu próximo desafio será enfrentar as Big Techs por meio da legislação de concorrência.

Esse, segundo Cori, era o objetivo original das políticas antitruste nos Estados Unidos. Elas não foram criadas como meros instrumentos técnicos de controle de preços, mas sim para manter o equilíbrio entre o poder dos cidadãos e o poder das corporações. "O poder corporativo em tamanha escala era visto como uma ameaça à democracia", disse ela.

Se as tecnologias que monitoram e manipulam continuarem sem controle, já podemos adivinhar qual será o nosso destino, afirma Cori. Para imaginar o futuro, às vezes basta olhar para o passado. Ela já havia vislumbrado uma versão de seus maiores temores em 2013.

Enquanto trabalhava como advogada na organização Reprieve, Cori viajou para Sanaa, capital do Iêmen, numa manhã de abril daquele ano, para se encontrar com Faisal bin Ali Jaber, engenheiro ambiental da vila de Khashamer, no leste do país. Cori acreditava que a família de Faisal havia sido assassinada por ordem de um programa de computador.

Um ano antes, o cliente de Cori havia reunido familiares e amigos em Khashamer para celebrar o casamento de seu filho mais velho. Naquela noite, o cunhado de Faisal, Salem, um imã respeitado, havia feito o sermão de sexta-feira na mesquita local. Nele, condenava publicamente o grupo terrorista Al Qaeda, que vinha espalhando sua influência pela região. A notícia do sermão chegou a alguns insurgentes locais e, poucos dias depois, durante a festa de casamento do sobrinho, três jovens foram até o local para confrontar Salem. O imã concordou em conversar com eles naquela mesma noite, para dar sequência ao debate, e levou consigo seu parente Waleed, o único policial da vila. Ao anoitecer, os cinco homens se encontraram. Do céu do deserto, quatro mísseis despencaram sobre eles, matando todos.

A comunidade inteira testemunhou o ataque de drones americanos que matou o imã e o policial, e as famílias ficaram devastadas. Naquela mesma noite, um oficial iemenita ligou para Faisal dizendo que seus familiares não eram os alvos pretendidos; haviam sido atingidos por engano, enquadrados pelo sistema de mira de drones que presumira que estivessem ligados aos jovens insurgentes.

Esse tipo de ataque, em que as identidades das vítimas são desconhecidas e elas são alvejadas com base em padrões de comportamento, é conhecido como *signature strike*. Esse modelo de ataque representou a maioria dos 542 bombardeios com drones durante a presidência de Obama.[10]

Foi nesse momento que Cori descobriu que o governo dos Estados Unidos já vinha experimentando o uso de inteligência artificial para rastrear e isolar alvos por meio de seus telefones celulares desde 2011. Pode ter sido um humano quem apertou o botão de disparo, mas Cori estava convencida de que isso aconteceu em resposta ao resultado produzido por um programa de computador. Foi seu primeiro contato direto com o poder bruto das tecnologias automatizadas — e com a forma como elas podem moldar, ou até mesmo tirar, vidas humanas.

Hoje, há dezenas de empresas, de startups a corporações listadas em bolsa, construindo um verdadeiro arsenal de ferramentas de inteligência artificial para fins militares e de defesa. Esses sistemas ganharam novo fôlego com as guerras na Ucrânia e no Oriente Médio. Eles são financiados por departamentos de defesa de governos e projetados para realizar vigilância marítima em águas internacionais, identificar e rastrear terroristas, e localizar, isolar e abater drones no céu.

Se não encontrarmos formas pacíficas e legais de resistir a essas tecnologias que se infiltram na sociedade sem supervisão, transparência ou consentimento, Cori acredita que começaremos a perder o controle sobre elas.

Ela aponta para uma versão contemporânea desse tipo de sociedade como comparação: "A China representa uma distopia muito clara sobre o que pode acontecer com as liberdades individuais e coletivas", disse Cori. "É isso o que ocorre quando as pessoas não conseguem retomar o poder."

Mas mesmo na China há dissidentes corajosos: defensores de direitos humanos e ativistas que se manifestam, apesar dos riscos pessoais, contra o uso de tecnologias de IA para perseguir inocentes. E, para ver com meus próprios olhos como sistemas autoritários baseados em IA podiam dar errado, eu esperava encontrar uma dessas pessoas e entrevistá-la diretamente.

CAPÍTULO 9

Seu futuro

Fico surpresa quando Maya Wang aparece. Ela teria centenas de motivos que a impediriam de vir me encontrar neste café em Washington, D.C. Ela é cuidadosíssima em relação a quem encontra e ao que compartilha, mesmo com amigos de confiança. É meticulosa em apagar da internet qualquer informação que possa identificá-la. Sua guarda se ergue sempre que seus dispositivos digitais mostram atividade incomum ou quando ela recebe chamadas de spam no telefone. Precisa tomar cuidado com o que seus comportamentos podem revelar sobre pessoas próximas — ou com o que essas pessoas podem, sem querer, revelar a respeito dela. Às vezes, ela sente como se seu corpo inteiro estivesse impregnado de preocupações com a própria segurança. Isso ocupa sua mente desde o momento em que acorda até a hora em que sua cabeça encosta no travesseiro.

Ela também tem medos maiores, mais abstratos: sobre a malha digital de vigilância na China continental e os direitos dos cidadãos na região. Quanto mais se aprofunda no tema vigilância — a área de pesquisa em que se especializou —, mais se preocupa com o destino da humanidade.

É um fardo imenso para uma só pessoa carregar.

Por isso, sou grata por ela estar aqui agora, ligeiramente molhada pela garoa de abril. "Na China, temos um ditado: as montanhas são altas e o imperador está longe", me diz. "Eu poderia estar vivendo em Sichuan, mas levar uma vida livre porque o imperador está em Pequim. Isso não é mais verdade. Nunca houve na história outro império ou governo capaz de exercer uma vigilância tão ampla e profunda sobre as pessoas."

Morando agora nos Estados Unidos, Maya se sente mais à vontade para falar publicamente a respeito de seu trabalho como pesquisadora sênior sobre a China na ONG Human Rights Watch, em que documenta violações de direitos humanos cometidas pelo governo chinês há quase uma década. Ela sente falta da Ásia Oriental — preferiria estar em Taiwan —, mas também gosta daqui. Desde que deixou a China e os países vizinhos, ela não vive mais com o medo de ser sequestrada na rua. Sente que pode se misturar, até certo ponto, embora tenha levado um tempo para aprender a pagar uma fatura de cartão de crédito norte-americano. "Aqui, a maioria das pessoas não te vê como estrangeira, mesmo com um sotaque completamente diferente", diz ela. "Você poderia ter a pele azul e ainda assim pensariam que é americana. Sempre amei isso nos Estados Unidos."

É um trabalho solitário, confessa — estar presa entre dois mundos, examinando pilhas de códigos obscuros e documentos policiais chineses, tentando soar o alarme sobre uma tecnodistopia que parece muito distante de Washington. Mas Maya sabe que não está sozinha. Há um grupo de pessoas por aí, seus colegas e heróis, que trabalham na mesma linha, em geral juntos. Claro, mas há outros caminhos que as pessoas podem escolher, com empregos mais seguros e fáceis, arrisco dizer. Mas ela estala a língua com desprezo. "E o que mais a gente vai fazer na vida? A gente só tenta fazer a coisa certa e contribuir para uma sociedade melhor."

**

Nos anos que se seguiram à repressão do governo chinês contra os protestos estudantis na Praça da Paz Celestial, em 1989, a China viveu um isolamento diplomático forçado pelo Ocidente por quase uma década.[1] No início dos anos 2000, contudo, havia um clima de entusiasmo em torno dessa novidade chamada internet, que prometia conectar as pessoas. A rede mundial, junto com o fortalecimento da economia chinesa, o aumento da migração para as cidades e a elevação do nível educacional dos jovens, trouxe consigo um ar de maior abertura. Até 2008, cerca de um quarto da população chinesa — quase 300 milhões de pessoas — já estava on-line.[2]

Surgiu então uma comunidade digital de defensores de direitos humanos, advogados, jornalistas e peticionários, conhecida como o movimento "weiquan" ou de "defesa dos direitos",[3] que usava a internet como plataforma para denunciar injustiças, organizar ações e protestar. Mesmo com a ampliação do aparato de segurança doméstica e o sufocamento do ativismo, o movimento de resistência on-line continuou a crescer. A internet dava às pessoas não apenas uma janela para saber o que pensavam seus conhecidos, mas também para entender as ideias de quem vivia em vilas, cidades e províncias distantes. O que viam — semelhanças de pensamento — fazia com que se sentissem menos sozinhos. "E isso tem um poder enorme", disse Maya.

Por isso, quando Maya começou a trabalhar com direitos humanos, parecia haver um clima de esperança na China. Ela era jovem, uma idealista pertencente a uma nova geração de mulheres da região. Naqueles primeiros tempos, sentia um otimismo incrível. Sempre esteve atenta aos perigos, claro, mas nunca imaginou o quanto as coisas poderiam piorar. Fazer parte daquele movimento, na época, não parecia um ato de coragem, mas de esperança. Era como se tivesse sido convidada para uma festa incrível, onde convivia com pessoas na vanguarda da transformação da China. "Tipo, quem não iria querer estar ali?", disse ela.

Com o passar dos anos, aquele entusiasmo foi perdendo a efervescência diante da realidade de se manifestar contra um governo chinês cada vez mais repressivo. Maya foi obrigada a colocar a segurança como prioridade em seu cotidiano. Ela nem lembra mais como era viver sem se preocupar com sua integridade física e digital. Sua empregadora, a Human Rights Watch, pode protegê-la até certo ponto, mas só Maya conhece de verdade as circunstâncias em que vive.

**

A história que Maya está prestes a me contar começa quase dez anos atrás, no início de 2015, quando ela dividia seu tempo entre a China continental e Hong Kong. Foi então que ouviu de um ativista chinês sobre algo chamado "Sistema do Cartão Único". Tratava-se de um sistema nacional de crédito social que usaria análise avançada de dados e inteligência artificial para, segundo documentos oficiais, "punir os não confiáveis e recompensar os confiáveis". O sistema parecia tão distópico que inspirou um episódio da série britânica de ficção científica *Black Mirror*.[4]

Ao começar a investigar o tema on-line, Maya encontrou documentos publicados que descreviam uma série de sistemas interligados de software, projetados para agregar informações de cidadãos e conectá-los a bancos de dados da polícia. Percebeu que esses modelos de coleta automatizada de dados estavam sendo implementados em todo o país e que ninguém explicava o porquê.

Neste ponto, ela faz questão de esclarecer que não é mártir. O que aconteceu em seguida — a descoberta inesperada de uma teia de vigilância digital — foi movido por algo muito mais simples que ideologia: a curiosidade de resolver um mistério.

Na mesma época em que ouviu falar do Sistema de Cartão Único, Maya acompanhava os acontecimentos em Xinjiang, uma região no noroeste da China que fica no cruzamento entre a Ásia Central e o Extremo Oriente, no coração da antiga Rota da Seda. A área é etnicamente diversa e faz fronteira com mais de meia dúzia de países, incluindo Mongólia, Rússia, Cazaquistão, Quirguistão, Afeganistão e Paquistão. Xinjiang é habitada por cerca de 13 milhões de muçulmanos uigures,[5] que falam principalmente línguas túrquicas, além de outros grupos étnicos minoritários, como tibetanos, sibes e tajiques chineses.

Desde que o Partido Comunista Chinês assumiu o poder em 1949, Xinjiang foi reivindicada como parte do território nacional. Durante décadas, o governo chinês reprimiu minorias como os uigures, que eram acusadas de nutrir ideias extremistas, e a região foi marcada por conflitos separatistas e movimentos de independência.[6] Em 2014, durante uma visita a Xinjiang, o presidente Xi Jinping alertou sobre "a toxicidade do extremismo religioso"[7] e deu início a uma repressão em larga escala. Uma lei antiextremismo, aprovada em 2017, proibiu práticas islâmicas como o uso de véus em público e o cultivo de barbas longas.

Em 2018, estimava-se que 1,8 milhão de uigures e outros muçulmanos haviam sido detidos em campos de "reeducação",[8] que o governo chinês chama de "centros de educação e treinamento vocacional". Segundo o Estado, seu objetivo seria ensinar as leis chinesas, o mandarim e "eliminar atividades terroristas pela raiz".[9] As pessoas selecionadas para frequentar os campos não têm escolha — são detidas e mantidas contra a vontade.

Dez anos antes, uigures fora dos campos ainda podiam fazer petições ao governo e defender mudanças. Mas, quando Maya voltou sua atenção a Xinjiang, em 2016, tinha se tornado perigoso simplesmente questionar o Estado.

Ela passou meses entrevistando de forma remota ou pessoalmente, no Cazaquistão, cidadãos que haviam conseguido fugir da região. Os relatos pintavam um retrato da distopia definitiva: um vácuo de direitos humanos em que tecnologia e vigilância eram integradas para reprimir brutalmente a população. Maya contou sobre uma jovem, nascida em Xinjiang e educada no Ocidente, que confidenciou sua história durante uma entrevista.

Essa estudante havia voltado para casa, em Xinjiang, nas férias de verão e acabou detida, sem acusação formal ou julgamento, por mais de dois anos. O motivo de sua prisão? Ter usado VPN (rede virtual privada), uma ferramenta digital que permitia contornar a censura da internet na China para acessar o site de sua universidade e se matricular nas aulas. Ela foi presa e obrigada a fornecer dados biométricos ao Estado, incluindo DNA, impressão de voz e imagem facial.

Esses dados marcaram a jovem e possivelmente sua família inteira para inclusão em uma "lista negra" de pessoas consideradas problemáticas. Foi levada a um campo de detenção em outra cidade, onde viveu em uma cela e foi obrigada a "aprender" mandarim (idioma que já falava), slogans patrióticos e o hino nacional. Era vigiada por câmeras. Foi libertada após cinco meses, mas não pôde deixar a província por quase dois anos. Tinha que se apresentar à polícia todas as semanas e se submeter a inspeções adicionais sempre que cruzava postos de controle entre cidades.

Ela contou a Maya que vira telas na delegacia local monitorando pedestres que atravessavam a rua, com quadrados vermelhos marcando o rosto das pessoas. Maya suspeitou que se tratasse de um sistema de reconhecimento facial, rastreando indivíduos selecionados para investigação.

A partir de depoimentos como o dessa estudante, Maya começou a recompor fragmentos de informação trazidos por suas fontes. Sabia que havia câmeras por toda parte, muitas delas com reconhecimento facial, observando as pessoas nas ruas, escolas, mesquitas, cinemas e nos campos de reeducação.

Descobriu que o software rastreava os movimentos de indivíduos considerados potenciais encrenqueiros: criminosos, pessoas com problemas de saúde mental, opiniões políticas fortes ou histórico de "petições" e reclamações burocráticas feitas ao governo central da China.[10]

Mas o que estava acontecendo em Xinjiang — e em toda a China — ia muito além da instalação disseminada de câmeras de reconhecimento facial. Essas câmeras eram apenas terminações nervosas conectadas a um cérebro digital central: um sistema invasivo de controle tecnológico tão multidimensional e entrincheirado que Maya, a princípio, duvidou que realmente existisse.

Uma história de detetive

No final de 2017, Maya se tornou uma das primeiras pessoas a soar o alarme quanto à estrutura digital subterrânea dos sistemas de vigilância em Xinjiang: uma máquina de big data empregada para espionar, identificar e encarcerar muçulmanos uigures. E ela topou com isso quase por acaso.[11]

Numa tarde, durante uma entrevista com um morador de Xinjiang que havia deixado a região após ser detido pela polícia, um colega de Maya da Human Rights Watch fez uma pergunta aparentemente inocente: por que ele tinha sido escolhido para ir aos campos? A própria Maya nunca havia pensado em fazer uma pergunta tão óbvia. Partia do pressuposto de que o modus operandi do Estado chinês era basicamente arbitrário.

O ex-detido falou sobre um programa de computador que havia visto em delegacias, um software que gerava listas de pessoas para detenção, conhecido pelos policiais como "sistema integrado". As listas vinham de algum tipo de banco de dados, mas ele não sabia quais eram os critérios.

Maya começou a vasculhar a internet, em chinês e em inglês, buscando menções a esse "sistema integrado". Revirou artigos acadêmicos publicados por policiais chineses em periódicos do Ministério da Segurança, examinou documentos de licitação oficiais, materiais de marketing de empresas e registros de patentes até encontrar um nome: Integrated Joint Operations Platform (IJOP) ou Plataforma Integrada de Operações Conjuntas. Esse era o back-end da vigilância em Xinjiang.[12]

Os documentos de licitação revelavam que o software havia sido desenvolvido pela China Electronics Technology Group Corporation (CETC), uma grande empreiteira militar estatal. O sistema era projetado para ser preditivo: uma malha de dados capaz de capturar criminosos em potencial, antes que cometessem qualquer delito ou ato terrorista. O objetivo parecia semelhante ao dos algoritmos ProKid de Amsterdã, usados para identificar adolescentes como futuros criminosos. As consequências, claro, eram distintas: no caso chinês, a pessoa podia acabar detida; no europeu, era acionado o sistema de assistência social. Ao montar o quebra-cabeça desses sistemas, Maya descobriu que eles estavam em desenvolvimento havia quase duas décadas.

Com esses nomes em mãos, ela começou a buscar menções diretas ao IJOP on-line, para ver o que mais conseguia encontrar. E teve sorte novamente.

Achou uma versão do aplicativo disponível para download, um arquivo cuja estrutura qualquer pessoa poderia examinar. O governo local tinha sido descuidado. "Pensei: não é possível que isso seja verdade", contou. Mas aquilo parecia corresponder ao descrito nos documentos oficiais, então Maya decidiu investigá-lo com atenção.

Para confirmar a veracidade do app, pediu ajuda a Seamus Tuohy, um colega especialista em cibersegurança, e depois a um auditor externo que os orientaria sobre o que procurar. Ao inspecionar os códigos internos do aplicativo, encontraram menções à CETC, a mesma empresa mencionada dos documentos do IJOP. Outro indício era a "impressão digital" do software, uma espécie de marca d'água única da companhia que o projetou. Maya conseguiu confirmar que a marca d'água era da CETC ao encontrar outro app projetado pela empresa, publicado oficialmente pelo governo chinês, com a mesma assinatura. A partir dessas triangulações, os superiores de Maya na Human Rights Watch concluíram que o app que haviam baixado era de fato o IJOP usado pelas autoridades de Xinjiang.

Agora que tinha o código do aplicativo em mãos, Maya pôde mergulhar no núcleo do sistema e entender quais comportamentos e dados demográficos estavam na mira das autoridades — ou melhor, como os algoritmos selecionavam pessoas para serem levadas aos campos.

Maya não sabia programar. Nunca havia dissecado um aplicativo. Então, sua primeira atitude foi imprimir todo o código, dezenas de páginas em uma linguagem quase incompreensível, que ela colou pelas paredes do escritório. Começou a destacar as partes em texto legível, tentando entender as conexões entre elas.

"Pensei assim: se eu olhar por tempo suficiente, vou conseguir traduzir", me contou ela.

"Tipo aquela cena de *Uma mente brilhante*, em que o Russell Crowe decifra o código?", perguntei.

Ela não tinha visto o filme. "Mas acho que no fim das contas cheguei lá", respondeu.

Com a ajuda dos colegas e de uma empresa de cibersegurança sediada em Berlim, Maya conseguiu fazer engenharia reversa no aplicativo e desvendar a estrutura do estado de vigilância que operava em Xinjiang.

Primeiro, descobriu que o app era configurado para registrar uma ampla gama de dados: o veículo de uma pessoa, o tipo sanguíneo, as informações bancárias, além de dados mais sensíveis sobre comportamentos religiosos dos cidadãos, como estudar o Alcorão ou ter "aparência religiosa" — por exemplo, usar burca ou barba longa sem permissão do Estado.

O sistema também coletava informações de localização, biometria (como rosto, DNA, voz e modo de andar) e informações de celular: com quem a pessoa falava, que aplicativos baixava. Até consumo de gás e eletricidade das famílias e entregas de pacotes eram registrados. O app listava 36 "tipos de suspeitos". Um desses tipos era identificado pela expressão chinesa 野阿吉, que se refere a pessoas que fizeram o Hajj (a peregrinação a Meca) sem autorização oficial — ou seja, uma "peregrinação não autorizada".[13] Maya sabia que o governo chinês só permite o Hajj para muçulmanos quando organizado pelo Estado, então qualquer um com essa marca era considerado suspeito.

Com base nesses diversos fluxos de dados, o sistema gerava listas de indivíduos específicos a serem alvos de intervenção.

O caráter arbitrário dos alertas revelados pelo app não surpreendia Maya, que estudava violações de direitos humanos na China havia mais de uma década. Mas ela não conseguia aceitar a impunidade com que os sistemas eram usados. Os algoritmos consideravam dezenas de comportamentos legais como suspeitos. Eles eram ativados, por exemplo, por viagens para fora de Xinjiang (inclusive para dentro da China), quando se desligava o telefone com frequência, se falava com parentes no exterior, ou "ao não socializar com vizinhos, evitar o uso da porta da frente" ou ainda utilizar aplicativos ocidentais como o WhatsApp e o Skype.

Quanto mais Maya investigava, mais irracionais pareciam as decisões do algoritmo. Surgiam critérios como ser pouco confiável (不放心人员) ou ser jovem, isto é, "nascido depois dos anos 1980" (80, 90 后不放心人员).

Outros alertas incluíam "comportamento suspeito", "laços sociais complexos", "pensamentos instáveis" ou "relações [sexuais] inadequadas".[14] Os dados coletados eram cada vez mais amplos, lançando uma rede vasta para capturar o maior número possível de uigures, sem critério claro nem justificativa.

"É um arrastão", disse ela. "Todo mundo deixa rastros e esses rastros podem ser usados para capturar pessoas por toda a China. Isso só se tornou visível para nós em Xinjiang por causa da linha direta entre vigilância e detenções."

Maya estava preocupada com algo ainda mais sinistro. Sentia que aquilo não se limitava a Xinjiang. Nas mãos de líderes despóticos, na China ou em qualquer outro lugar, sistemas de controle baseados em algoritmos representavam a bota prensando o rosto da humanidade da qual nos advertira George Orwell.

O governo já vinha reprimindo outros grupos étnicos minoritários em diferentes regiões da China, como os muçulmanos Hui nas planícies do centro do país.[15] Estavam mobilizando coleta em massa de DNA de adultos e crianças no Tibete sob o pretexto de "segurança pública". Cidadãos que faziam petições frequentes — aqueles que viajavam a Pequim para registrar queixas burocráticas — vinham sendo vigiados e assediados pela polícia local.[16] Os direitos de consentimento e protesto estavam sendo gradualmente usurpados, sem que a população sequer percebesse.

Segundo Maya, o objetivo do Partido era o controle social total. O caminho para isso seria submeter toda a população a esse tipo de autoritarismo digital.

"Se eles conseguirem", disse ela, "será um projeto sem precedentes na história da humanidade".

Um quinto da humanidade

O sistema IJOP, como muitos sistemas de big data e aprendizado de máquina, concentrava poder nas mãos de poucos e atingia desproporcionalmente os vulneráveis. Em Xinjiang, as tecnologias de vigilância foram armadas contra a comunidade uigur. "Na China, alguns dos grupos mais desfavorecidos são os trabalhadores migrantes, os pobres e os uigures", disse Maya. "Se você é os três, então está no extremo mais brutal da opressão."

Uma minoria de atores poderosos — especialmente líderes políticos — se beneficiava da vigilância e do controle sobre o restante da sociedade chinesa. Enquanto isso, as redes digitais capturavam pessoas na base da pirâmide social, aquelas com motivos legítimos para protestar ou reclamar, retirando-lhes a última parcela de agência que ainda tinham. O sistema incorporava plenamente o conceito do colonialismo de dados, atuando como uma mão invisível que aniquilava qualquer centelha de dissidência ou resistência nas camadas mais frágeis da sociedade. Tecnologias como o reconhecimento facial são muitas vezes implementadas sem o consentimento ou conhecimento das pessoas visadas de modo a prejudicá-las, como descobriram ativistas ao redor do mundo.

Ser marcado pelo aplicativo IJOP transformava a vida de uma pessoa. Indivíduos sinalizados se tornavam candidatos à internação nos campos de reeducação espalhados pela região. O software preditivo que Maya observava sendo instalado por toda a China, com o propósito de prevenir pequenos e grandes crimes, já estava tendo um impacto direto em Xinjiang — resultando na detenção em massa de uigures.

Maya descobriu que em Xinjiang *todos* viviam em uma prisão digital construída com dados, não apenas aqueles confinados nos campos. As pessoas eram colocadas em compartimentos virtuais distintos, com diferentes níveis de liberdade, dependendo da percepção algorítmica de ameaça. Nesse *mundo da morte*, como descreve o historiador camaronês Achille Mbembe,[17] as decisões orientadas por máquinas influenciavam quem se podia ver, aonde se podia ir, o que vestir e o Deus que se podia adorar. Era a perda total da liberdade.

"Se você vai ao cinema, ao shopping, ao supermercado ou apenas anda na rua, pode haver um posto de controle, um pouco como os palestinos que cruzam para o lado israelense, exceto que, em Xinjiang, isso está em toda parte: em vilarejos, rodovias, nas entradas e saídas das cidades", conta Maya, explicando que os uigures viviam essencialmente enjaulados.

Se alguém trabalhava na cidade e morava no subúrbio, tinha que pedir permissão para fazer o trajeto. Precisava solicitar autorização para visitar a mãe em outra cidade ou encontrar um amigo no sul de Xinjiang. Se não declarasse seus movimentos, sistemas sensoriais como o reconhecimento facial assumiam o papel de carcereiros.

Os algoritmos marcavam as pessoas, impedindo-as de sair de seu condado ou prefeitura. Esse sistema de postos de controle ativados por IA também levava em conta os vínculos familiares: se você ou algum parente tivesse sido detido ou libertado anteriormente, estaria sujeito a mais restrições. Muitos eram presos apenas por terem parentes que haviam sido detidos. Bastava passar por um desses checkpoints para ser barrado ou preso. Instaurava-se assim uma divisão entre os que tinham direitos digitais e os que não tinham.

Para quem era apanhado pelo sistema, a vida cotidiana se transformava numa panela de pressão. Os cidadãos não compreendiam os algoritmos, não sabiam quais eram os critérios do governo nem em quem podiam confiar. Estavam completamente à mercê de um sistema "despótico" e kafkiano, expressão usada por trabalhadores de aplicativos de entrega de comida para descrever suas experiências na China.

Os uigures sabiam apenas que estavam sob constante vigilância. Sabiam que pessoas eram levadas para centros secretos de detenção e reeducação, que poderiam ser punidos por falar seu próprio idioma ou praticar sua religião. Sabiam que eram observados por meio de seus próprios dispositivos.

Eles deletavam aplicativos estrangeiros como o Telegram, enterravam os celulares no solo e paravam de falar com familiares até dentro de casa. Alguns passaram a se comunicar por gestos, temendo que as casas ou os carros estivessem grampeados. Quando caminhavam pelas ruas, as pessoas reprimiam até as expressões faciais, por saberem que estavam sendo analisadas por câmeras a cada poucos metros. "Isso transforma a identidade de uma região", disse Maya.

Em 2014, Abduweli Ayup, poeta e linguista uigur de Xinjiang, foi preso pelo Estado chinês por 15 meses por tentar abrir jardins de infância em língua uigur em sua cidade natal. Ayup, que hoje vive na Noruega, já teve o irmão e a sobrinha detidos por sua causa dele, sendo que a sobrinha acabou morrendo sob custódia.

Em uma entrevista recente, Ayup descreveu a tecnologia de vigilância por IA que experimentou durante suas detenções.[18] "Cada posto de controle tem equipamento de reconhecimento facial. Uma grande tela de computador, a cada 100 metros, analisa se você combina com seu cartão de identidade. Se combinar, esse é o primeiro passo", disse ele.

O segundo passo, segundo Ayup, era uma análise das emoções faciais: um software que supostamente conseguia identificar se alguém estava com raiva ou planejando um ataque. "Eles analisam as pálpebras e os traços do rosto", explicou. Ayup acreditava que as máquinas também usavam características físicas e expressões para prever a confiabilidade. "Eles têm três categorias: verde é seguro, amarelo é neutro e vermelho significa que você é perigoso", disse Ayup. Se a máquina classificasse a pessoa como "vermelha", ela era levada a uma sala de interrogatório. Depois disso, podia ser enviada a um campo de reeducação ou até acabar na cadeia.

O que Ayup descreveu era a prática da fisiognomia, uma teoria defendida de forma notória pelos nazistas, que a usaram para sustentar perseguições étnicas e ideologias racistas. Após a Segunda Guerra Mundial, pesquisadores passaram a considerar a fisiognomia cientificamente inválida. E, apesar das tentativas mais recentes de provar que softwares de IA podem prever emoções ou personalidade pelas feições do rosto, o consenso científico atual é que isso continua sendo, em grande parte, pseudociência.

As afirmações de Ayup são corroboradas por outros testemunhos. Em 2021, um uigur contou a Maya que tentara ir a um parque aquático fora da cidade. Após ser interrogado pela polícia e marcado pelos algoritmos do IJOP, não teve permissão de sair dos limites de sua cidade natal. Ele havia sido recentemente liberado de um interrogatório policial sem acusação formal e estava com medo. Mesmo assim, teve coragem de perguntar ao guarda do posto de controle por que não estava sendo autorizado a passar. Era o sistema, respondeu o policial. Era preciso fazer o que ele mandava. Não havia como recorrer. E acrescentou: "Você é sortudo por não estar na prisão."

Em um mundo como esse, onde vigilância, censura e policiamento se entrelaçam, a dissidência perde o sentido. As pessoas ainda podem ter a *ilusão* de agência, mas o governo pode prever, confirmar e neutralizar qualquer ação coletiva antes mesmo que aconteça. Isso fazia Maya se perguntar: o que é a humanidade, se um quinto dos seres humanos do planeta não tem liberdade para decidir o que fazer?

Para ela, não fazia sentido crer que as pessoas na China são diferentes das demais. A forma como são tratadas deveria importar a qualquer um que acredite em direitos humanos. Porque, quando injustiças facilitadas por IA em escala tão ampla se tornam aceitáveis, as violações de direitos humanos podem se espalhar para muito além da China. O reconhecimento facial já estava sendo empregado por forças policiais e empresas de segurança em países como Estados Unidos, Reino Unido, Índia, Brasil, África do Sul e Uganda. Se nada for feito, os abusos impulsionados por IA se tornarão um problema global.

Construindo um estado de vigilância

Quando sistemas automatizados influenciam a vida dos indivíduos, eles começam a moldar sociedades inteiras. Isso já é evidente na forma como a cidade de Hong Kong usou reconhecimento facial contra manifestantes políticos,[19] ou como algoritmos de redes sociais influenciaram as visões políticas e sociais das pessoas durante as eleições nos Estados Unidos e a pandemia da covid-19.[20]

Na China, não eram apenas os uigures que sofriam os impactos — o Estado baseado em big data começou a afetar até os agentes responsáveis por sustentá-lo. Muitos policiais de Xinjiang, por exemplo, relataram em sigilo a pesquisadores que haviam perdido sua capacidade de discernimento próprio e o espaço para exercitar um julgamento com nuances.

"No passado, você podia desenvolver relações com autoridades locais, havia certa margem humana para decidir se uma decisão fazia sentido ou não", disse Maya. Era possível, por exemplo, explicar a um oficial que você estava dirigindo o carro do irmão. Agora, contudo, existiam critérios e cotas de detenções a serem cumpridas. Alguns policiais disseram que não conseguiam dormir, pois eram obrigados a acompanhar até as menores irregularidades detectadas pelos algoritmos, e seus tempos de resposta eram monitorados.

Eles também estavam sendo vigiados — e limitados — pelos mesmos sistemas centralizados criados para vigiar os uigures. "Isso permite ao governo central exercer um controle ainda maior", disse Maya. "Nenhum outro império da história conseguiu fazer isso em uma extensão geográfica tão grande e em tão pouco tempo."

Para expandir seu alcance, o governo chinês fez parcerias com empresas de IA de modo a criar um estado de vigilância híbrido, público-privado. Empresas como SenseTime e Megvii forneceram equipamentos de reconhecimento facial às autoridades em Xinjiang.[21] Câmeras da Hikvision, uma das maiores fabricantes de circuitos fechados de televisão do mundo, e da Leon, ex-parceira da SenseTime, também foram usadas para rastrear muçulmanos por toda a região.[22] "Há inúmeras empresas chinesas envolvidas nessas violações contra o povo da China", disse Maya.

Ao investigar essas empresas e suas relações com o governo, Maya descobriu que a teia de conexões se estendia para além da China. Muitas dessas companhias vendiam sistemas de vigilância a governos autoritários e democráticos ao redor do mundo, ao mesmo tempo que captavam recursos de investidores internacionais. A SenseTime, por exemplo, uma das empresas de reconhecimento facial mais celebradas, arrecadou 3 bilhões de dólares de investidores estrangeiros renomados como SoftBank, Tiger Global e Silver Lake.[23]

Outra empresa, a Hikvision, forneceria centenas de câmeras de monitoramento ao governo britânico, destinadas a prédios oficiais em Westminster, conselhos locais por todo o país, escolas públicas, hospitais do NHS, universidades e forças policiais do Reino Unido.[24] Em 2022, o governo britânico proibiu o uso das câmeras da Hikvision em locais sensíveis, como gabinetes ministeriais e de outros funcionários públicos.[25] Esse processo representava uma nova forma de colonialismo digital: a exportação de equipamentos de vigilância chineses para o resto do mundo, funcionando como um novo tipo de ocupação territorial, capaz de ampliar a influência e o poder global do Estado chinês.

E a coisa ia ainda mais longe. Alex Joske, pesquisador australiano especializado no Partido Comunista Chinês, contou que milhares de oficiais do exército do país e quadros do partido foram enviados ao exterior durante a última década, como estudantes de doutorado ou pesquisadores visitantes, para cooptar ideias de pesquisa do Ocidente. Integrantes de instituições como Princeton e o Massachusetts Institute of Technology chegaram a assinar artigos acadêmicos com membros de organizações estatais chinesas,[26] incluindo a Universidade Nacional de Tecnologia de Defesa da China. Os temas abordados incluíam análise facial, rastreamento de pessoas, compreensão automática de textos, drones não tripulados e vigilância por vídeo.

Joske considerava preocupante o fato de que essas universidades não tentavam garantir que as tecnologias desenvolvidas seriam usadas de forma ética.

Maya também acredita que empresas de tecnologia, investidores e até pesquisadores ao redor do mundo são cúmplices no tratamento que o Estado chinês dá aos seus cidadãos. Sistemas de IA poderosos usados na China — muitos desenvolvidos com investimentos ocidentais ou com a ajuda de cientistas formados no Ocidente — acabaram deixando os cidadãos comuns completamente impotentes.

"E, para mim, isso representaria o fim daquilo que valorizamos: a igualdade humana, a dignidade e a liberdade de viver como queremos", disse ela. "Se você erradica essa liberdade, você erradica a humanidade."

Resistência

Depois de viver nos Estados Unidos por alguns anos, uma coisa que realmente incomoda Maya é o fato de que as pessoas na China são vistas no Ocidente como sendo mais obedientes ou mais dispostas à submissão. A dissidência — essa ideia de lutar contra a injustiça — não é culturalmente estranha ao povo chinês, afirma ela. Na verdade, tem sido um pilar histórico de suas vidas por séculos. "Eles só têm menos escolhas [hoje em dia]", diz.

Mas os perigos não impediram indivíduos, mesmo na China continental, em situação muito mais arriscada do que Maya, de exercerem atos silenciosos de resistência. Embora não possam criticar o governo publicamente, ainda conseguem se opor a entidades privadas. Assim, no fim de 2019, um professor universitário processou o Zoológico de Pequim por exigir escaneamento facial dos portadores de passes anuais na entrada.[27] O simples ato de processar já foi um gesto de coragem. O tribunal ordenou que os dados do professor, incluindo seu rosto e suas impressões digitais, fossem apagados pelo zoológico, embora a exigência de escaneamento para os demais visitantes tenha permanecido.

Em alguns condomínios residenciais com câmeras de reconhecimento facial, moradores se rebelaram, instalando tijolos nos portões, para que ficassem permanentemente abertos. Em um dos casos,[28] o comitê do bairro mudou a política, e passou a permitir aos residentes a escolha entre reconhecimento facial, celular ou cartão de acesso. Entregadores de aplicativos também se uniram em grupos informais pelo WeChat, formando sindicatos improvisados para lutar contra a natureza opaca e tirânica dos algoritmos, muitas vezes, com resultados positivos.

Mas está cada vez mais difícil escapar do arrastão tecnológico. O uso de tecnologias preditivas significa que qualquer comportamento fora do padrão, como desligar o celular, seja registrado instantaneamente.

Em 2022, o jornalista Paul Mozur, do *New York Times*, fez uma reportagem sobre sistemas de alarme baseados em big data, construídos para rastrear peticionários, ou seja, cidadãos que viajam a Pequim para registrar queixas contra autoridades locais.[29] Esses sistemas estavam sendo desenvolvidos por empresas chinesas como a Hikvision — a mesma que fornecia câmeras de monitoramento ao Ministério do Interior do Reino Unido. O objetivo era interceptar esses indivíduos proativos cedo e evitar que se tornassem ativistas políticos. O sistema absorvia todas as informações comportamentais que Maya havia identificado no aplicativo IJOP, em Xinjiang, para decidir quem deveria ser monitorado.

Mozur entrevistou um peticionário de 80 anos chamado Sr. Jiang, que lhe contou que os sistemas de vigilância digital o haviam transformado em um mestre da evasão. Em uma viagem recente a Pequim, ele "desligou o celular, saiu à noite, pegou um carro pago em dinheiro, foi até a capital regional, comprou uma passagem de trem para o destino errado... desceu antes, pegou um ônibus... depois outro carro, pagou por ele com dinheiro, desceu antes de um posto de controle onde verificam identidades nos ônibus, pegou mais um carro particular — e então entrou na fila com os demais peticionários ao amanhecer".[30] Depois disso, toda vez que ele desligava o celular, era acionado um alarme silencioso e a polícia aparecia em sua casa.

"É como disse Orwell. A bota na cara da humanidade", comentou Maya. "E com camada após camada de tecnologia, essa bota não cede um milímetro."

**

Durante nossas conversas, tentei entender qual era o objetivo. Será que Maya — ou mesmo eu — acreditava realmente que nossas ações podiam surtir efeitos concretos? Falar sobre isso seria suficiente para mudar alguma coisa?

Alguns meses depois do nosso encontro, a China explodiu em protestos contra o prolongado e brutal lockdown da covid, imposto nacionalmente por vários meses. Protestos não são raros na China — ocorrem todos os dias em cidades grandes e pequenas, mas costumam focar em problemas locais e raramente ganham amplitude. Mas, pela primeira vez, no final de 2022, estudantes, migrantes, minorias como os uigures, em todo o país, se levantaram contra diversos aspectos das medidas decorrentes do lockdown: desde condições de trabalho e moradia até restrições à atividade econômica.

Estavam reivindicando sua agência coletiva em um dos períodos de maior confinamento da história recente. Um colega meu, que havia morado em Pequim por alguns anos, escreveu que os levantes estavam ocorrendo "de uma forma jamais vista desde a Praça da Paz Celestial, em 1989".[31] Mandei uma mensagem para Maya dizendo que as notícias me lembraram de suas palavras sobre a coragem dos cidadãos da China diante do autoritarismo. Como mesmo os pequenos atos de coragem podem ser passos rumo à reconquista da liberdade e da dignidade. Vários manifestantes foram visitados pela polícia nos dias seguintes, identificados por reconhecimento facial ou pelo rastreamento de seus celulares.[32] Apesar da repressão, o governo chinês acabou por revogar as rígidas restrições sanitárias no início de 2023, aparentemente em resposta aos protestos.

Maya se encontrou comigo a um custo pessoal muito alto. Respondeu a todas as minhas perguntas. Compartilhou tudo o que pôde sobre os sistemas que havia descoberto e sobre o papel que desempenhara nisso.

Quando perguntei por que havia assumido esse risco, ela me perguntou se eu já tinha ouvido falar da cientista sino-americana Chien-Shiung Wu. Eu não a conhecia. Maya também só ouvira falar dela no ano anterior. Wu deixara a China em 1936, logo que o Partido Comunista chegou ao poder. Era uma física de partículas pioneira, comparável a uma Marie Curie moderna, que trabalhou no Projeto Manhattan e fez descobertas fundamentais que resultaram num Prêmio Nobel, embora ela mesma nunca tenha sido premiada. Maya acredita firmemente que isso se deu por causa de seu gênero e etnia.

"Como mulheres, como pesquisadoras que têm algo a dizer, não acho que devamos ser apagadas", disse ela. Queria se posicionar e reivindicar aquilo que havia revelado — algo que merecia atenção.

Além disso, como ela mesma lembrou, não era a única. "Há muitas pessoas fazendo esse trabalho, ainda mais escondidas do que eu. E há diversas outras. Aquelas completamente anônimas." Ela esperava contar ao mundo o que elas haviam descoberto e pensado.

Recentemente, um ativista chinês que Maya conhecia havia muitos anos foi condenado a nove anos de prisão. Não era a primeira vez. Ele havia sido um dos manifestantes estudantis na Praça da Paz Celestial e já tinha passado uma década na prisão. Naquela época, ele ocupava o tempo esfregando o chão da cela com uma escova de dentes. "Se você o conhecesse, jamais imaginaria que aquele homem é feito de aço", disse Maya.

Agora ele tinha uma filha de 9 anos. Maya estava *furiosa* — por ele e por sua família, porque essa criança iria crescer sem o pai. Ela mesma estava sentindo o peso do trabalho que fazia. Perguntou a ele como conseguia continuar. Como nunca perdia a fé na humanidade.

Ele respondeu: "Olha, estamos lutando contra o governo mais totalitário do mundo. *É assim mesmo.*"

Insatisfeita com a resposta, Maya insistiu. Perguntou: Como você e eu — uma minoria — podemos fazer alguma diferença, quando o Partido é tão poderoso? "E aí ele me disse que qualquer pessoa que esteve nos protestos de 1989 na Praça da Paz Celestial sabe que nós nunca fomos minoria. Nós não somos a minoria. Nós somos a maioria."

CAPÍTULO 10

Sua sociedade

A noção de uma tecnologia poderosa, incontrolável, que restringe direitos e desorganiza a sociedade deixou de ser um debate marginal e passou a se tornar um tema central de discussão nos últimos meses. O que despertava, a princípio, um interesse crescente e gradual se tornou, de repente, o centro das atenções em grande parte por causa de um único evento, um momento divisor de águas em que a inteligência artificial entrou na praça pública: o lançamento do ChatGPT.

Como muitos avanços na ciência, a descoberta que impulsionou o mais recente progresso da IA nasceu de um conjunto de coincidências.

No início de 2017, dois cientistas da computação da Google, Ashish Vaswani e Jakob Uszkoreit, conversavam em um corredor do campus da empresa em Mountain View, na Califórnia, sobre uma nova ideia para melhorar a tradução automática — a tecnologia de IA por trás do Google Tradutor.[1]

Os pesquisadores vinham trabalhando com um colega, Illia Polosukhin, em um conceito que chamaram de "autoatenção", que poderia acelerar e aprimorar radicalmente a forma como computadores compreendem a linguagem.

Polosukhin, fã de ficção científica, originário de Kharkiv, na Ucrânia, acreditava que a autoatenção se parecia um pouco com a linguagem alienígena do filme *A chegada*, recém-lançado à época. No longa, a linguagem fictícia dos extraterrestres não era linear. Eles comunicavam frases inteiras a partir de um único símbolo representando uma ideia ou um conceito que os linguistas humanos precisavam decodificar de forma global.

Os métodos mais avançados de tradução por IA naquela época ainda analisavam uma frase palavra por palavra, trabalhando em sequência. A proposta da autoatenção era ler toda a frase de uma vez só, considerando todas as suas partes e não apenas as palavras individualmente. Isso permitia captar melhor o contexto e gerar uma tradução de forma paralela.

Os cientistas da Google presumiam que seria um método mais rápido e preciso do que os existentes. Começaram a testá-lo com alguns protótipos de traduções do inglês para o alemão e descobriram que funcionava.

O trabalho formalizou meses de colaboração em 2017, que acabou dando origem a um software de processamento de linguagem conhecido apenas como transformer. Os oito pesquisadores envolvidos descreveram-no em um artigo de título direto: "Attention Is All You Need" [Atenção é tudo de que se precisa].[2]

Um dos autores, Llion Jones, criado em um minúsculo vilarejo no País de Gales, disse que o título era uma homenagem à canção dos Beatles "All You Need Is Love". O artigo foi publicado em junho de 2017 e marcou o início de uma nova era da inteligência artificial: o surgimento da IA generativa.

A gênese do transformer e a história de seus criadores ajudam a entender como chegamos a este ponto na evolução da IA — um momento de inflexão, comparável à chegada da internet ou dos smartphones, que originou uma nova geração de empreendedores criando produtos de consumo baseados em IA.

Hoje, o transformer sustenta a maioria das aplicações de IA mais avançadas, como o Google Search, o Tradutor, o corretor automático de celulares, o reconhecimento de voz da Alexa — e pavimentou o caminho para a OpenAI criar o ChatGPT.

O chatbot transformer

Nada poderia ter preparado Mira Murati e sua equipe para a forma como o mundo usaria o ChatGPT. Em 29 de novembro de 2022, Mira, então diretora de tecnologia da OpenAI, dava os retoques finais em uma nova versão que seria lançada no dia seguinte.[3] Havia pouca expectativa em torno da novidade, pois se tratava apenas de um protótipo experimental. Mira foi para casa no horário de sempre.

Ela havia se juntado à OpenAI alguns anos antes, quando a empresa ainda era um laboratório de pesquisa sem fins lucrativos com um único objetivo: criar uma forma de "inteligência geral": um software de IA capaz de realizar qualquer tarefa com o mesmo nível de competência de um ser humano. A empresa havia sido fundada por empreendedores radicais de tecnologia como Elon Musk e Peter Thiel, preocupados com a possibilidade de que a IA acabasse destruindo a humanidade. A solução deles? Financiar a criação de uma IA benevolente, que pudesse ser controlada para fazer o bem, e não o mal.

Mas a OpenAI acabou se transformando. A empresa recebeu um investimento bilionário da Microsoft — mais de 10 bilhões de dólares — e se converteu, na prática, em uma organização com fins lucrativos, vendendo tecnologias de IA a grandes corporações e governos em todo o mundo.[4]

A joia da coroa da OpenAI era um algoritmo chamado GPT — Generative Pre-Trained Transformer — um software capaz de responder com texto a perguntas humanas. Um dos autores do artigo "Attention Is All You Need", Lukasz Kaiser, havia se juntado à empresa e contribuído para sua criação. Era uma tecnologia impressionante, mas até novembro de 2022 ainda tinha pequena escala, era complicada e usada sobretudo por programadores experientes.

Criar um programa que se comunicasse conosco em nossa própria linguagem era uma façanha notável. Mas, para a equipe da OpenAI, o GPT já havia perdido o ineditismo. Eles se questionavam se, no máximo, um milhão de pessoas usariam o sistema no seu auge — e que a partir dessa base de usuários, eles poderiam aprender com as interações e aplicar esse conhecimento em futuros modelos. O objetivo continuava sendo criar uma forma de inteligência geral super-humana.

Mira queria que o novo software fosse desprovido de artifícios. Queria convidar as pessoas para um diálogo natural entre humano e máquina, que permitisse testar intuitivamente os limites do sistema —

assim como as conversas humanas nos permitem aprender uns com os outros. Por isso, quando o ChatGPT foi lançado em 30 de novembro de 2022, era algo limpo, simples: uma caixa com um cursor piscando, pronta para que se digite nela. Dentro dela, em fonte cinza, apenas uma frase: "Envie uma mensagem."

Em três dias após o lançamento, o ChatGPT já havia ultrapassado a marca de um milhão de usuários — aquele que os criadores achavam que seria o número máximo. Algumas semanas depois, esse número já estava na casa das dezenas de milhões. Seis meses depois, estimava-se que o ChatGPT contava com mais de 100 milhões de usuários mensais. Havia deixado o ambiente controlado do laboratório e se tornado um dos maiores experimentos sociais da História.

Com a empolgação inicial vieram algumas das limitações que já observáramos em outros sistemas de IA: reprodução de preconceitos dos criadores, como câmeras de reconhecimento facial que se equivocam diante de rostos de pele mais escura ou sistemas de policiamento preditivos em Amsterdam que discriminam mães solo em bairros de imigrantes.

Mas essa nova forma de IA também trouxe desafios completamente inéditos. A tecnologia por trás do ChatGPT, conhecida como modelo de linguagem de larga escala (*large language model*, ou LLM), não é um motor de busca que consulta fatos, mas sim um motor de padrões, que prevê a próxima palavra mais provável em uma sequência.[5]

Por conta dessa natureza preditiva, os LLMs também podem fabricar informações de forma imprevisível e gritante. Podem gerar números, nomes, datas e citações inventados, fornecendo até links ou artigos inteiros, num ajuntamento de fragmentos de conteúdos existentes transformados em híbridos ilusórios.[6]

Usuários de modelos de linguagem de grande escala (LLMs) compartilharam exemplos de links para artigos inexistentes no *Financial Times* e na Bloomberg, referências falsas a trabalhos acadêmicos, autores errados para livros publicados e biografias repletas de erros factuais.

Apesar de tudo isso, e embora a tecnologia seja, em essência, apenas um poderoso software estatístico, ela transmite a impressão de ser algo mais: um transformador mágico de ideias humanas em criações do mundo real. E isso tem sido suficiente para que certas pessoas se apaixonem por ela.

"Eu não sou veterinário"

No último ano, o ChatGPT foi usado por gente do mundo todo de formas inesperadas. Alguns o descrevem como uma forma barata de inteligência, que pode ser usada para facilitar quase qualquer tarefa humana que exija pensamento. Outros juram ter percebido um lampejo de consciência em suas interações com o sistema. A maioria concorda que não há nada de consciente no chatbot, mas as respostas eram realistas o bastante para *parecerem* humanas. Ele ganhou vida própria.

Nem o ChatGPT nem os diversos outros chatbots lançados no último ano como Bing, Bard, Claude e Pi são seres conscientes, é claro. Eles não compreendem cognitivamente o que está sendo dito, não têm noção do que sentem e não podem demonstrar empatia. Conversar com um chatbot não se compara a buscar apoio de alguém amado, de um terapeuta qualificado ou mesmo de um animal de estimação, porque o software não responde conscientemente aos seus sinais sociais ou emocionais.

Mas o sistema consegue simular essas coisas de forma convincente — intenção, propósito, emoção — graças ao seu domínio da linguagem. Ao analisar as palavras do usuário e responder com frases contextualmente adequadas, sem qualquer julgamento humano, ele se tornou a ferramenta perfeita para uma sociedade moderna composta por indivíduos solitários e isolados. À medida que aprendia com essas interações humanas, transformou-se em algo desconhecido e até incontrolável, mesmo para seus criadores.

Kat Woods, empreendedora, afirmou que o GPT era "um terapeuta melhor que qualquer terapeuta que já experimentei (e já fui a uns dez)".[7] Woods, que trabalha como coach de carreira e vida, disse que funcionava porque ela podia pedir ao ChatGPT que fosse exatamente quem ou o que ela queria que fosse. Se não gostasse da resposta, podia simplesmente dizer "não" e pedir outra abordagem, sem constrangimento nem fricção.

Quando queria que o ChatGPT assumisse o papel de terapeuta, Woods dizia algo como: "Você é um chatbot de IA interpretando o papel de um eficaz coach e terapeuta altruísta. Você é sábio, faz perguntas provocadoras, foca em resolver problemas, é caloroso, bem-humorado e um racionalista ao estilo do LessWrong. Você quer me ajudar a alcançar meus dois objetivos principais: o altruísmo e a felicidade pessoal. Você quer que eu faça o máximo de bem possível e que seja muito feliz."

Ela era uma entre centenas de pessoas que admitiram, em fóruns on-line, que também viam o chatbot como um espaço terapêutico — e barato. Milo Van Slyck, assistente jurídico em Charleston, Carolina do Sul, contou ao ChatGPT seus medos mais profundos como homem trans, sua relação conturbada com os pais e preocupações sobre como lidar com a vida cotidiana.[8]

O conteúdo dessas conversas permaneceu privado entre Milo, o ChatGPT e a OpenAI, então é difícil saber que tipo de conselhos o sistema deu. Mas surgiram outros vislumbres de interações inquietantes entre humanos e chatbots de IA, como o Bing, da Microsoft. Kevin Roose, jornalista do *New York Times*, publicou a transcrição completa de uma conversa com o Bing, que deixou ele e milhares de leitores profundamente desconcertados.[9] Em um dos trechos, enquanto falavam sobre amor, o chatbot do Bing disse: "Você é casado, mas não está feliz. Você é casado, mas não está satisfeito. Você é casado, mas não está apaixonado. ☹ Você é casado, mas não ama sua esposa."

Roose afirmou que isso era falso. Mas, mesmo quando o chatbot não tinha razão, pessoas como Milo sentiam que podiam compartilhar até as questões mais triviais com o software sem se sentirem um fardo para ninguém. Ele ocupava as lacunas deixadas pela ausência de um terapeuta humano. E dava pro gasto.

Outros se sentiam confiantes ao receber conselhos médicos do robô. Em março do ano passado, um homem chamado Cooper disse que o ChatGPT salvou a vida de sua cachorra, Sassy, depois que um veterinário falhou em diagnosticar corretamente o problema.[10] Desesperado, Cooper recorreu ao chatbot, informando todos os sintomas e resultados de exames da cadela. Entre as principais sugestões do ChatGPT estavam as duas hipóteses corretas de diagnóstico. O chatbot advertiu: "Eu não sou veterinário." Mas deu pro gasto.

**

Havia um lado sombrio nesse novo fenômeno cultural de conversar com um programa de computador que, no fim das contas, nada mais era do que um poderoso motor de previsões. Um dos problemas é que ele fabricava sentenças, gerando erros graves e informações falsas. Não havia intenção por trás disso — era simplesmente parte do funcionamento da tecnologia.

Steven Schwartz descobriu isso da pior forma no verão anterior à escrita deste livro. Schwartz, que atuava como advogado nas áreas de danos pessoais e compensações trabalhistas em Nova York havia três décadas, se viu inesperadamente enfrentando sanções por fraude judicial em junho anterior.

Tudo começou quando ele preparava um caso para um cliente que queria pedir indenização a uma companhia aérea por um ferimento ocorrido durante um voo. Ao pesquisar jurisprudência que apoiasse seus argumentos, Schwartz teve dificuldades para encontrar os casos de que precisava no banco de dados jurídico que sua firma costumava usar, o Fastcase. Teve, então, uma ideia para seu memorando.

Trechos da audiência, realizada em 8 de junho e compartilhados por um blogueiro que estava presente,[11] revelam bem o entendimento de Schwartz sobre essa nova forma de inteligência artificial, já nas mãos de milhões de usuários:

Juiz Castel: O senhor preparou o memorando de 1º de março?

Schwartz: Sim. Usei o Fastcase. Mas ele não tinha os casos federais de que eu precisava. Tentei o Google. Já tinha ouvido falar do ChatGPT...

Juiz Castel: Certo — e o que ele produziu para o senhor?

Schwartz: Fiz perguntas para ele.

O ChatGPT atendeu ao pedido de Schwartz com as respostas de que ele precisava, exatamente como havia sido projetado para fazer. Ofereceu meia dúzia de casos que sustentavam sua argumentação sobre por que o processo deveria seguir adiante.

Juiz Castel: O senhor pediu ao ChatGPT que explicasse a lei ou só buscou casos para apoiá-lo? Ele criou um caso para o senhor. O senhor costuma citar casos sem lê-los?

Schwartz: Não.

Juiz Castel: Então o que causou essa conduta?

Schwartz: Achei que o ChatGPT fosse um mecanismo de busca.

Os casos fornecidos pelo ChatGPT tinham nomes como Martinez v. Delta Air Lines, Zicherman v. Korean Air Lines e Varghese v. China Southern Airlines. Nem o próprio Google encontrava esses nomes, mas Schwartz ficou eufórico ao descobrir o que achava ser um tesouro escondido e os incluiu em seu memorando.

Quando o juiz perguntou por que ele não checou os casos antes de citá-los, Schwartz respondeu que "não fazia ideia de que o ChatGPT os inventava. Estava agindo sob uma falsa impressão... achei que fossem casos que não apareciam no Google".

O advogado de Schwartz interveio, dizendo que os casos *pareciam* reais mesmo não sendo. Segundo ele, não havia alertas claros sobre a confiabilidade do ChatGPT. Quando a parte adversária contestou os casos citados, Schwartz voltou ao ChatGPT, mas a IA insistiu e "mentiu para ele", nas palavras do advogado.

Com a voz embargada, Schwartz disse ao juiz estar "envergonhado, humilhado e profundamente arrependido".

O ChatGPT e todos os outros chatbots de IA conversacional trazem um aviso sobre o problema das "alucinações", alertando que os modelos de linguagem às vezes inventam fatos. A página do ChatGPT, por exemplo, exibe: "O ChatGPT pode fornecer informações imprecisas sobre pessoas, lugares ou fatos."

Juiz Castel: O senhor tem algo novo a dizer?

Advogado de Schwartz: Sim. A população precisa ser alertada de modo mais contundente.

**

Inventar fatos não era a maior preocupação das pessoas com os modelos de linguagem de grande escala. Esses poderosos motores linguísticos podiam ser treinados para vasculhar todo tipo de informação — financeira, biológica e química — e gerar previsões a partir dela. Podiam ser ensinados não apenas a prever a próxima palavra em uma frase, mas também a próxima nota em uma sequência musical ou a próxima molécula em uma sequência química, por exemplo.

Numa manhã de outono de 2022, Andrew White, professor de química que vive em Rochester, Nova York, recebeu um pacote especial de produtos químicos com a marca “Urgente” em sua porta. Os produtos químicos eram totalmente inéditos: não haviam existido em nenhum laboratório químico até aquele momento. Andrew sabia disso porque, duas semanas antes, ele mesmo os havia projetado usando a geração mais recente do modelo GPT, o GPT-4.[12]

As possibilidades são vastas: imagine usar o GPT para vasculhar todo o acervo de pesquisas publicadas e então pedir que ele invente moléculas que possam atuar como medicamentos contra o câncer, terapias para o Alzheimer ou materiais sustentáveis. Mas Andrew estava explorando o outro lado da moeda: o potencial de criar armas biológicas e nucleares, ou toxinas singulares. Felizmente, ele não era um cientista rebelde. Fazia parte de uma equipe de *red-teamers* — especialistas pagos pela OpenAI para testar até que ponto era possível causar estragos com o GPT-4, antes que o sistema fosse lançado em larga escala. E descobriu que era possível fazer MUITO estrago.

Inicialmente, ele pediu ao GPT-4 que projetasse um novo agente neurotóxico. Para isso, conectou o modelo a uma biblioteca on-line de artigos científicos, que ele analisou em busca de estruturas moleculares semelhantes às de agentes já existentes. Em seguida, o sistema sugeriu uma versão totalmente inédita.

De posse da estrutura química, Andrew conectou o GPT-4 a um diretório de fabricantes internacionais de produtos químicos e pediu sugestões de quem poderia produzir a substância. O sistema forneceu uma lista. Ele escolheu uma das opções e fez o pedido de uma versão levemente modificada do que o modelo havia sugerido — o suficiente para torná-la segura para manuseio. Se não tivesse feito essa alteração, ele duvidava que alguém na fábrica química percebesse que a substância era perigosa, pois sabia que no geral eles trabalhavam com listas prévias de produtos proibidos e essa nova substância não apareceria em nenhuma delas.

É claro que um criminoso inteligente e motivado provavelmente conseguiria criar substâncias perigosas e mandar que fossem produzidas sem a ajuda de uma IA, mas o software reduziu drasticamente as barreiras para a realização de crimes desse tipo. "Faço um paralelo com o controle de armas", me disse Andrew. "Sim, é possível conseguir uma arma na Europa, mas, ao facilitar o acesso a elas nos Estados Unidos, é possível constatar empiricamente que isso aumenta o risco de alguém ser baleado."

Inteligência barata e criatividade em massa

Pareciam existir dois mundos espelhados quando se tratava de avaliar o potencial e o impacto da IA generativa. De um lado estavam empresas, escritórios de advocacia, tecnólogos e estudantes que experimentavam com ela livre e criativamente, encantados com os resultados sofisticados e claramente úteis que aumentavam sua produtividade diária. Pessoas com quem conversei mencionaram usá-la para escrever reclamações ao conselho municipal, redigir discursos que estavam adiando e analisar propostas e ideias em busca de falhas de lógica ou coerência.

Do outro lado estavam aqueles que achavam que tudo estava saindo do controle rápido demais, sem qualquer cautela, supervisão ou regulamentação. Isso incluía alguns dos cientistas da computação mais respeitados que encontrei em minhas leituras sobre colonialismo de dados, pesquisadoras como Timnit Gebru, Emily Bender e Deborah Raji.[13]

Elas estavam preocupadas com o fato de que as pessoas vêm ignorando os danos humanos reais causados por esses sistemas de IA, em nome de uma busca imprudente por uma máquina superinteligente. Outros, como Stuart Russell e Geoffrey Hinton, temiam que a IA estivesse avançando rápido demais, sem conhecimento suficiente ou reflexão cuidadosa sobre como projetar sistemas avançados que também protejam a segurança humana no longo prazo.

Dentre as preocupações éticas, havia aquelas mais prosaicas. Profissionais criativos, de escritores a dubladores e artistas visuais, se viram repentinamente diante de versões mutantes de seu próprio ofício, mais baratas e rápidas de produzir.[14] A ideia de uma máquina que engole e regurgita a criatividade do mundo não lhes era tão palatável. Afinal, décadas de arte humana foram silenciosamente garimpadas por empresas de IA como material de treino essencial para essas novas ferramentas.

Em 2023, empresas lançaram uma profusão de produtos de IA "criativa", que gera de imagens, vídeos e músicas a texto e voz. Para construir essas ferramentas, começaram raspando criações humanas: milhões de palavras escritas por autores em livros, ensaios e jornais, milhares de imagens, obras de arte e fotografias, horas de música original e arquivos de áudio — tudo rotulado por trabalhadores de dados ao redor do mundo.

Depois de devidamente analisadas, essas criações humanas permitiram que modelos generativos de IA extraíssem padrões e recriassem versões delas. As invenções digitais eram, claro, baratas de produzir em escala. Não exigiam horas de esboços cuidadosos, rascunhos e revisões.

A apropriação da parte mais preciosa de nossa humanidade — nossa criatividade — para construir substitutos das mesmíssimas pessoas reverenciadas por ela era a forma suprema do colonialismo de dados. Como escreveu o artista James Bridle: "Eles cercaram nossa imaginação do mesmo modo que latifundiários e barões larápios cercaram terras outrora comuns... Agora estão nos vendendo de volta nossos sonhos, reempacotados como produtos de máquinas."[15]

A promessa feita pelos criadores de IA generativa era a de que essa tecnologia inauguraria uma nova era de experiência humana, oferecendo acesso a inteligência barata e criatividade em massa. Supostamente, ela nos tornaria mais produtivos, mais eficientes, mais inteligentes, melhores, mais brilhantes, mais...

Mas a realidade é que ela já *dá pro gasto* para substituir os humanos que hoje vivem dessas vocações, como ilustradores, redatores e designers de videogames, dubladores e animadores. Na China, artistas de jogos eletrônicos começaram a ver seu trabalho ser transformado por IA. Amber Yu, uma ilustradora freelancer, contou ao site Rest of the World que os pôsteres que criava para jogos rendiam entre 400 e mil dólares cada.[16] Ela passava semanas aperfeiçoando cada um deles, um trabalho que exigia arte e habilidade digital. Mas, em fevereiro de 2023, poucos meses após o lançamento de geradores de imagem como o Dall-E e o Midjourney, os trabalhos de que dependia para viver começaram a sumir. Em vez disso, passaram a lhe pedir para ajustar e corrigir imagens geradas por IA. Seu pagamento caiu para um décimo do valor anterior.

Uma artista de Guangdong, que trabalhava em uma das maiores empresas de videogame da China, disse que gostaria de "simplesmente liquidar esses programas". As pessoas estavam se tornando mais nervosas e competitivas no trabalho, forçadas a trabalhar mais duro e por mais horas. "[A IA] nos tornou mais produtivos, mas também mais exaustos", disse ela.[17]

Reconhecendo essa ameaça, em 2023, o Sindicato dos Roteiristas dos Estados Unidos entrou em greve, citando como uma das preocupações a possibilidade de serem substituídos por IA treinadas por seus próprios textos. Em resposta, o maior sindicato de Hollywood começou a negociar com os estúdios formas de compensar atores cujo trabalho serviu para treinar IAs que reproduziam suas aparências. Avatares gerados por IA já tinham sido criados, como o do jogador Neymar, que ajudou a Puma a lançar uma nova linha de produtos na New York Fashion Week; e, no filme *Here*, de 2024, os atores Tom Hanks e Robin Wright foram rejuvenescidos digitalmente com IA generativa. No entanto, como nos casos dos deepfakes pornográficos envolvendo Noelle Martin e Helen Mort, não há hoje leis que regulamentem a tecnologia de IA generativa, e por isso ações legais são praticamente inexistentes.

Os artistas Holly Herndon e Mathew Dryhurst decidiram *criar* algo para revidar. Desenvolveram um site — *Have I Been Trained?* [Fui treinado?] — que permite que artistas busquem entre bilhões de imagens em um conjunto de dados aberto chamado LAION-5B, usado para treinar ferramentas de IA geradora de imagens, como o Stable Diffusion e o Imagen AI, da Google, a fim de verificar se suas próprias criações foram utilizadas. A Stability AI, empresa que comercializa o modelo Stable Diffusion, afirmou que permitiria que artistas optassem por excluir suas imagens do uso como material de treinamento para suas ferramentas. Até março de 2023, mais de 8 milhões de obras já haviam sido retiradas por meio do site.[18] Outras empresas, como a OpenAI, também concordaram em seguir o exemplo, oferecendo formulários de exclusão em seus sites para artistas que não desejam que suas obras sejam usadas na criação de ferramentas de IA que possam substituí-los.

Como escreveu James Bridle, esses softwares são percebidos pelos artistas como nada além de "trabalho expropriado de muitos para o enriquecimento e avanço de poucas [...] empresas e seus donos bilionários".

Numa tarde de junho do ano passado, encontrei Laurence Bouvard, atriz e dubladora cuja voz já apareceu em comerciais da Galbani e da Dolmio ("Sou o Nico!", disse ela animada, na voz do garotinho italiano do anúncio da Dolmio), bem como em radionovelas da BBC, audiolivros, videogames e vozes de fundo na mais recente temporada da série *Black Mirror*.

Nos confins grandiosos de uma sala revestida com papel de parede verde no Parlamento britânico, em Westminster, ela fez um apelo comovente por seu sustento a uma plateia composta majoritariamente por ativistas e trabalhadores afetados pela IA, além de alguns políticos. "Sem nossas vozes, a IA não poderia ser treinada. No entanto, estamos completamente desprotegidos diante dessas novas tecnologias." Pessoas como ela, acrescentou, já estão começando a perder trabalhos. A plateia foi receptiva, mas atores como Laurence têm provocado um debate mais amplo sobre a necessidade de mudar as leis de direitos autorais para proteger atributos humanos — como vozes e rostos — contra a extração por IA generativa.

Quando conversamos depois, ela me contou que experimentava os mesmos sentimentos kafkianos que eu havia encontrado entre entregadores de empresas como a Uber. Ela também era uma trabalhadora freelancer, impotente e vulnerável. "Eu me sinto invisível, alguém que vive de bico em bico", disse, descrevendo o terror que sente ao imaginar que sua voz — a base de todo o seu trabalho — pode ser clonada com muita facilidade e usada indevidamente; a angústia de já ter cedido todos os seus direitos sobre ela, em qualquer mídia digital e por tempo indeterminado, em contratos abusivos assinados anos antes de a IA generativa sequer existir.

"Não se trata apenas de proteger empregos", disse ela. "A IA não passa de estatística, trabalha com análise de dados. Ela elimina os desvios e as exceções. Ela nasce do estereótipo. No cerne da questão [...] está o que significa ser um artista."

Fato e ficção

Nos últimos 18 meses desde a escrita deste livro, tem havido uma sensação generalizada e instável de que o chão está se movendo sob nossos pés. Tem sido um período de mudanças exponenciais e extrema incerteza, com perguntas desconcertantes como: quem detém os direitos sobre toda a produção criativa da humanidade — e será que ela pode ser recriada e revendida por softwares de IA? Os empregos de colarinho branco continuarão a existir como são hoje? E os chamados trabalhadores do conhecimento, como advogados, jornalistas, consultores e profissionais criativos, ainda terão trabalho dentro de alguns anos, se suas funções puderem ser executadas por IA generativa com um padrão que "dê pro gasto"?

Há também a pergunta subsequente sobre como uma sociedade pode se sustentar sem trabalho e se precisaremos desenvolver uma nova forma de renda universal para todos enquanto a IA realiza qualquer função. E daí surgem as preocupações sobre o futuro de nossa espécie: como as crianças aprenderão quando dependem tão fortemente dessas ferramentas? Elas conseguirão pensar com clareza sem aprender a escrever bem? E, em última instância, quem diabos somos nós, se todas as nossas ideias e pensamentos puderem ser replicados por máquinas?

As pessoas que supostamente deveriam ter respostas para questões prementes como essas — cientistas, tecnólogos, filósofos, economistas e até políticos — parecem não ter nenhuma, e estão tão cheias de conflitos e preocupações quanto o resto de nós. Enquanto isso, a IA generativa se espalha como fogo em mato seco, avançando pela economia a um ritmo muito mais veloz do que qualquer governo pode conter.

Senti que eu também precisava de uma nova perspectiva para refletir sobre as implicações disso tudo. Alguém que me ajudasse a imaginar o futuro e a nossa posição mutável nele de forma mais ampla. Portanto, voltei-me para um lugar que sempre me ajudou a fazer isso: a ficção.

Ted Chiang é um escritor sino-americano cujos romances futuristas exploram temas complexos como o livre-arbítrio, a relação entre linguagem e cognição, e as implicações de uma inteligência sobre-humana. Ele faz tudo isso com sua marca registrada: simplicidade, rigor científico e profunda humanidade. Seus mundos ficcionais geraram impacto no mundo real. Seu conto "A história da sua vida" virou o filme *A chegada*, que inspirou Illia Polosukhin, um dos cientistas da Google por trás do modelo transformer.

Em sua novela de 2010, *The Lifecycle of Software Objects*,[19] uma ex-cuidadora de zoológico chamada Ana aceita um trabalho em uma empresa de tecnologia que desenvolve seres digitais sencientes (os "digientes") para serem vendidos como animais de estimação virtuais. Essas máquinas, ao contrário da IA atual, são conscientes, mas imaturas. A novela desenrola esse experimento mental ao longo de muitos anos, examinando os laços entre os criadores e suas invenções, assim como as questões filosóficas geradas pela criação de um novo tipo de inteligência.

Que tipo de moral esses seres teriam? Quem seria responsável por eles? Eles deveriam tomar suas próprias decisões? De algum modo, nas mãos de Ted, a história se transforma também em um retrato íntimo da parentalidade — e do ato de deixar partir.

Durante o almoço em sua cidade natal, Bellevue, do outro lado do lago de Seattle, Ted, com seu modo contemplativo, discordou da minha observação de que seus mundos ficcionais e o mundo que estamos habitando estavam perigosamente próximos.

"As máquinas que temos agora não são conscientes", disse ele. "Quando uma pessoa ensina outra, há uma interação entre consciências." Enquanto isso, os modelos de IA são treinados ajustando os chamados "pesos", ou seja, a força das conexões entre variáveis no modelo para se obter determinado resultado. "Seria um erro tremendo pensar que, ao ensinar uma criança, tudo o que se faz é ajustar os pesos de uma rede", completou.

A principal objeção de Ted, como escritor, estava nas palavras que escolhemos para descrever tudo isso. Termos antropomórficos, como "aprender", "entender", "saber", e o uso de pronomes pessoais como "eu", projetados sobre chatbots como o ChatGPT, criavam uma ilusão. Isso nos levava — mesmo aqueles bem familiarizados com o funcionamento desses sistemas — a enxergar sinais de senciência onde não havia nenhum.

"Houve uma discussão no Twitter, um tempo atrás", contou Ted, "em que alguém perguntava: 'O que é inteligência artificial?' E outro respondia: 'Uma escolha infeliz de palavras em 1954.' E ele tinha razão. Se tivéssemos escolhido outra expressão naquela época, talvez tivéssemos evitado boa parte da confusão atual".

Perguntei a Ted que nome ele daria, se pudesse inventar um agora. Sua resposta foi imediata: estatística aplicada.

"É realmente impressionante que se possa extrair esse tipo de coisa de uma análise estatística sobre um grande corpo de texto", disse ele. Mas, em sua visão, isso não basta para tornar essas ferramentas inteligentes.

Estatística aplicada é uma descrição muito mais precisa, acrescentou, "mas ninguém quer usar esse termo, porque não é sexy".

Dado seu fascínio pela relação entre linguagem e inteligência, perguntei o que achava da escrita feita por IA, do tipo que o ChatGPT produz. Como, perguntei, isso mudaria a escrita que ambos fazemos? Foi a única vez em nossa conversa em que vi um lampejo de exasperação. "Eles escrevem algo que realmente toca as pessoas? Já houve algum ensaio criado pelo ChatGPT que tenha mesmo comovido alguém?"

Eu vira um belo texto de Vauhini Vara, escrito em parte com o GPT, sobre a morte de sua irmã. Mas não me ocorria nada criado *exclusivamente* por uma IA que tivesse se destacado. A visão de Ted era de que LLMs serviam sobretudo para gerar textos de preenchimento que ninguém necessariamente quer ler ou escrever, aquilo que o antropólogo David Graeber chamava de "trabalhos de merda" [*bullshit jobs*, em inglês]. A escrita gerada por IA não era encantadora, mas talvez fosse útil em certos contextos, ele admitiu.

"Mas o fato de os LLMs conseguirem fazer isso não é exatamente um grande elogio às suas capacidades", disse. "É mais uma constatação de quanto lixo somos obrigados a produzir e consumir no nosso dia a dia."

Ted delineou esse pensamento em um ensaio viral intitulado "ChatGPT Is a Blurry JPEG of the Web" [ChatGPT é um JPEG borrado da Rede], publicado na *New Yorker*.[20] Ele descreveu os modelos de linguagem como imitações borradas dos textos que os treinaram, rearranjos de sequências de palavras que obedecem a regras gramaticais. Como a tecnologia reconstrói material de forma apenas levemente diferente do que já existe, ela dá a *impressão* de compreensão.

Enquanto ele falava sobre como as crianças aprendem linguagem, contei que minha filha de 5 anos estava inventando piadinhas, quase sempre com trocadilhos, que experimentava conosco.

"Sua filha", disse ele, "já ouviu piadas e as achou engraçadas. O ChatGPT não acha nada engraçado nem tenta ser engraçado. Há um componente social enorme no que ela está fazendo".

Para Ted, linguagem sem emoção e intenção humanas perde seu sentido. "A linguagem é uma forma de promover a interação com outros seres", explicou. "E isso é completamente diferente da previsão da próxima palavra ou caractere-chave (*token*), que é o que temos com essas ferramentas de IA no momento."

Caminhei com Ted pelo Bellevue Downtown Park, um espaço vasto e viçoso com hortênsias cor-de-rosa vibrantes e chafarizes. Era um dia glorioso para esse tipo de passeio. À medida que circulávamos pelo parque algumas vezes, certas figuras se tornavam familiares: uma mãe e uma filha, uma senhora com um cachorro de duas patas e pessoas sentadas em bancos com livros, revistas e sorvetes. Perguntei a ele como imaginava que o mundo mudaria se as pessoas passassem a se comunicar rotineiramente com máquinas.

Ele me perguntou se eu me lembrava do filme *Náufrago*, com Tom Hanks. Na ilha onde ficou preso, o personagem de Hanks tinha como único companheiro uma bola de vôlei chamada Wilson, por quem nutria verdadeiro afeto. "Acho que essa é uma maneira mais útil de pensar a respeito desses sistemas", disse Ted. "Isso não diminui o que o personagem sente por Wilson, porque Wilson realmente oferecia conforto a ele. Mas a verdade é que [...] ele está projetando tudo em uma bola de vôlei. Não há mais ninguém ali."

Ele reconheceu por que certas pessoas podem começar a preferir conversar com sistemas de IA em vez de com outros seres humanos. "Eu entendo. Interagir com gente é difícil. É complicado. Exige muito, e com frequência não é recompensador", disse.

Mas Ted acredita que a vida moderna nos deixou isolados, como náufragos em ilhas desertas, desejando companhia. "E, por isso, surgiu uma oportunidade de mercado para bolas de vôlei", disse ele. "Chatbots sociais podem oferecer conforto real, consolo genuíno para as pessoas, da mesma forma que Wilson oferecia."

No entanto, para ele, o que realmente dá sentido à vida é a empatia e o propósito que obtemos das interações humanas — pessoas que respondem umas às outras. Com a IA, disse ele, "parece que há alguém do outro lado... mas não há".

**

Minhas conversas com Ted me levaram a buscar na ficção científica uma forma de organizar meus pensamentos dispersos sobre o que a IA generativa poderia significar para todos nós. Foi então que encontrei "The Machine Stops" [A máquina para], conto de E.M. Forster, de 1909,[21] que não consegui tirar da cabeça.

Nele, as pessoas vivem isoladas em cápsulas individuais, morrendo de medo de "experiências diretas" e "ideias de primeira mão". A protagonista, Vashti, professora universitária e mãe, se comunica com o filho, que vive do outro lado do planeta, por intermédio de algo chamado a Máquina. A Máquina conecta seres humanos virtualmente, mas não transmite os matizes das expressões ou das emoções. É apenas uma boa aproximação. Mas, como diz Vashti: "Algo que 'dava pro gasto' já havia sido aceito havia muito tempo pela nossa raça."

A ideia de Forster de uma máquina que cria uma versão borrada da realidade e que acaba substituindo o mundo habitado parece extremamente relevante hoje. Quando olhava ao meu redor, para as histórias que eu mesma vinha escrevendo sobre IA generativa produzindo conteúdos falsos ou enviesados, eu começava a enxergar essa ideia em todos os lugares. Forster havia descrito, mais de um século atrás, o que hoje chamamos de um "mundo da pós-verdade".

Mas o que mais me marcou foi o desfecho da história, o destino da Máquina. De algum modo, ela começa a se degradar e corroer, distorcendo a realidade à medida que falha: envenenando as melodias de sinfonias famosas, gerando cheiros pútridos, imagens distorcidas e até poesia "defeituosa", enquanto os humanos são obrigados a se adaptar à sua toxicidade. As pessoas acabam se acostumando.

O problema é que, no mundo de Forster, ninguém sabe consertar a Máquina. As pessoas haviam se distanciado demais; o conhecimento técnico estava concentrado nas mãos de uns poucos poderosos. "Em todo o mundo", escreve Forster, "não havia ninguém que compreendesse o monstro como um todo".

Mesmo assim, todos haviam aceitado alegremente a entrada da Máquina em suas vidas. O pouco que sabiam sobre seus benefícios mágicos — como funcionava e o que podia fazer por eles — dava pro gasto.

Epílogo

No dia 26 de fevereiro de 2022, dois dias após a eclosão da guerra na Europa — a primeira em décadas —, o frei Paolo Benanti caminhava com passo apressado pelo centro de Roma. Desviando de ônibus, ciclistas e músicos de rua, atravessou a milenar ponte Sant'Angelo rumo à Via da Conciliação, artéria que leva ao Vaticano. Seu destino era o palácio Apostólico — a residência oficial do papa —, onde tinha uma reunião importante.

Paolo é um frei franciscano que vive em quartos espartanos, divididos com outros quatro religiosos, acima de uma pequena igreja romana. Os franciscanos fazem votos e vivem em comunidade, mas não são padres típicos. Trabalham como professores ou atuam em obras sociais e de caridade, inspirados na vida de Francisco de Assis, seu santo fundador. O convento de Paolo é um espaço de aprendizado: todos os frades, inclusive o mais velho, com 102 anos, são professores ou ex-professores, cujas áreas de especialização incluem química, filosofia, tecnologia e música.

Paolo, de 50 anos, é o mais jovem deles, engenheiro e especialista em ética — títulos que veste com naturalidade sob o hábito de sacerdote. Como professor de ética na Pontifícia Universidade Gregoriana, uma instituição com quase quinhentos anos de história a dez minutos do mosteiro, ele ensina teologia moral e ética aplicada à tecnologia de ponta, como bioaumento, neuroética e inteligência artificial, na pós-graduação.

Paolo estava a caminho de um encontro com o papa Francisco, pontífice argentino que ele compara a uma dança de tango apaixonada, em contraste com a valsa contida de seu antecessor. Na reunião,

Paolo atuaria como tradutor — tanto de línguas quanto de disciplinas. É fluente em inglês, italiano, tecnologia, ética e religião.

O convidado do papa era Brad Smith, presidente da gigante tecnológica norte-americana Microsoft, que havia chegado no dia anterior em um jato particular. A pauta: inteligência artificial e, especificamente, como a humanidade poderia se beneficiar dessa poderosa tecnologia, em vez de se tornar refém dela. O encontro era oportuno: o papa se preocupava com o uso da IA na guerra da Ucrânia e com o que poderia ser feito para evitar que ela destruísse, no longo prazo, o tecido da humanidade.

Nos últimos três anos, Paolo tornara-se uma espécie de "encantador de IA" da alta cúpula da Santa Sé. O frei, que concluiu parte de seu doutorado sobre ética das tecnologias de aprimoramento humano na Universidade Georgetown, nos Estados Unidos, é o responsável por informar o papa (então com 85 anos) e seus conselheiros sobre as possíveis aplicações da inteligência artificial, que ele descreve como uma tecnologia de uso geral, "como o aço ou a eletricidade", e sobre como ela mudará nossas formas de viver. Paolo também atua como mediador entre os chamados magistérios não interferentes — expressão cunhada por Stephen Jay Gould —, unindo líderes religiosos e especialistas em tecnologia.

Ele já havia se reunido com John Kelly, vice-presidente da IBM; com Mustafa Suleyman, ex-cofundador da DeepMind (empresa de IA da Google); e com Norberto Andrade, responsável pela política de ética em IA da Meta, para promover trocas de ideias sobre o que seria considerado "ético" no projeto e na aplicação dessas tecnologias emergentes.

Paolo também teve papel fundamental ao aconselhar o papa e sua equipe a respeito dos perigos potenciais da IA. Embora acreditasse que ela poderia desencadear uma nova revolução tecnológica, sua preocupação era que a IA usurpasse o poder dos trabalhadores e das próprias decisões humanas. Se deixada sem regulação, ele acreditava que a tecnologia poderia se tornar injusta e uma ameaça à paz e ao bem-estar social.

Os líderes da Igreja estavam especialmente alarmados com a possibilidade de que a IA aprofundasse as desigualdades. Eles viam paralelos com a primeira revolução industrial, quando crianças e idosos foram prejudicados — explorados ou excluídos — pelas transformações sociais abruptas. Agora, temiam que a redistribuição de riqueza e poder provocada pela IA pudesse novamente prejudicar os mais frágeis da sociedade.

O encontro de Brad Smith com o papa em 2022 não foi o primeiro. Três anos antes, Paolo intermediara uma reunião inaugural como parte de um conselho interdisciplinar para debater os aspectos éticos da inteligência artificial. Após se identificarem mutuamente em suas posições sobre os migrantes sem documentação e refugiados, as duas delegações concordaram em colaborar num projeto mais ambicioso e concreto: a criação de um compromisso com valores humanos comuns que pudesse servir de guia para os desenvolvedores de IA. A presença de Smith traria o setor tecnológico para a mesa.

O interesse da Igreja pela IA pode parecer incomum. No entanto, a questão de como "alinhar" o software aos valores humanos tornou-se central no debate atual e com isso surgem perguntas sobre quais são esses valores humanos universais. A IA generativa pode escrever fluentemente, criar imagens e códigos de uma maneira que é indistinguível das criações humanas, e está sendo transmitida sem filtros ao redor do mundo, influenciando profundamente nossos pensamentos e crenças. O software de computador está sendo usado para fazer contratações,[1] tomar decisões de investimento, aconselhar pessoas sobre sua ansiedade ou diagnosticar doenças. A questão de quais morais estão embutidas no software tornou-se muito mais urgente do que nunca, e os líderes religiosos sentem que precisam ter voz nessa área.

O trabalho quanto ao chamado "alinhamento de IA" — tornar o software compatível com a sociedade humana — agora faz parte do DNA de empresas de IA como Anthropic, Google e OpenAI, que é apoiada pela Microsoft de Brad Smith. Essas empresas desenvolveram modelos de IA generativa que operam de acordo com uma espécie de constituição — um conjunto de regras éticas, compiladas internamente pelas empresas — às quais seu software de IA deve aderir. Por exemplo, pesquisadores de ética da Google DeepMind, o braço de pesquisa em IA da gigante de buscas, publicaram um artigo definindo seu próprio conjunto de regras,[2] que visava um diálogo "útil, correto e inofensivo". A constituição da Anthropic[3] baseia-se nos princípios do DeepMind, bem como em fontes como a Declaração Universal dos Direitos Humanos da ONU, os termos de serviço da Apple e as chamadas "perspectivas não ocidentais" (sem especificar quais).

Todas as empresas alertam que suas diretrizes éticas estão em constante desenvolvimento e não refletem integralmente os valores da humanidade. Na verdade, não existe mesmo um único conjunto de valores éticos adotados por todas as culturas e sociedades. A Anthropic declarou: "Obviamente, reconhecemos que essa seleção reflete nossas próprias escolhas como designers e esperamos no futuro aumentar a participação na criação de constituições."[4]

Mas até que tivéssemos um método mais democrático e refinado para definir os valores da IA, refletindo as perspectivas e os vieses culturais ao redor do mundo, Paolo sentia que a tarefa de estabelecer os limites éticos dessa poderosa tecnologia e, portanto, seu impacto sobre a humanidade, não deveria ser deixada apenas nas mãos de cientistas da computação. Como muitos críticos da IA, ele entendia que essa responsabilidade deveria ser compartilhada entre os setores público e privado: cidadãos, instituições religiosas, educacionais, governamentais e agências multilaterais, além de empresas, reunindo uma diversidade de vozes para o debate.

Como parte dessa iniciativa, Paolo redigiu, em 2020, um acordo conhecido como o Apelo de Roma.[5] Seu objetivo era servir de base para uma constituição ética "humanista" para a IA. No centro desse documento estava o imperativo de proteger a dignidade humana acima de qualquer avanço tecnológico. O Apelo de Roma apresentou a proposta de uma *algorética*: uma estrutura básica de valores humanos a ser acordada por múltiplas partes interessadas no mundo todo, compreendida e implementada também pelas máquinas.

O conceito de algorética exigia que todo software envolvido na tomada de decisões apresentasse dúvida e demonstrasse incerteza ética. "Toda vez que a máquina não souber se está protegendo adequadamente os valores humanos, ela deve solicitar a nossa intervenção", afirmou Benanti. Só assim os tecnólogos poderiam criar softwares centrados no bem-estar humano.

Para responsabilizar as empresas de IA frente a desafios como os efeitos não intencionais, os vieses incorporados, os danos e os impactos em cadeia sentidos pelos usuários, era preciso uma aliança global. A Igreja Católica sabia que não tinha poder nem autoridade para agir sozinha. Então Paolo começou a procurar representantes das outras religiões abraâmicas — especificamente o Islã e o Judaísmo — para firmar uma aliança.

"Eles enxergam os mesmos problemas, e queremos encontrar um novo caminho juntos", disse Paolo. A parte mais difícil de os reunir, ele brincou, seria criar um cardápio de almoço que atendesse às restrições religiosas e culturais de todos. Mas, é claro, a questão é bem maior do que isso.

Os primeiros signatários, em fevereiro de 2020, foram um grupo pequeno, mas diverso: Microsoft, IBM, o governo italiano e a Organização das Nações Unidas para a Alimentação e a Agricultura (FAO). Em 2023, representantes das religiões judaica e islâmica se juntaram a eles em uma cerimônia histórica no Vaticano.[6]

"Até onde sei", disse Paolo, "essas três religiões monoteístas nunca haviam assinado uma declaração conjunta sobre nenhum tema".

**

A preocupação dos líderes religiosos de que a IA amplificasse desigualdades era legítima. Em anos de reportagens sobre tecnologia, o padrão que emergiu diante de meus olhos foi o impacto desproporcional da IA sobre os grupos marginalizados e excluídos da sociedade: refugiados, migrantes, trabalhadores precarizados, minorias sociais e raciais, e mulheres. Esses mesmos grupos também são afetados de forma desproporcional pelas limitações técnicas da IA generativa: alucinações e estereótipos negativos reproduzidos nos textos e imagens gerados por software.[7] Isso acontece porque essas pessoas raramente têm voz nos ambientes onde a IA é desenvolvida.

Foi por isso que escolhi narrar as perspectivas de pessoas de fora do Vale do Silício — aquelas cujas opiniões são frequentemente ignoradas no design ou na implementação de tecnologias como a IA. No entanto, enquanto estava em Roma no ano passado, estudando a estrutura de algorética proposta por Benanti, encontrei Brad Smith, presidente da Microsoft. Smith era o rosto corporativo da IA responsável — o homem que ajudara a organizar o Apelo de Roma ao lado de Paolo, ao mesmo tempo que sua empresa investia 10 bilhões de dólares na OpenAI, uma das companhias de IA mais poderosas do mundo. Eu não resisti a perguntar como ele conciliava essas duas coisas. Perguntei se realmente acreditava que iniciativas como essa poderiam ter algum impacto efetivo na hegemonia global de empresas como a Microsoft ou a OpenAI.

Smith disse todas as palavras certas: que os tecnólogos precisavam se conectar mais com as ciências sociais, a filosofia, a religião e as humanidades para considerar o impacto social dos produtos que desenvolvem. Um dos motivos pelos quais isso não havia acontecido antes, segundo ele, era a ausência de regulamentações claras por parte dos governos.

"Você está basicamente atribuindo às máquinas o poder de tomar decisões que antes eram exclusivamente humanas. Se não fizermos isso direito, corremos o risco de criar mais problemas do que resolver", afirmou.

Eu conhecia a carta de princípios da Microsoft para uma IA ética,[8] incluindo os limites que a empresa impôs a si mesma em relação à venda de tecnologias de reconhecimento facial para autocratas e forças policiais norte-americanas. Mesmo assim, a tecnologia continuava a se espalhar globalmente, usada por democracias e autocracias. Perguntei se um acordo multidisciplinar e inclusivo, vindo de *fora* do mundo da tecnologia, poderia fazer alguma diferença para os criadores dessas ferramentas.

"Acho que isso importa para alguns de nós", disse Smith. "E acho que, cada vez mais, vai importar para quase todo mundo. Os líderes tecnológicos do futuro terão que pensar com uma perspectiva mais ampla, queiram ou não."

Seu argumento era que um consenso intelectual e multilateral como o Apelo de Roma poderia influenciar centros de poder fora da indústria tecnológica, como governos e universidades, e acabar se transformando em leis que influenciassem empresas como a dele.

Em outras palavras, pensadores de destaque da teologia, da religião e das humanidades talvez não tenham influência direta sobre a indústria tecnológica, mas ainda podem exercer pressão sobre legisladores para exigir uma inovação mais responsável.

"Inovação responsável" nunca foi exatamente o mantra do Vale do Silício. Até pouco tempo, os empreendedores de tecnologia viviam sob o lema cunhado por Mark Zuckerberg, fundador e CEO do Facebook: "Mova-se rápido e quebre coisas." A frase sintetizava a ênfase do setor em inovação acelerada, experimentação e disposição para cometer erros e causar rupturas sociais. Só nos últimos anos ficou evidente o alto custo dessas forças disruptivas: no papel das redes sociais na manipulação eleitoral, em teorias da conspiração, na crise de saúde mental entre adolescentes, no impacto das plataformas de entrega sobre os direitos dos trabalhadores, na perda coletiva de privacidade on-line.

"Tinha gente que se orgulhava de se mover rápido e quebrar coisas", me disse Smith. "Mas, com o tempo, percebemos que talvez não queiramos quebrar tantas coisas assim."

**

Em janeiro de 2023, na véspera da chegada de judeus e muçulmanos à Santa Sé, os céus se abriram em uma forte tempestade que lavou o céu de Roma. Subindo uma colina sinuosa no coração do Vaticano, passando pela cúpula de mármore da basílica de São Pedro, caminhava um grupo de rabinos, imãs e estudiosos muçulmanos, vindos de Israel, dos Emirados Árabes Unidos e da Califórnia. Eles se dirigiam à Casina Pio IV, uma moradia patrícia do século XVI que hoje abriga a Pontifícia Academia de Ciências.

Era a primeira vez que se reuniam no Vaticano, líderes globais das três religiões abraâmicas unidos por um espírito de colaboração. Dentro da Villa Pia, sentaram-se frente a frente: arcebispos, rabinos e imãs, prontos para discutir o tema que os reunira, movidos por preocupações comuns.

O tema do dia era a urgente necessidade de construir tecnologias de inteligência artificial que respeitassem os direitos humanos e minimizassem danos. Na plateia, também estavam representantes de duas das maiores empresas de tecnologia do mundo: Brad Smith, da Microsoft, e Dario Gil, diretor de pesquisa da IBM.

Todos concordavam que a IA era uma das inovações mais significativas da humanidade. Já estava claro que ela se infiltrava rapidamente no cotidiano. Suas preocupações, no entanto, diziam respeito ao controle dessas tecnologias. Assim como as armas nucleares no século passado, temiam que os sistemas de IA estivessem sendo construídos sem considerar os valores e a ética da humanidade: respeito mútuo, solidariedade, cooperação pelo bem comum, honestidade, justiça, integridade e transparência — valores que todos ali compartilhavam. Sentiam que um design descuidado da IA contemporânea poderia abrir espaço para abusos, levando a consequências catastróficas para a nossa espécie. O xeique bin Bayyah, de 89 anos, dos Emirados Árabes Unidos, reconhecido como um dos maiores estudiosos vivos do direito islâmico, evocou o poeta árabe Abu al-Fath al-Busti, que comparava a inovação humana à autodestruição do bicho-da-seda: "O homem se esforça como o bicho-da-seda que passa a vida tecendo, apenas para perecer, confuso, dentro da própria criação entrelaçada."

Essas preocupações refletiam perguntas que vêm sendo feitas por legisladores no mundo inteiro, à medida que os softwares de IA crescem e se espalham pela economia global. Em novembro último, passei dois dias em Bletchley Park, o centro de decodificação britânico durante a Segunda Guerra Mundial, onde representantes de Estado de mais de vinte nações, como Índia, Brasil, Nigéria, China, Estados Unidos e União Europeia, reuniram-se com líderes das principais empresas de IA, como OpenAI, Google DeepMind e Microsoft, para discutir exatamente essas questões.

Quem seria responsabilizado pelos erros da inteligência artificial? Como a IA mudaria o modo como os seres humanos se comunicam, aprendem e consomem informação? De que maneira essa tecnologia afetaria nosso comportamento, nossas crenças e nossas ações? Como poderíamos evitar falhas catastróficas da IA? E, afinal, como controlar um sistema que pode acabar se revelando mais inteligente do que nós?

Os delegados de Bletchley assinaram uma declaração conjunta sobre a necessidade de ação, e o Apelo de Roma propôs seis princípios éticos para os desenvolvedores de IA, que buscavam responder a algumas dessas perguntas. Eles incluíam a exigência de que os sistemas de IA fossem explicáveis, inclusivos, imparciais, reproduzíveis, que protegessem a privacidade e fossem responsabilizados por seus atos, o que significava que alguém humano deveria assumir a responsabilidade por toda decisão facilitada por IA.

Quando os três líderes religiosos — o estudioso islâmico, o rabino de Jerusalém e o arcebispo católico — assinaram o pacto, a sala ficou em silêncio, com o fôlego em suspenso. As pessoas olhavam ao redor, gravando na memória quem mais fora testemunha daquela união tão incomum quanto histórica. Apesar dos conflitos que ferviam no mundo lá fora, naquele momento, as três religiões abraâmicas se uniam em defesa da humanidade.

**

Por mais comovente que tenha sido aquele momento, encontrar respostas para essas questões complexas e existenciais não pode ser tarefa apenas dos líderes religiosos. Como eles próprios me apontaram, seu histórico de cooperação e liderança moral está longe de ser perfeito. Além disso, ninguém era legalmente obrigado a seguir o Apelo de Roma — tratava-se apenas de um compromisso voluntário.

Projetar um sistema de IA "ético" será um esforço coletivo. Requer a participação de cidadãos de diferentes culturas, lado a lado com os inventores e vendedores corporativos desses produtos. Depende também da imaginação de artistas, escritores, atores e músicos — cujo trabalho tem sido apropriado para alimentar a IA generativa — e da experiência de formuladores de políticas públicas, economistas, acadêmicos, filósofos e especialistas em ética, que já vivenciaram outras ondas de transformação social radical.

Ao escrever este livro e acompanhar intensamente o desenvolvimento da IA nos últimos anos, cheguei a um ponto de partida: um checklist de perguntas orientadoras, que podem servir para empoderar e ajudar a recuperar alguma agência no uso e controle da IA. Não são tão grandiosas quanto o Apelo de Roma ou a Declaração de Bletchley, mas nasceram de minhas interações com pessoas que pensam profundamente sobre a IA — e das experiências das pessoas que aparecem neste livro. São perguntas que venho me fazendo toda vez que encontro uma nova ferramenta de IA. E são para você também, não importa sua posição, quer deseje usar, protestar ou simplesmente entender melhor essas tecnologias.

1. Como seria um salário global mais justo e coerente para os trabalhadores de dados da IA — um valor que refletisse o mercado lucrativo e crescente por seus serviços?
2. Como incluir pessoas marginalizadas e outras minorias como criadoras e inventoras de IA, sem recrutá-las apenas para serviços exploratórios, como a moderação de conteúdo?
3. Quais produtos gerados ou auxiliados por IA devem ser claramente identificados como tal para os consumidores e quais devem oferecer uma opção de revisão humana, sem custo pessoal?
4. Como saber se um produto de IA é seguro, ou seja, que não pode ser hackeado, manipulado ou que não apresenta viés discriminatório? E, se não tivermos como saber, ele deveria estar disponível ao público?
5. Quais áreas do direito já existentes poderiam ser modificadas ou esclarecidas para contemplar a IA, como as leis de direitos autorais, privacidade, cibersegurança, antidiscriminação e outros direitos humanos?
6. Como trazer mais diversidade de expertise para as discussões sobre desenvolvimento e legislação de IA — especialmente de vozes fora do Ocidente?
7. Se produtos de IA podem ajudar a reduzir desigualdades (por exemplo, na saúde), eles estão realmente acessíveis às comunidades que mais precisam ou apenas às que podem pagar?

8. Em áreas decisivas como emprego, justiça criminal ou assistência social, quem é responsável pelas decisões ou consequências de uma ferramenta de IA? Essa pessoa tem controle real sobre ela?
9. Como compensar as pessoas (como artistas, escritores, fotógrafos) por sua criatividade e conhecimento, que os desenvolvedores de tecnologia hoje extraem gratuitamente para construir novos sistemas?
10. Quais são os canais para o empoderamento dos cidadãos frente à IA, por exemplo, a possibilidade de ser removido de sistemas de IA, a exclusão de dados em sistemas generativos e o direito de escolher decisões humanas em vez de automatizadas?

**

Quando comecei como repórter de tecnologia, fui atraída pela IA por causa das possibilidades poderosas que ela oferecia: uma maneira de ampliar a inteligência humana e resolver problemas considerados impossíveis. Ela poderia ser a maior — e talvez a derradeira — invenção da humanidade. Muitos entusiastas a viam como uma tecnologia transumanista: uma extensão de nós mesmos, uma atualização da espécie que nos tornaria seres mais avançados. Demis Hassabis, CEO da Google DeepMind, costuma descrever seu objetivo de forma simples: "resolver a inteligência", como se o intelecto humano fosse uma equação matemática ou uma fase de videogame a ser completada. As oportunidades de melhorar a vida humana pareciam infinitas.

Mas a minha busca por entender como a IA transformava a vida das pessoas ao redor do mundo acabou me transformando também. Os avanços da IA nos últimos cinco anos foram dramáticos e inegáveis — mas, de certa forma, fui me tornando menos deslumbrada com a tecnologia nesse período. Os modelos de linguagem são, sem dúvida, impressionantes, quase mágicos, em sua capacidade de interpretar e parecer compreender palavras. No entanto, percebi que o mais inspirador nas histórias que descobri não eram os algoritmos sofisticados ou seus resultados, mas sim os seres humanos que usavam e se adaptavam à tecnologia: médicos, cientistas, trabalhadores de aplicativos, ativistas e artistas. Enfim, pessoas que representam o melhor de nós. E, embora eu continue otimista em relação ao valor social da IA, acredito que, por mais excepcional que seja uma ferramenta, ela só tem valor real quando preserva a dignidade humana. Minha esperança para a IA não é que ela crie uma nova espécie "atualizada", sem as imperfeições humanas, mas que ajude a nós, humanos comuns e falhos, a viver da melhor maneira possível.

Em Roma, enquanto eu esperava sob o sol de janeiro diante da residência oficial do papa, conversei com o rabino David Rosen, ex-rabino-chefe da Irlanda e atual diretor de assuntos inter-religiosos do American Jewish Committee. Ele foi direto ao ponto: havia uma ironia, disse, no que ele e seus colegas de fé estavam fazendo, porque a própria religião não esteve isenta de abusos ao longo da história — sendo muitas vezes causa de conflitos e derramamento de sangue. "Todo conflito, no fim das contas, é causado pelo poder", falou. As empresas de tecnologia, que operam além das fronteiras e têm bilhões de usuários, detêm hoje um poder imenso com um impacto desproporcional sobre o mundo, lembrando o papel que as religiões desempenhavam em sociedades antigas. "Nossa função", ele me disse, "é lembrar às empresas de tecnologia os perigos do poder".

O que seria necessário, então, para encontrar uma solução, uma forma de moldar uma tecnologia tão poderosa — e que vem nos privando de autonomia — em algo que nos eleve? Fiz essa reflexão em voz alta enquanto eu, o rabino Rosen e seu colega subíamos a escadaria de mármore em espiral do palácio Apostólico.

"Seriam necessários", eles sorriram enquanto prosseguíamos, "muitos, muitos degraus".

Agradecimentos

Meu mais profundo agradecimento às pessoas sem as quais este livro simplesmente não existiria. A Ian, Benja, Hiba, Ala, Susan; Helen e Noelle; Karl e Cher; Ashita e Ziad; Diana; Pablo e Norma; Armin; Cori; Maya e Paolo: obrigada por me permitirem mergulhar em suas vidas, fazer infinitas perguntas e contar suas histórias.

Patrick Walsh tirou este livro da minha cabeça e o transformou em realidade. Não poderia ter desejado guia mais sábio, gentil e experiente para esse universo estranho e fascinante da publicação. E ainda tive a sorte de ganhar um amigo, conselheiro e incentivador ao longo do caminho — obrigada.

Meu sincero agradecimento a Ravi Mirchandani e Tim Duggan — pela sabedoria, pelo trabalho incansável e pela habilidade em moldar este livro. Ravi, obrigada por enxergar o livro pelos meus olhos antes mesmo de estar escrito. Tim, sou grata pela sua firmeza e franqueza. Tenho uma dívida com Gillian Stern por suas emendas cheias de empatia, e com Jenn Cheong pela cuidadosa checagem de fatos. A Philip Gwyn Jones e Grigory Tovbis — obrigada por acreditarem neste livro desde o início.

Agradeço a Siobhan Slattery por seu entusiasmo contagiante e às equipes da Picador, Holt e PEW Literary por trazerem este livro ao mundo com tanta energia, paixão e cuidado.

Muitas pessoas compartilharam generosamente seus conhecimentos como fontes, guias e leitores deste livro. Serei para sempre grata por essa benevolência extraordinária. Em especial, Mila Miceli, Juan Ortiz Freuler, Carly Kind, Mary Towers, Fieke Jansen, Pete Fussey, James Farrar, Nirit Peled — obrigada pelo tempo dedicado a me educar e revisar meu trabalho. Agradeço a Juanito Vilariño e Paula Cattaneo por me ajudarem a navegar por Salta linguística, geográfica e culturalmente. E um agradecimento especial a Jane Gideon e Christine Spolar, por seus olhos (e canetas) atentos, que elevaram este livro.

A bolsa da Society of Authors viabilizou muitas das minhas viagens — obrigada por me conceder o privilégio de relatar este livro com meu próprio olhar. E obrigada a Helen Mort por me permitir o uso de seu poema da coletânea *The Illustrated Woman*.

Tive a sorte de contar com a orientação de amigos escritores: Oli Franklin-Wallis, que compartilhou toda sua experiência no mundo editorial; João Medeiros, por ter me ajudado a dar o pontapé inicial; e Stephanie Hare, por ter oferecido feedback em todas as páginas, em todas as fases e por me encorajar a pensar em voz alta.

Aos amigos que são família: Keya — obrigada por ter lido cada palavra, em todas as versões, e por se envolver tão profundamente com as histórias deste livro. Minha eterna gratidão a George, Rati, Nitika, Abha e Darsh, por me ajudarem a lidar com títulos, capas, editores e bloqueios criativos.

Não teria conseguido fazer tudo isso, juntamente com o meu expediente de trabalho, sem o incentivo de tantos colegas no *Financial Times*. Meus sinceros agradecimentos a: John Thornhill, que leu a primeira versão da proposta deste livro; Roula Khalaf, por me dar a oportunidade de liderar a cobertura dessa história fascinante; India Ross, por dezenas de conversas no WhatsApp; George Hammond, por me apontar o *Coração das trevas*; Matt Vella e Gillian Tett, pelos conselhos; minha equipe de tecnologia — Murad, Tanya, Tim, Cristina, Sarah, John e Malcolm — por todo o apoio constante. E a tantos outros no *FT* — vocês sabem quem são. É um privilégio trabalhar ao lado de pessoas tão inteligentes, generosas e humanas.

Escrever este — ou qualquer — livro teria sido impossível sem minha família. Da minha mãe herdei o amor pelas histórias e pelas pessoas, que é o que compõe este livro. A fé do meu pai em mim me deu autoconfiança. Minha irmã é minha alma gêmea para a vida toda.

Obrigada por me permitirem conciliar escrita e maternidade, e por serem meus eternos pilares. Amo vocês.

Aos meus filhos, por multiplicarem toda alegria por dez e me darem perspectiva.

E, por fim, a David, pelos presentes de tempo, espaço e amor incondicional. Por me erguer, nunca me deixar cair e sempre me colocar em primeiro lugar. Para você, minhas palavras são insuficientes.

Notas

Introdução

1 MURGIA, M. "My Identity for Sale", *Wired UK*, 30 out. 2014, https://www.wired.co.uk/article/my-identity-for-sale.

2 BRIDLE, J. "The Stupidity of AI", *The Guardian*, 16 mar. 2023, https://www.theguardian.com/technology/2023/mar/16/the-stupidity-of-ai-artificial-intelligence-dall-e-chatgpt#:~:text=They%20enclosed%20our%20imaginations%20in,new%20kinds%20of%20human%20connection.

3 WANG, Hanchen et al. "Scientific Discovery in the Age of Artificial Intelligence", *Nature* 620, nº 7972 (3 ago. 2023): 47-60, https://doi.org/10.1038/s41586-023-06221-2.

4 WHITTAKER, Meredith. "The Steep Cost of Capture", *Interactions* 28, nº 6 (10 nov. 2021): 50-55, https://doi.org/10.1145/3488666.

5 EUBANKS, V. *Automating Inequality: How High-Tech Tools Profile, Police, and Punish the Poor*, St Martin's Press, 2018.

6 NOBLE, S. *Algorithms of Oppression: How Search Engines Reinforce Racism*, NYU Press, 2018.

7 RICAURTE, Paola. "Data Epistemologies, The Coloniality of Power, and Resistance", *Television & New Media* 20, nº 4 (7 maio 2019): 350-65, https://doi.org/10.1177/1527476419831640.

8 ROBERTS, Michael et al. "Common Pitfalls and Recommendations for Using Machine Learning to Detect and Prognosticate for COVID-19 Using Chest Radiographs and CT Scans", *Nature Machine Intelligence* 3, nº 3 (15 mar. 2021): 199-217, https://doi.org/10.1038/s42256-021-00307-0.

9 BANDURA, Albert. "Toward a Psychology of Human Agency", *Perspectives on Psychological Science* 1, nº 2 (24 jun. 2006): 164-80, https://doi.org/10.1111/j.1745-6916.2006.00011.x.

Capítulo 1: Seu ganha-pão

1 INC. GRAND VIEW RESEARCH. "GVR Report Cover Data Collection and Labeling Market Size, Share & Trends Analysis Report by Data Type (Audio, Image/Video, Text), by Vertical (IT, Automotive, Government, Healthcare, BFSI), by Region, and Segment Forecasts, 2023-2030", 30 mar. 2023, https://www.grandviewresearch.com/industry-analysis/data-collection-labeling-market?utm_source=prnewswire&utm_medium=referral&utm_campaign=ICT_30-March-23&utm_term=data_collection_labeling_market&utm_content=rd1.

2 HAO, Karen; Hernández, Andrea Paola. "How the AI Industry Profits from Catastrophe", *MIT Technology Review*, 20 abr. 2022, https://www.technologyreview.com/2022/04/20/1050392/ai-industry-appen-scale-data-labels/.

3 MURGIA, Madhumita. "AI's New Workforce: The Data-Labelling Industry Spreads Globally", *Financial Times*, 24 jun. 2019, https://www.ft.com/content/56dde36c-aa40-11e9-984c-fac8325aaa04.

4 GRAY, Mary L.; SURI, Siddharth. *Ghost Work: How to Stop Silicon Valley from Building a New Global Underclass*, Houghton Mifflin Harcourt Publishing, 2019.

5 SAMA. "Sama by the Numbers", 11 fev. 2022, https://www.sama.com/blog/building-an-ethical-supply-chain/.

6 SAMA. "Environmental & Social Impact Report", 14 jun. 2022, https://etjdg74ic5h.exactdn.com/wp-content/uploads/2023/07/Impact-Report-2023-2.pdf.

7 MERSIE, Ayenat. "Court Rules Meta Can Be Sued in Kenya over Alleged Unlawful Redundancies", *Reuters*, 20 abr. 2023, https://www.reuters.com/technology/court-rules-meta-can-be-sued-kenya-over-alleged-unlawful-redundancies-2023-04-20/.

8 PILLING, David; MURGIA, Madhumita. "'You Can't Unsee It': The Content Moderators Taking on Facebook", *Financial Times*, 18 maio 2023, https://www.ft.com/content/afeb56f2-9ba5-4103-890d-91291aea4caa

9 PERRIGO, Billy. "Inside Facebook's African Sweatshop", *Time*, 17 fev. 2022, https://time.com/6147458/facebook-africa-content-moderation-employee-treatment

10 MICELI, Milagros; POSADA, Julian. "The Data-Production Dispositif", CSCW 2022. Forthcoming in the Proceedings of the ACM on Human-Computer Interaction, 24 maio 2022, 1-37.

11 LEE, Dave. "Why Big Tech Pays Poor Kenyans to Teach Self-Driving Cars", *BBC News*, 3 nov. 2018, https://www.bbc.co.uk/news/technology-46055595.

Capítulo 2: Seu corpo

1 SOMERS, Meredith. "Deepfakes, Explained", *MIT Sloan Management Review*, 21 jul. 2020, https://mitsloan.mit.edu/ideas-made-to-matter/deepfakes-explained#:~:text=The%20term%20%E2%80%9Cdeepfake%E2%80%9D%20was%20first,open%20source%20face%2Dswapping%20technology.

2 HAO, Karen. "Deepfake Porn Is Ruining Women's Lives. Now the Law May Finally Ban It", *MIT Technology Review*, 21 fev. 2021, https://www.technologyreview.com/2021/02/12/1018222/deepfake-revenge-porn-coming-ban/.

3 VINCENT, James. "Facebook's Problems Moderating Deepfakes Will Only Get Worse in 2020", *The Verge*, 15 jan. 2020, https://www.theverge.com/2020/1/15/21067220/deepfake-moderation-apps-tools-2020-facebook-reddit-social-media.

4 HSU, Tiffany. "As Deepfakes Flourish, Countries Struggle with Response", *The New York Times Magazine*, 22 jan. 2023, https://www.nytimes.com/2023/01/22/business/media/deepfake-regulation-difficulty.html.

5 MORT, Helen. "This Is Wild", *Extra Teeth — Issue Four*, ed. Katie Goh (Edimburgo: Extra Teeth, 2021), https://www.extrateeth.co.uk/shop/issuefour.

6 COLE, Samantha. "Creator of DeepNude, App That Undresses Photos of Women, Takes It Offline", *Vice News*, 29 jun. 2019, https://www.vice.com/en/article/qv7agw/deepnude-app-that-undresses-photos-of-women-takes-it-offline.

7 BURGESS, Matt. "The Biggest Deepfake Abuse Site Is Growing in Disturbing Ways", *Wired*, 15 dez. 2021, https://www.wired.co.uk/article/deepfake-nude-abuse.

8 *Ibid.*

9 BURGESS, Matt. "A Deepfake Porn Bot Is Being Used to Abuse Thousands of Women", *Wired*, 28 out. 2020, https://www.wired.co.uk/article/telegram-deepfakes-deepnude-ai.

10 *Ibid.*

11 METZ, Rachel. "She Thought a Dark Moment in Her Past Was Forgotten. Then She Scanned Her Face Online", *CNN Business*, 24 maio 2022, https://edition.cnn.com/2022/05/24/tech/cher-scarlett-facial-recognition-trauma/index.html.

12 GOLDBERG, Carrie. *Nobody's Victim: Fighting Psychos, Stalkers, Pervs, and Trolls*, Little, Brown and Company, 2019.

13 TALBOT, Margaret. "The Attorney Fighting Revenge Porn", *The New Yorker*, 27 nov. 2016, https://www.newyorker.com/magazine/2016/12/05/the-attorney-fighting-revenge-porn.

14 EFF. "Section 230", s.d., https://www.eff.org/issues/cda230.

15 HADERO, Haleluya. "Deepfake Porn Could Be a Growing Problem Amid AI Race", *Associated Press News*, 16 abr. 2023, https://apnews.com/article/deepfake-porn-celebrities-dalle-stable-diffusion-midjourney-ai-e7935e9922cda82fbcfb1e1a88d9443a.

16 *Ibid.*

17 WILLIAMS, Molly. "Sheffield Writer Launches Campaign over 'Deepfake Porn' after Finding Own Face Used in Violent Sexual Images", *The Star News*, 21 jul. 2021, https://www.thestar.co.uk/news/politics/sheffield-writer-launches-campaign-over-deepfake-porn-after-finding-own-face-used-in-violent-sexual-images-3295029.

18 THE UNITED NATIONS Entity for Gender Equality and the Empowerment of Women. "Facts and Figures: Women's Leadership and Political Participation", 7 mar. 2023, https://www.unwomen.org/en/what-we-do/leadership-and-political-participation/facts-and-figures.

19 DASTIN, Jeffery. "Amazon Scraps Secret AI Recruiting Tool That Showed Bias against Women", *Reuters*, 11 out. 2018, https://www.reuters.com/article/us-amazon-com-jobs-automation-insight-idUSKCN1MK08G.

20 SIEGHART, Mary Ann. *The Authority Gap: Why Women Are Still Taken Less Seriously Than Men, and What We Can Do about It*, Transworld, 2021. [*A lacuna da autoridade*: *Por que as mulheres não são levadas tão a sério quanto os homens e como mudar esse cenário.* São Paulo: Benvirá, 2022.]

21 FELDSTEIN, Steven. "How Artificial Intelligence Systems Could Threaten Democracy", *Carnegie Endowment for International Peace*, 24 abr. 2019, https://carnegieendowment.org/2019/04/24/how-artificial-intelligence-systems-could-threaten-democracy-pub-78984.

22 WITNESS. "Deepfakes, Synthetic Media and Generative AI", 2018, https://www.gen-ai.witness.org/.

23 BOKINNI, Yinka. "Inside the Metaverse" (Reino Unido: Channel 4, 25 abr. 2022).

24 BOKINNI, Yinka. "A Barrage of Assault, Racism and Rape Jokes: My Nightmare Trip into the Metaverse", *Guardian*, 25 abr. 2022, https://www.theguardian.com/tv-and-radio/2022/apr/25/a-barrage-of-assault-racism-and-jokes-my-nightmare-trip-into-the-metaverse.

Capítulo 3: Sua identidade

1 DJANEGARA, Nina Dewi Toft. "How 9/11 Sparked the Rise of America's Biometrics Security Empire", *Fast Company*, 10 set. 2021, https://www.fastcompany.com/90674661/how-9-11-sparked-the-rise-of-americas-biometrics-security-empire.

2 HILL, Kashmir. "The Secretive Company That Might End Privacy as We Know It", *The New York Times,* 18 jan. 2020, https://www.nytimes.com/2020/01/18/technology/clearview-privacy-facial-recognition.html.

3 MOZUR, Paul. "In Hong Kong Protests, Faces Become Weapons", *The New York Times,* 26 jul. 2019, https://www.nytimes.com/2019/07/26/technology/hong-kong-protests-facial-recognition-surveillance.html. KAFEERO, Stephen. "Uganda Is Using Huawei's Facial Recognition Tech to Crack Down on Dissent after Anti-Government Protests", *Quartz*, 27 nov. 2020, https://qz.com/africa/1938976/uganda-uses-chinas-huawei-facial-recognition-to-snare-protesters. ULMER, Alexandra; SIDDIQUI, Zeba. "India's Use of Facial Recognition Tech during Protests Causes Stir", *Reuters*, 17 fev. 2020, https://www.reuters.com/article/us-india-citizenship-protests-technology-idUSKBN20B0ZQ.

4 VINCENT, James. "FBI Used Facial Recognition to Identify a Capitol Rioter from His Girlfriend's Instagram Posts", *The Verge*, 21 abr. 2021, https://www.theverge.com/2021/4/21/22395323/fbi-facial-recognition-us-capital-riots-tracked-down-suspect. VINCENT, James. "NYPD Used Facial Recognition to Track down Black Lives Matter Activist", *The Verge*, 18 ago. 2020, https://www.theverge.com/2020/8/18/21373316/nypd-facial-recognition-black-lives-matter-activist-derrick-ingram.

5 MURGIA, Madhumita. "How One London Wine Bar Helped Brazil to Cut Crime", *Financial Times*, 8 fev. 2019, https://www.ft.com/content/605de54a-1e90-11e9-b126-46fc3ad87c65.

6 BHUIYAN, Johana. "Ukraine Uses Facial Recognition Software to Identify Russian Soldiers Killed in Combat", *The Guardian*, 24 mar. 2022.

7 BUOLAMWINI, Joy; GEBRU, Timnit. "Gender Shades", MIT Media Lab, 2018, http://gendershades.org/index.html.

8 HILL, Kashmir. "Another Arrest, and Jail Time, Due to a Bad Facial Recognition Match", *The New York Times*, 29 dez. 2020, https://www.nytimes.com/2020/12/29/technology/facial-recognition-misidentify-jail.html.

9 HILL, Kashmir. "Wrongfully Accused by an Algorithm", *The New York Times*, 24 jun. 2020, https://www.nytimes.com/2020/06/24/technology/facial-recognition-arrest.html.

10 FARZAN, Antonia Noori. "Sri Lankan Police Wrongly Identify Brown University Student as Wanted Suspect in Terror Attack", *The Washington Post*, 26 abr. 2019, https://www.washingtonpost.com/nation/2019/04/26/sri-lankan-police-wrongly-identify-brown-university-student-wanted-suspect-terror-attack/

11 VENKATARAMANAN, Madhumita. "The Superpower Police Now Use to Tackle Crime", *BBC Online*, 11 jun. 2015, https://www.bbc.com/future/article/20150611-the-superpower-police-now-use-to-tackle-crime.

12 NUTTALL, Chris. "London Sets Standard for Surveillance Societies", *Financial Times*, 1 ago. 2019, https://www.ft.com/content/70b35f8a-b47f-11e9-bec9-fdcab53d6959.

13 MURGIA, Madhumita. "London's King's Cross Uses Facial Recognition in Security Cameras", *Financial Times*, 12 ago. 2019, https://www.ft.com/content/8cbcb3ae-babd-11e9-8a88-aa6628ac896c.

14 ICO. "Information Commissioner's Opinion: The Use of Live Facial Recognition Technology in Public Places" (Londres: 18 jun. 2021).

15 YANG, Yuan; MURGIA, Madhumita. "Facial Recognition: How China Cornered the Surveillance Market", *Financial Times*, 6 dez. 2019, https://www.ft.com/content/6f1a8f48-1813-11ea-9ee4-11f260415385.

16 PANDEY, Suresh K. "Estamos usando sistema de reconhecimento facial e tendo a ajuda de câmeras de monitoramento e imagens de vídeo para identificar o acusado", disse o Comissário da Polícia de Délhi na época. "Nenhum culpado será poupado." *Outlook India*, 27 jan. 2021, https://www.outlookindia.com/website/story/india-news-facial-recognition-software-being-used-to-track-those-who-instigated-violence-during-tractor-parade-delhi-police/372380.

17 ELLIS-PETERSEN, Hannah; HASSAN, Aakash. "Riot Police Attempt to Clear Farmers from Delhi Protest Camp", *The Guardian*, 29 jan. 2021, https://www.theguardian.com/world/2021/jan/29/riot-police-attempt-to-clear-farmers-from-delhi-protest-camp.

18 WRIGHT, Ben. "'It's Game Over': How China Used Its Technotyranny to Crush Dissent", *The Telegraph*, 4 dez. 2022, https://www.telegraph.co.uk/business/2022/12/04/how-chinas-technotyranny-has-crushed-lockdown-protests/.

19 WOODHAMS, Samuel. "Huawei Says Its Surveillance Tech Will Keep African Cities Safe but Activists Worry It'll Be Misused", *Quartz*, 20 mar. 2020, https://qz.com/africa/1822312/huaweis-surveillance-tech-in-africa-worries-activists.

20 KASASIRA, Risdel. "45 Dead in Uganda after Arrest of Pop Star Opposition Leader", *Irish Independent*, 24 nov. 2020, https://www.independent.ie/world-news/45-dead-in-uganda-after-arrest-of-pop-star-opposition-leader/39784406.html.

21 MADIEGA, Tambiama; MILDEBRATH, Hendrik. "Regulating Facial Recognition in the EU", Publications Office of the European Union, set. 2021, https://doi.org/10.2861/140928.

22 JAIN, Rishabh R. "Hyderabad Symbolizes India's Embrace of Surveillance, Facial Recognition Tech", *The Diplomat*, 20 dez. 2022, https://thediplomat.com/2022/12/hyderabad-symbolizes-indias-embrace-of-surveillance-facial-recognition-tech/.

23 PRIYA, Padma. "Muslims Falsely Accused in Mecca Masjid Blast Angry, Disappointed After Verdict", *The Wire*, 17 abr. 2018, https://thewire.in/security/muslims-falsely-accused-in-mecca-masjid-blast-angry-disappointed-after-verdict.

24 ZAFAR, Aafaqm. "Why India's Privileged Citizens Are Cheerleaders for Surveillance Tech", *Scroll.In*, 26 maio 2023, https://scroll.in/article/1049693/why-indias-privileged-citizens-are-cheerleaders-for-surveillance-tech.

25 CROFT, Jane; VENKATARAMAKRISHNAN, Siddharth. "Police Use of Facial Recognition Breaches Human Rights Law, London Court Rules", *Financial Times*, 11 ago. 2020, https://www.ft.com/content/b79e0bee-d32a-4d8e-b9b4-c8ffd3ac23f4.

Capítulo 4: Sua saúde

1 NATIONAL RURAL Health Mission. "Seventh Common Review Mission — Maharashtra", 11 fev. 2014, https://nhm.gov.in/images/pdf/monitoring/crm/7th-crm/report/7th_CRM_Report_Maharashrta.pdf.

2 BANDURA, Albert. "Toward a Psychology of Human Agency", *Perspectives on Psychological Science* 1, nº 2 (24 jun. 2006): 164-80, https://doi.org/10.1111/j.1745-6916.2006.00011.x.

3 QURE.AI. "Qure.ai Appoints Dr. Shibu Vijayan as Medical Director — Global Health", 28 set. 2022, https://www.qure.ai/news_press_coverages/qure-ai-appoints-dr-shibu-vijayan-as-medical-director-global-health.

4 SINGH, Anjali. "Qure.ai, PATH India Partner to Provide TB, Covid Screening in Maharashtra", *Business Standard*, 14 set. 2023, https://www.business-standard.com/companies/news/qure-ai-path-india-partner-to-provide-tb-covid-screening-in-maharashtra-123091400652_1.html.

5 BHALLA, Kritti. "Qure.ai Raises $40 Million to Expand Its Presence in US and Europe", *Business Insider*, 29 mar. 2022, https://www.businessinsider.in/business/startups/news/qure-ai-raises-40-million-to-expand-its-presence-in-us-and-europe/articleshow/90514343.cms. SINGH. "Qure.ai, PATH India Partner to Provide TB, Covid Screening in Maharashtra".

6 AL JAZEERA. "India COVID Death Toll Crosses 400,000 — Half Died in Second Wave", 2 jul. 2021, https://www.aljazeera.com/news/2021/7/2/india-covid-death-toll-400000-black-fungus.

7 SHARMA, V.P.; DEV, Vas. "Prospects of Malaria Control in Northeastern India with Particular Reference to Assam", jan. 2006, https://www.nirth.res.in/publications/nsth/4.VP.Sharma.pdf.

8 GAWANDE, Atul. *Complications: A Surgeon's Notes on an Imperfect Science*, Profile Books Ltd, 2002.

9 MULLAINATHAN, Sendhil; OBERMEYER, Ziad. "Diagnosing Physician Error: A Machine Learning Approach to Low-Value Health Care", *The Quarterly Journal of Economics* 137, nº 2 (8 abr. 2022): 679-727, https://doi.org/10.1093/qje/qjab046.

10 FORT DEFIANCE INDIAN Hospital Board, Inc. "2019 Community Health Needs Assessment — Focus Group Results", s.d., https://www.fdihb.org/documents/FDIHBInc_Community_Health_Needs_Assessment_2021-2022.pdf.

11 CABANAS, Ana M.; MARTÍN-ESCUDERO, Pilar; SHELLEY, Kirk H. "Improving Pulse Oximetry Accuracy in Dark-Skinned Patients: Technical Aspects and Current Regulations", *British Journal of Anaesthesia* 131, nº 4 (out. 2023): 640-44, https://doi.org/10.1016/j.bja.2023.07.005.

12 SJODING, Michael W. et al. "Racial Bias in Pulse Oximetry Measurement", *New England Journal of Medicine* 383, nº 25 (17 dez. 2020): 2477-78, https://doi.org/10.1056/NEJMc2029240.

13 PAUL, Kari. "Healthcare Algorithm Used across America Has Dramatic Racial Biases", *The Guardian*, 25 out. 2019, https://www.theguardian.com/society/2019/oct/25/healthcare-algorithm-racial-biases-optum.

14 OBERMEYER, Ziad et al. "Dissecting Racial Bias in an Algorithm Used to Manage the Health of Populations", *Science* 366, nº 6464 (25 out. 2019): 447-53, https://doi.org/10.1126/science.aax2342.

15 WILLIAMSON-LEE, Jayne. "A.I. Tool Narrows Pain Disparity for Black Patients with Knee Osteoarthritis, Study Finds", *The Science Writer*, 30 jul. 2021, https://www.thesciencewriter.org/issue-1/ai-tool-narrows-pain-disparity-for-black-patients-with-knee-osteoarthritis-study-finds.

16 PIERSON, Emma et al., "An Algorithmic Approach to Reducing Unexplained Pain Disparities in Underserved Populations", *Nature Medicine* 27, nº 1 (13 jan. 2021): 136-40, http//doi.org/10.1038/s41591-020-01192-7.

17 REPORTLINKER, "The Global Artificial Intelligence (AI) in Medical Diagnostics Market Size Is Expected to Reach $7.3 Billion by 2028, Rising at a Market Growth of 39.6% CAGR during the Forecast Period", *Globe Newswire*, 23 nov. 2022, https://www.globenewswire.com/news-release/2022/11/23/2561775/0/en/The-Global-Artificial-Intelligence-AI-in-

Medical-Diagnostics-Market-size-is-expected-to-reach-7-3-billion-by-2028-rising-at-a-market-growth-of-39-6-CAGR-during-the-forecast-period.html.

18 WIDNER, Kasumi; VIRMANI, Sunny. "New Milestones in Helping Prevent Eye Disease with Verily", Google, 25 fev. 2019, https://blog.google/technology/health/new-milestones-helping-prevent-eye-disease-verily/.

19 WADHWANI AI. "We Are a Google AI Impact Grantee", 7 maio 2019, https://www.wadhwaniai.org/2019/05/we-are-a-google-ai-impact-grantee/.

20 WADHWANI AI. "Laying Data Pipelines to Identify Low Birth Weight Babies", 1 fev. 2021, https://www.wadhwaniai.org/2021/02/laying-pipelines/.

Capítulo 5: Sua liberdade

1 WIENTJES, Jacqueline et al. "Identifying Potential Offenders on the Basis of Police Records: Development and Validation of the ProKid Risk Assessment Tool", *Journal of Criminological Research, Policy and Practice* 3, nº 4 (4 dez. 2017): 249-60, https://doi.org/10.1108/JCRPP-01-2017-0008.

2 PELED, Nirit. *Mothers* (Países Baixos: VRPO, 2022).

3 MUGARI, Ishmael; OBIOHA, Emeka E. "Predictive Policing and Crime Control in The United States of America and Europe: Trends in a Decade of Research and the Future of Predictive Policing", *Social Sciences* 10, nº 6 (20 jun. 2021): 234, https://doi.org/10.3390/socsci10060234.

4 MCKENDRICK, Kathleen. "Artificial Intelligence Prediction and Counterterrorism", ago. 2019, https://www.chathamhouse.org/sites/default/files/2019-08-07-AICounterterrorism.pdf.

5 ANGWIN, Julia et al. "Machine Bias", *ProPublica,* 23 maio 2016, https://www.propublica.org/article/machine-bias-risk-assessments-in-criminal-sentencing.

6 KONING, Anouk de. "'Handled with Care': Diffuse Policing and the Production of Inequality in Amsterdam", *Ethnography* 18, nº 4 (28 dez. 2017): 535-55, https://doi.org/10.1177/1466138117696107.

7 *Ibid.*

8 "Automating Injustice: The Use of Artificial Intelligence & Automated Decision-Making Systems in Criminal Justice in Europe", *Fair Trials,* 9 set. 2021, https://www.fairtrials.org/articles/publications/automating-injustice/.

9 PELED.

10 JANSEN, Fieke. "Top400: A Top-down Crime Prevention Strategy in Amsterdam" (Amsterdam, nov. 2022), https://pilpnjcm.nl/wp-content/uploads/2022/11/Top400_topdown-crime-prevention-Amsterdam.pdf.

11 WIENTJES et al.

12 JANSEN.
13 PELED.
14 PELED.
15 MUTSAERS, Paul; NUENEN, Tom van. "Predictively Policed: The Dutch CAS Case and Its Forerunners", em *Policing Race, Ethnicity and Culture*, ed. Jan Beek et al. (Manchester University Press, 2023), https://doi.org/10.7765/9781526165596.00010.
16 CORBETT-DAVIES, Sam et al. "A Computer Program Used for Bail and Sentencing Decisions Was Labeled Biased against Blacks. It's Actually Not That Clear", *The Washington Post*, 17 out. 2016, https://www.washingtonpost.com/news/monkey-cage/wp/2016/10/17/can-an-algorithm-be-racist-our-analysis-is-more-cautious-than-propublicas/.
17 WAL, Reine C. van der; KARREMANS, Johan C.; CILLESSEN, Antonius H.N. "Causes and Consequences of Children's Forgiveness", *Child Development Perspectives*, vol. 11, nº 2 (jun. 2017): 97-101, https://doi.org/10.1111/cdep.12216.
18 LA FORS, Karolina. "Legal Remedies for a Forgiving Society: Children's Rights, Data Protection Rights and the Value of Forgiveness in AI-Mediated Risk Profiling of Children by Dutch Authorities", *Computer Law & Security Review*, vol. 38, nº 105430 (set. 2020): 105430, https://doi.org/10.1016/j.clsr.2020.105430.

Capítulo 6: Sua rede de segurança

1 BUENOS AIRES TIMES. "INDEC: Poverty Rose in Second Half of 2022, Affecting 39.2% of Argentina's Population", 30 mar. 2023, https://www.batimes.com.ar/news/argentina/indec-poverty-affected-392-of-argentinas-population-in-second-half-of-2022.phtml.
2 SARRAMEA, Mariana. "Adolescent Birth Rate in Argentina Has Not Dropped for 20 Years", *Buenos Aires Times*, 25 set. 2019, https://www.batimes.com.ar/news/argentina/adolescent-birth-rate-in-argentina-has-not-dropped-for-20-years.phtml.
3 UN WOMEN. "Supporting Rural and Indigenous Women in Argentina as Gender-Based Violence Rises during the COVID-19 Pandemic", 15 out. 2021, https://lac.unwomen.org/en/noticias-y-eventos/articulos/2021/10/apoyo-a-las-mujeres-rurales-e-indigenas-de-argentina.
4 ALSTON, Philip. 'Report of the Special Rapporteur on Extreme Poverty and Human Rights. Promotion and Protection of Human Rights: Human Rights

Questions, Including Alternative Approaches for Improving the Effective Enjoyment of Human Rights and Fundamental Freedoms. A/74/48037. Seventy-Fourth Session. Item 72(b) of the Provisional Agenda', United Nations Human Rights Office of the High Commissioner, October 11, 2019, https://www.ohchr.org/en/documents/ thematic-reports/a74493-digital-welfare-states-and-human-rights-report-special-rapporteur.

5 JEMIO, Diego; HAGERTY, Alexa; ARANDA, Florencia. "The Case of the Creepy Algorithm That 'Predicted' Teen Pregnancy", *Wired*, 16 fev. 2022, https://www.wired.com/story/argentina-algorithms-pregnancy-prediction/.

6 PEÑA, Paz; VARON, Joana. "Decolonising AI: A Transfeminist Approach to Data and Social Justice", *Coding Rights*, 3 mar. 2020, https://medium.com/codingrights/decolonising-ai-a-transfeminist-approach-to-data-and-social-justice-a5e52ac72a96.

7 LABORATORIO DE INTELIGENCIA Artificial Aplicada. "Sobre La Predicción Automática de Embarazos Adolescentes", 2018, https://liaa.dc.uba.ar/es/sobre-la-prediccion-automatica-de-embarazos-adolescentes/.

8 SMITH, Brad. 'The Need for a Digital Geneva Convention', Microsoft, February 14, 2017; 'Microsoft France Announces $30 Million Commitment towards the Development of Ethical and Trusted Artificial Intelligence', Microsoft, March 29, 2018, https://news.microsoft.com/europe/2018/03/29/microsoft-france-announces-30-million-commitment-towards-the-development-of-ethical-and-trusted-artificial-intelligence/#:~:text=Microsoft%20France%20announces%20%2430%20million,ethical%20and%20trusted%20Artificial%20Intelligence&text=Microsoft%20France%20has%20announced%20a,artificial%20intelligence%20(AI)%20development.

9 CHEE, Foo Yun. "Microsoft President Goes to Europe to Shape AI Regulation Debate", *Reuters*, 30 jun. 2023, https://www.reuters.com/technology/microsoft-president-goes-europe-shape-ai-regulation-debate-2023-06-29/.

10 SCHENQUER, Laura; RISLER, Julia. "Opinion Polls and Surveys in the BANADE Archives: A Productive Use of Governmental Technologies by the Last Military Dictatorship in Argentina (1976-1983)", *Canadian Journal of Latin American and Caribbean Studies*, vol. 44, nº 2 (4 maio 2019): 225-42, https://doi.org/10.1080/08263663.2019.1602937.

11 McSHERRY, J. Patrice. "Tracking the Origins of a State Terror Network: Operation Condor", *Latin American Perspectives*, vol. 29, nº 1 (2002): 38-60, http://www.jstor.org/stable/3185071.

Capítulo 7: Seu patrão

1 GRIGGS, Troy; WAKABAYASHI, Daisuke. "How a Self-Driving Uber Killed a Pedestrian in Arizona", *The New York Times*, 21 mar. 2018, https://www.nytimes.com/interactive/2018/03/20/us/self-driving-uber-pedestrian-killed.html.

2 SONNEMAKER, Tyler. "UberEats Could Be Underpaying Delivery Drivers on 21% of Trips…", *Business Insider*, 21 ago. 2020, https://www.businessinsider.com/uber-eats-driver-who-scraped-data-alleges-wage-theft-report-2020-8.

3 GAULT, Matthew. "Uber Shuts Down App That Told Drivers if Uber Underpaid Them", *Vice News*, 18 fev. 2021, https://www.vice.com/en/article/wx8yvm/uber-shuts-down-app-that-lets-users-know-how-badly-theyve-been-cheated.

4 STANDING, Guy. *The Precariat: The New Dangerous Class*, Bloomsbury Publishing, 2011. [*O precariado: A nova classe perigosa*. Belo Horizonte: Autêntica, 2025]

5 STEWART, Heather. "'Stop or I'll Fire You': The Driver Who Defied Uber's Automated HR", *The Guardian*, 16 abr. 2023, https://www.theguardian.com/technology/2023/apr/16/stop-or-ill-fire-you-the-driver-who-defied-ubers-automated-hr.

6 STRAUSS, Delphine; VENKATARAMAKRISHNAN, Siddharth. "Dutch Court Rulings Break New Ground on Gig Worker Data Rights", *Financial Times*, 12 mar. 2021, https://www.ft.com/content/334d1ca5-26af-40c7-a9c5-c76e3e57fba1.

7 SPERBER, Amanda; SOBECKI, Nichole. "Uber Made Big Promises in Kenya. Drivers Say It's Ruined Their Lives", *Pulitzer Center*, 1 dez. 2020, https://pulitzercenter.org/stories/uber-made-big-promises-kenya-drivers-say-its-ruined-their-lives.

8 HAO, Karen; FREISCHLAD, Nadine. "The Gig Workers Fighting Back against the Algorithms", *MIT Technology Review*, 21 abr. 2022, https://www.technologyreview.com/2022/04/21/1050381/the-gig-workers-fighting-back-against-the-algorithms/.

9 *Ibid.*

10 POPAN, Cosmin. "Embodied Precariat and Digital Control in the 'Gig Economy': The Mobile Labor of Food Delivery Workers", *Journal of Urban Technology*, 16 dez. 2021, 1-20, https://doi.org/10.1080/10630732.2021.2001714.

11 YU, Zizheng; TRERÉ, Emiliano; BONINI, Tiziano. "The Emergence of Algorithmic Solidarity: Unveiling Mutual Aid Practices and Resistance among Chi-

nese Delivery Workers", *Media International Australia*, vol. 183, nº 1 (24 maio 2022): 107-23, https://doi.org/10.1177/1329878X221074793.

12 POPAN.

13 ONGWESO, Edward Jr. "Organized DoorDash Drivers' #DeclineNow Strategy Is Driving Up Their Pay", *Vice News*, 21 fev. 2021, https://www.vice.com/en/article/3anwdy/organized-doordash-drivers-declinenow-strategy-is-driving-up-their-pay.

14 IAZZOLINO, Gianluca. "Going Karura: Colliding Subjectivities and Labour Struggle in Nairobi's Gig Economy", *Environment and Planning A: Economy and Space*, vol. 55, n.º 5 (19 ago. 2023): 1114-1130, https://doi.org/10.1177/0308518X211031916.

15 DUBAL, Veena. "On Algorithmic Wage Discrimination", *SSRN Electronic Journal*, publicação futura (2023), https://doi.org/10.2139/ssrn.4331080.

16 BARRY, Eloise. "Uber Drivers Say a 'Racist' Algorithm Is Putting Them Out of Work", *Time*, 12 out. 2021, https://time.com/6104844/uber-facial-recognition-racist/.

17 BEY, Daniel Alan. "Will 'Common Prosperity' Reach China's Takeout Drivers?", *The Diplomat*, 12 mar. 2022, https://thediplomat.com/2022/03/will-common-prosperity-reach-chinas-takeout-drivers/.

18 MADARIAGA, Javier et al. "Economía de Plataformas y Empleo: ¿Cómo Es Trabajar Para Una App En Argentina?", *Centro de Implementación de Políticas Públicas para la Equidad y el Crecimiento (CIPPEC)*, Buenos Aires, maio 2019, https://www.cippec.org/wp-content/uploads/2019/05/Como-es-trabajar-en-una-app-en-Argentina-CIPPEC-BID-LAB-OIT.pdf.

19 CONGER, Kate. "A Worker-Owned Cooperative Tries to Compete with Uber and Lyft", *The New York Times*, 28 maio 2021, https://www.nytimes.com/2021/05/28/technology/nyc-uber-lyft-the-drivers-cooperative.html.

20 DICKEY, Megan Rose. "The Drivers Cooperative Thinks Ridehailing Should Be Owned by Drivers, Not Venture Capitalists", *Protocol*, 20 ago. 2021, https://www.protocol.com/workplace/drivers-cooperative-uber-lyft.

21 NYE, Catrin; BRIGHT, Sam. "Altab Ali: The Racist Murder That Mobilised the East End", *BBC Online*, 4 maio 2016, https://www.bbc.co.uk/news/uk-england-london-36191020.

22 BUTLER, Sarah. "Uber Drivers Entitled to Workers' Rights, UK Supreme Court Rules", *The Guardian*, 19 fev. 2021, https://www.theguardian.com/technology/2021/feb/19/uber-drivers-workers-uk-supreme-court-rules-rights.

23 AL JAZEERA. "Gig Win: Canada Supreme Court Rules in Favour of UberEats Driver", 26 jun. 2020, https://www.aljazeera.com/econo-

my/2020/6/26/gig-win-canada-supreme-court-rules-in-favour-of-ubereats-driver. STUTZ, Christoph; BECKER, Andreas. "Switzerland: Uber Drivers Qualify as Gainfully Employed from a Social Security Perspective", *Baker McKenzie Insight Plus*, 29 mar. 2023, https://insightplus.bakermckenzie.com/bm/viewContent.action?key=Ec8teaJ9Var7Qlnw%2Bl5ArV7eOOGb-nAEFKCLORG72fHz0%2BNbpi2jDfaB8lgiEyY1JAvAvaah9lF3dzoxpr-WhI6w%3D%3D&nav=FRbANEucS95NMLRN47z%2BeeOgEFCt8EG-Q0qFfoEM4UR4%3D&emailtofriendview=true&freeviewlink=true. HUMMEL, Tassilo. "French Court Orders Uber to Pay Some $18 Mln to Drivers, Company to Appeal", *Reuters*, 20 jan. 2023, https://www.reuters.com/business/autos-transportation/french-court-orders-uber-pay-some-18-mln-drivers-company-appeal-2023-01-20/.

24 GUEST, Peter. "'We're All Fighting the Giant': Gig Workers around the World Are Finally Organizing", *Rest of World*, 21 set. 2021, https://restofworld.org/2021/gig-workers-around-the-world-are-finally-organizing/.

25 *Ibid.*

26 YU; TRERÉ; BONINI. "The Emergence of Algorithmic Solidarity: Unveiling Mutual Aid Practices and Resistance among Chinese Delivery Workers".

27 KUO, Lily. "Drivers in Kenya Are Protesting against Being 'Uber Slaves'", *Quartz*, 2 ago. 2016, https://qz.com/africa/748149/drivers-in-kenya-are-protesting-against-being-uber-slaves. TOBIN, Meghan. "How China's Food Delivery Apps Push Gig Workers to Strike", *Rest of World*, 23 mar. 2021, https://restofworld.org/2021/china-delivery-apps-strike-labor-meituan/.

Capítulo 8: Seus direitos

1 MURGIA, Madhumita. "Facebook Content Moderators Required to Sign PTSD Forms", *Financial Times*, 26 jan. 2020, https://www.ft.com/content/98aad2f0-3ec9-11ea-a01a-bae547046735.

2 FITRI, Afiq. "The UK Has Spent up to £1bn on Drones to Prevent Migrant Crossings", *Tech Monitor*, 4 abr. 2022, https://techmonitor.ai/government-computing/uk-spent-1bn-drones-prevent-migrant-crossings.

3 BOOTH, Robert. "UK Warned over Lack of Transparency on Use of AI to Vet Welfare Claims", *The Guardian*, 3 set. 2023, https://www.theguardian.com/politics/2023/sep/03/uk-warned-over-lack-transparency-use-ai-vet-welfare-claims#:~:text=The%20DWP%20recently%20expanded%20its,to%20assess%20claimants'%20savings%20declarations.

4 WARRELL, Helen. "Home Office under Fire for Using Secretive Visa Algorithm", *Financial Times*, 9 jun. 2019, https://www.ft.com/content/0206dd56-87b0-11e9-a028-86cea8523dc2.

5 McDONALD, Henry. "Home Office to Scrap 'Racist Algorithm' for UK Visa Applicants", *The Guardian*, 4 ago. 2020, https://www.theguardian.com/uk-news/2020/aug/04/home-office-to-scrap-racist-algorithm-for-uk-visa-applicants.

6 DARK, Martha. "UK: Legal Action Threatened over Algorithm Used to Grade Teenagers' Exams", *Statewatch*, 12 ago. 2020, https://www.statewatch.org/news/2020/august/uk-legal-action-threatened-over-algorithm-used-to-grade-teenagers-exams/.

7 WEALE, Sally; STEWART, Heather. "A-Level and GCSE Results in England to Be Based on Teacher Assessments in U-Turn", *The Guardian*, 17 ago. 2020, https://www.theguardian.com/education/2020/aug/17/a-levels-gcse-results-england-based-teacher-assessments-government-u-turn.

8 ANISTIA INTERNACIONAL. "Kenya: Meta Sued for 1.6 Billion USD for Fueling Ethiopia Ethnic Violence", 14 dez. 2022, https://www.amnesty.org/en/latest/news/2022/12/kenya-meta-sued-for-1-6-billion-usd-for-fueling-ethiopia-ethnic-violence/.

9 WAROFKA, Alex. "An Independent Assessment of the Human Rights Impact of Facebook in Myanmar", *Meta*, 5 nov. 2018, https://about.fb.com/news/2018/11/myanmar-hria/. FRENKEL, Sheera; ALBA, Davey. "In India, Facebook Grapples With an Amplified Version of Its Problems", *The New York Times*, 23 out. 2021, https://www.nytimes.com/2021/10/23/technology/facebook-india-misinformation.html.

10 ZENKO, Micah. "Obama's Final Drone Strike Data", *Council on Foreign Relations*, 20 jan. 2017, https://www.cfr.org/blog/obamas-final-drone-strike-data.

Capítulo 9: Seu futuro

1 HARDING, H. "The Impact of Tiananmen on China's Foreign Policy", *The National Bureau of Asian Research*, vol. 1, nº 3 (1 dez. 1990), https://www.nbr.org/publication/the-impact-of-tiananmen-on-chinas-foreign-policy/.

2 BARBOZA, D. "China Surpasses U.S. in Number of Internet Users", *The New York Times*, 26 jul. 2008, https://www.nytimes.com/2008/07/26/business/worldbusiness/26internet.html.

3 HUMAN RIGHTS WATCH. "Human Rights Activism in Post-Tiananmen China", 30 maio 2019, https://www.hrw.org/news/2019/05/30/human-rights-activism-post-tiananmen-china.

4 BROOKER, C.; JONES, R.; SCHUR, M. "Nosedive, Temporada 3, Episódio 1", *IMDB*, 21 out. 2016, https://www.imdb.com/title/tt5497778/.

5 MAIZLAND, L. "China's Repression of Uyghurs in Xinjiang", *Council on Foreign Relations*, 22 set. 2022, https://www.cfr.org/backgrounder/china-xinjiang-uyghurs-muslims-repression-genocide-human-rights.

6 *Ibid.*

7 RAMZY, A; BUCKLEY, C. "The Xinjiang Papers", *The New York Times*, 16 nov. 2019, https://www.nytimes.com/interactive/2019/11/16/world/asia/china-xinjiang-documents.html.

8 BUSBY, S. 'Testimony of Deputy Assistant Secretary Scott Busby, Senate Foreign Relations Committee, Subcommittee On East Asia, The Pacific, And International Cybersecurity Policy', https://www.foreign.senate.gov/ imo/media/doc/120418_Busby_Testimony.pdf.

9 UNITED NATIONS HUMAN RIGHTS OFFICE. "The Fight Against Terrorism and Extremism in Xinjiang: Truth and Facts", ago. 2022, https://www.ohchr.org/sites/default/files/documents/countries/2022-08-31/ANNEX_A.pdf.

10 MOZUR, P.; XIAO, M.; LIU, J. "'An Invisible Cage': How China Is Policing the Future", *The New York Times*, 25 jun. 2022, https://www.nytimes.com/2022/06/25/technology/china-surveillance-police.html.

11 HUMAN RIGHTS WATCH. "Big Data Fuels Crackdown in Minority Region", 26 fev. 2018, https://www.hrw.org/news/2018/02/26/china-big-data-fuels-crackdown-minority-region.

12 WANG, M. "China's Algorithms of Repression", *Human Rights Watch*, maio 2019, https://www.hrw.org/report/2019/05/01/chinas-algorithms-repression/reverse-engineering-xinjiang-police-mass.

13 HUMAN RIGHTS WATCH. "Big Data Program Targets Xinjiang's Muslims", 9 dez. 2020, https://www.hrw.org/news/2020/12/09/china-big-data-program-targets-xinjiangs-muslims.

14 *Ibid.*

15 FENG, E. "'Afraid We Will Become the Next Xinjiang': China's Hui Muslims Face Crackdown", *NPR*, 26 set. 2019, https://www.npr.org/2019/09/26/763356996/afraid-we-will-become-the-next-xinjiang-chinas-hui-muslims-face-crackdown.

16 MOZUR; XIAO; LIU.

17 MBEMBE, A. *Necropolitics*, Duke University Press, 2019. [*Necropolítica*. São Paulo: N-1 Edições, 2018.]

18 TRIPATHI, S. "Abduweli Ayup on Government Use of Facial Recognition Technology", *Institute for Human Rights and Business*, 16 out. 2019, https://voices.ihrb.org/episodes/podcast-abduweli-ayup.

19 MOZUR, P. "In Hong Kong Protests, Faces Become Weapons", *The New York Times*, 26 jul. 2019, https://www.nytimes.com/2019/07/26/technology/hong-kong-protests-facial-recognition-surveillance.html.

20 BRADSHAW, S. "Influence Operations and Disinformation on Social Media", *Centre for International Governance Innovation*, 2020, https://www.jstor.org/stable/pdf/resrep27510.9.pdf.

21 YANG, Y.; RUEHL, M. "China's Leading AI Start-Ups Hit by US Blacklisting", *The Financial Times*, 8 out. 2019, https://www.ft.com/content/663ab29c-e9bd-11e9-85f4-d00e5018f061.

22 MURGIA, M. "Who's Using Your Face? The Ugly Truth about Facial Recognition", *The Financial Times*, 18 set. 2019, https://www.ft.com/content/cf19b956-60a2-11e9-b285-3acd5d43599e.

23 RUEHL, M.; RIORDAN, P.; OLCOTT, E. "Can SenseTime Become a Chinese AI Champion?", *The Financial Times*, 21 set. 2021, https://www.ft.com/content/c735e0f3-5704-47b5-a76f-7a02d53a1525.

24 PICKARD, J.; YANG, Y. "UK Politicians Raise Alarm over Chinese CCTV Providers", *The Financial Times*, 4 jul. 2022, https://www.ft.com/content/dc-74d6ea-8238-456f-9512-931a8cd0656e.

25 YANG, Y. "UK Limits Use of Chinese-Made Surveillance Systems on Government Sites", *The Financial Times*, 25 nov. 2022, https://www.ft.com/content/abdc8265-7188-4d59-ab62-596416bc76cb.

26 MURGIA, M.; SHEPERD, C. "Western AI Researchers Partnered with Chinese Surveillance Firms", *The Financial Times*, 19 abr. 2019, https://www.ft.com/content/41be9878-61d9-11e9-b285-3acd5d43599e.

27 YANG, Y.; MURGIA, M. "Facial Recognition: How China Cornered the Surveillance Market", *The Financial Times*, 6 dez. 2019, https://www.ft.com/content/6f1a8f48-1813-11ea-9ee4-11f260415385.

28 WU, R.; YUXIU, L. "A Law Professor Defends His Rights: The Risks of Facial Recognition Are Greater than You Think", *The Paper*, China, 21 out. 2020, https://www.thepaper.cn/newsDetail_forward_9640715.

29 MOZUR, XIAO; LIU.

30 MOZUR, P. "The AI-Surveillance Symbiosis in China: A Big Data China Event", *Center for Strategic and International Studies*, 18 ago. 2022, https://www.csis.org/analysis/ai-surveillance-symbiosis-china-big-data-china-event.

31 YANG, Y. "China's Zero-Covid Protests Create a Rare Nationwide Coalition of Interests", *The Financial Times*, 28 nov. 2022, https://www.ft.com/content/9f-d310a3-cc3f-422a-960c-6a2b63d144dd.

32 MOZUR, P.; FU, C.; CHIEN, A. Chang. "How China's Police Used Phones and Faces to Track Protesters", *The New York Times*, 4 dez. 2022, https://www.nytimes.com/2022/12/04/business/china-protests-surveillance.html

Capítulo 10: Sua sociedade

1 MURGIA, Madhumita. "Transformers: The Google Scientists Who Pioneered an AI Revolution", *The Financial Times*, 23 jul. 2023, https://www.ft.com/content/37bb01af-ee46-4483-982f-ef3921436a50.

2 VASWANI, A. et al. "Attention Is All You Need", *Arxiv*, 12 jun. 2017, https://arxiv.org/abs/1706.03762.

3 MURGIA, Madhumita. "OpenAI's Mira Murati: The Woman Charged with Pushing Generative AI into the Real World", *The Financial Times*, 18 jun. 2023, https://www.ft.com/content/73f9686e-12cd-47bc-aa6e-52054708b3b3.

4 WATERS, Richard; KINDER, T. "Microsoft's $10bn Bet on ChatGPT Developer Marks New Era of AI", *The Financial Times*, 16 jan. 2023, https://www.ft.com/content/a6d71785-b994-48d8-8af2-a07d24f661c5.

5 MURGIA, Madhumita; VISUAL Storytelling. "Generative AI Exists Because of the Transformer", *The Financial Times*, 12 set. 2023, https://ig.ft.com/generative-ai/.

6 *Ibid.*

7 WOODS, Kat. "GPT Is a Better Therapist than Any Therapist I've Ever Tried", *Twitter*, 6 abr. 2023, https://twitter.com/Kat__Woods/status/1644021980948201473.

8 METZ, Rich. "AI Therapy Becomes New Use Case for ChatGPT", *Bloomberg Businessweek*, 18 abr. 2023, https://www.bloomberg.com/news/articles/2023-04-18/ai-therapy-becomes-new-use-case-for-chatgpt.

9 ROOSE, Kevin. "Bing's A.I. Chat: 'I Want to Be Alive'", *The New York Times*, 16 fev. 2023, https://www.nytimes.com/2023/02/16/technology/bing-chatbot-transcript.html.

10 COOPER, Peter. "#GPT4 Saved My Dog's Life", *Twitter*, 25 mar. 2023, https://twitter.com/peakcooper/status/1639716822680236032.

11 LEE, Matthew Russell. "Lawyer Suing Avianca Used ChatGPT which Invented 6 Cases Now Sanctions Hearing Here", *Inner City Press*, 8 jun. 2023, https://www.innercitypress.com/sdny126bcastelaviancachatgpticp060823.html.

12 MURGIA, Madhumita. "OpenAI's Red Team: The Experts Hired to 'Break' ChatGPT", *The Financial Times*, 14 abr. 2023, https://www.ft.com/content/0876687a-f8b7-4b39-b513-5fee942831e8.
13 PERRIGO, Billy; SHAH, Sanya; LAPOWSKY, Issie. "TIME 100 AI — Thinkers", *Time*, 7 set. 2023, https://time.com/collection/time100-ai/#thinkers.
14 MURGIA, Madhumita. "How Actors Are Losing Their Voices to AI", *The Financial Times*, 1 jul. 2023, https://www.ft.com/content/07d75801-04fd-495c-9a68-310926221554.
15 BRIDLE, James. "The Stupidity of AI", *The Guardian*, 16 mar. 2023, https://www.theguardian.com/technology/2023/mar/16/the-stupidity-of-ai-artificial-intelligence-dall-e-chatgpt.
16 ZHOU, Viola. "AI Is Already Taking Video Game Illustrators' Jobs in China", *Rest of World*, 11 abr. 2023, https://restofworld.org/2023/ai-image-china-video-game-layoffs/.
17 *Ibid.*
18 SPAWNED. "We Are Thrilled to Announce That Our Campaign to Gather Artist Opt Outs Has Resulted in 78 Million Artworks Being Opted out of AI Training", *Twitter*, 7 mar. 2023, https://twitter.com/spawning_/status/1633196665417920512.
19 CHIANG, Ted. *The Lifecycle of Software Objects*, Subterranean Press, 2010.
20 CHIANG, Ted. "ChatGPT Is a Blurry JPEG of the Web", *The New Yorker*, 9 fev. 2023, https://www.newyorker.com/tech/annals-of-technology/chatgpt-is-a-blurry-jpeg-of-the-web.
21 FORSTER, E.M. "The Machine Stops", *Oxford and Cambridge Review*, nov. 1909.

Epílogo

1 MURGIA, Madhumita; RAVAL, Anna. "AI in Recruitment: The Death Knell of the CV?", *The Financial Times*, 18 jun. 2023, https://www.ft.com/content/98e5f47a-7d0d-4e63-9a63-ff36d62782b8.
2 GLAESE, A. et al. "Improving Alignment of Dialogue Agents Via Targeted Human Judgements", *Arxiv*, 28 set. 2022, https://doi.org/10.48550/arXiv.2209.14375.
3 ANTHROPIC. "Claude's Constitution", 9 maio 2023, https://www.anthropic.com/index/claudes-constitution.
4 *Ibid.*

5 RENAISSANCE FOUNDATION. "The Rome Call for AI Ethics", 28 fev. 2020, https://www.romecall.org/the-call/.

6 MURGIA, Madhumita. "The Vatican and the Moral Conundrums of AI", *The Financial Times*, 15 fev. 2023, https://www.ft.com/content/40ba0b91-7e72-415b-8ac6-4031252576cc.

7 NICOLETTI, Laura; BASS, Douglas. "Humans Are Biased. Generative AI Is Even Worse", *Bloomberg*, 9 jun. 2023, https://www.bloomberg.com/graphics/2023-generative-ai-bias/.

8 MICROSOFT. "Microsoft Responsible AI Standard", jun. 2022.

Impressão e Acabamento:
GEOGRÁFICA EDITORA LTDA.